Essentials
of Adaptive Behavior Assessment of Neurodevelopmental Disorders

発達障害支援に生かす

適応行動
アセスメント

セリーン・A・ソールニア／シェリル・クライマン [著]

黒田美保・辻井正次 [監訳]

金子書房

Essentials of Adaptive Behavior Assessment of Neurodevelopmental Disorders

by

Celine A. Saulnier & Cheryl Klaiman

無条件の愛と支え，インスピレーションを与えてくれたトニーへ。

そして私の天使，ルシエンとビビに。

心からの感謝を込めて　　　　　　　　　　　　　　　　　　　——セリーン

リーへ，揺るぎない支えと忍耐，愛情——

あなたの温かい励ましのおかげで，私は自分の道を進むことができた。

そして，私の心の支えであり，努力を続ける理由でもある

エマとマデリンに　　　　　　　　　　　　　　　　　　　　　——シェリル

目　次

日本語版に寄せて　vii
シリーズ序文　viii
謝辞　ix

1章　適応行動の概要と歴史 ……………………………………… 1

概要　1
適応行動の誕生　1
知的能力障害の定義における適応行動　6
適応行動の原則　13
まとめ　14
セルフチェック　15

2章　適応行動を測る方法 ……………………………………… 17

検査のタイプ　19
面接　20
　非構造化面接／半構造化面接と構造化面接／直接観察
チェックリストと質問紙　22
　自己記入式／他者記入式
検査の目的　25
検査の特徴　26
　床効果と天井効果／項目密度／信頼性／妥当性／基準となるサン
　プルの適切性／社会文化的なバイアス／検査の選択

まとめ　32

セルフチェック　32

3章　適応行動の標準化された検査 ……………………………… 35

ヴァインランド社会成熟尺度　35

AAMD/AAMR/AAIDD 版適応行動尺度　38

適応行動尺度（ABS）／適応行動尺度公立学校版（ABS-PSV）／
適応行動尺度第 2 版と AAMR 適応行動尺度学校版 2（ABS-S:2）／
診断的適応行動尺度（DABS）

ヴァインランド適応行動尺度　42

ヴァインランド適応行動尺度（ヴァインランド ABS）／ヴァイン
ランド適応行動尺度第 2 版（Vineland-Ⅱ）／ヴァインランド適応
行動尺度第 3 版（Vineland-3）

適応行動アセスメントシステム　48

適応行動アセスメントシステム（ABAS）／適応行動アセスメン
トシステム第 2 版（ABAS-Ⅱ）／適応行動アセスメントシステム
第 3 版（ABAS-3）

自立行動尺度改訂版（SIB-R）　51

適応行動評価尺度第 3 版（ABES-3）　52

適応行動領域のある発達検査　53

バテル発達目録第 2 版／ベイリー乳幼児発達検査第 3 版（Bayley-
Ⅲ）

まとめ　54

セルフチェック　56

4章　知的能力障害と遺伝子疾患の 適応行動プロフィール …………………………………… 59

障害等級 対 診断　60

知的能力障害の認知水準に応じた適応行動プロフィール　62

知的能力障害の併存　64

知的能力障害の発生率と有病率　65

知的能力障害の病因　67

　ID の遺伝的原因／知的能力障害の特発性と生物医学的な原因

まとめ　82

セルフチェック　83

5章　自閉症スペクトラム障害の適応行動プロフィール … 85

適応行動と認知水準との関連　86

適応行動と年齢との関連　89

適応行動と自閉症の症状との関連　91

適応行動と感覚との関連　93

適応行動と性差との関連　93

乳幼児から学齢前の自閉症スペクトラム障害児の適応行動プロ
　フィール　95

自閉症スペクトラム障害の適応行動への人種・民族・社会経済的状
　態の影響　97

まとめ　99

セルフチェック　100

6章　他の神経発達障害の適応行動プロフィール ………… 103

学習障害　103

注意欠如・多動性障害（ADHD）　104

強迫性障害（OCD）　107

運動障害　108

　発達性協調運動障害（DCD）／先天性代謝異常（IEM）／脳性まひ

iv

（CP）／トゥレット症候群（TS）／てんかん

聴覚障害　111

視覚障害　112

言語コミュニケーション障害　113

まとめ　115

セルフチェック　115

7章　**神経発達障害の成人の適応行動プロフィール** ……… 117

知的能力障害の成人の適応行動プロフィール　118

遺伝子疾患の成人の適応行動プロフィール　121

　ダウン症／脆弱 X 症候群／ウィリアムズ症候群

自閉症スペクトラム障害の成人の適応行動プロフィール　124

言語障害の成人　127

受刑者の知的能力障害のアセスメント　128

適応行動と居住や就労との関係　131

まとめ　134

セルフチェック　135

8章　**支援における適応行動の役割** ………………………… 137

支援計画を立てる上で考えるべき要素　138

支援で目標とする適応行動の同定　139

適応行動支援のエビデンスベイストプラクティス　144

　応用行動分析（ABA）／自然な発達的行動介入（NDBI）／対人コ
　ミュニケーションのアプローチ

市販品　151

まとめ　153

セルフチェック　153

9章　事 例 ·· 155

事例１：知的能力障害の子ども　156
　結果／適応行動支援の例
事例２：自閉症スペクトラム障害の子ども　160
　結果／自閉症スペクトラム障害を対象とした教育プログラムと適
　応行動支援の例
事例３：ADHD の子ども　165
　結果／適応行動支援の例
まとめ　170

引用文献　173
索引　202
監訳に寄せて　209
著者紹介　211
監訳者紹介・訳者一覧　212

日本語版に寄せて

　適応行動は，世界中のすべての人間に織り込まれている普遍的な糸のひとつである。私たちはみな，成功を収め，自立し，社会に貢献できる人になれるよう，できるかぎり自分のことは自分で行おうと努めている。自閉症，知的能力障害，ADHD，遺伝子疾患などの発達障害の人は適応機能に遅れがあるため自立に困難を持ち，ニーズを満たすためには他の人に頼ることとなる。しかし，一般的な支援では，あらゆる障害に共通する機能的・実践的なスキルを教えるよりも，それぞれの障害に特有の症状に対処することに重点が置かれる。クライマン博士と私は，一人ひとりが最適な可能性を発揮できるように，障害の種類にかかわらず適応機能の重要性を強調するべく努めている。

　ヴァインランド適応行動尺度第 3 版（Vineland-3）の著者として，私は親愛なる同僚にして恩師，友人でもあるサラ・スパロー博士とドム・チチェッティ博士によって開発されたヴァインランドの遺産を受け継ぐ栄誉にあずかった。"サラとドム"は適応行動のアセスメントへの貢献により，人々から永遠に尊敬されるだろう。二人は世界中から臨床家や研究者を迎え，その専門知をあらゆる国の人々が享受できるよう，多数の言語でヴァインランドの翻訳版を作成した。実際，本書の監訳者である黒田美保先生や辻井正次先生と一緒にヴァインランド適応行動尺度第 2 版（Vineland-II）の日本版に着手したのは，2010 年にサラが突然の死を迎える前のことだった。その後，黒田先生と辻井先生にお会いして仕事をご一緒してきたが，サラとドムの遺志が日本に引き継がれるようにと，お二人が本書を翻訳出版してくれるのは，望外の喜びである。

セリーン・A・ソールニア，Ph.D.

シリーズ序文

"*Essentials of Psychological Assessment*"（『心理アセスメントのエッセンシャルズ』シリーズ）では，実践の鍵となる情報を効率的に学ぶことのできる書籍をお届けしている。シリーズでは，認知，パーソナリティ，教育，神経心理学などの様々な分野の検査を取り上げている。熟練の臨床家にとって，本シリーズの書籍は，次々開発される最新版・改訂版の検査を使いこなすための簡潔にして詳細なガイドであるとともに，実証された測定法の最新情報を得るのにも便利な一冊である。初学者にとっては，個人の心理学的診断の複雑なプロセスを始める上で必須の知識や技法を順序立てて学べるものとなろう。

体系的で段階的な解説に沿って，適宜，重要点が目に留まる形で示されている。各章では明確・簡潔に，実施，採点，解釈，臨床応用の要点を整理している。どの書籍にも臨床的な推論を裏づける理論や研究が盛り込まれているが，本題から逸れたり，理解を困難にしたりするものではない。われわれは長年，"賢明な"検査法を提唱してきた。すなわち，検査の得点が示すプロフィールは，知識豊富な検査者の臨床的観察と鋭い洞察が伴わなければ無意味であると考える。検査のプロフィールが子どもや大人の人生に変化をもたらさないのであれば，わざわざ検査をする必要はない。読者が賢明な検査者となるべく最善を尽くす上で，本シリーズが助けとなれば幸いである。

本書『発達障害支援に生かす適応行動アセスメント』（*Essentials of Adaptive Behavior Assessment of Neurodevelopmental Disorders*）では，多くの神経発達障害において，適応行動が機能的自立に果たす普遍的な役割を明示している。著者らは標準化された適応行動の尺度を多数紹介し，支援の目標に活かせるような強みと弱みの領域を評価する最善の方法を検証している。また，事例では特定の障害の予後を予測する可能性の高い適応行動のプロフィールを示している。本書の最終目標は，適応行動は改善可能であり，成人期における最適な予後を予測する優れた指標であることを，読者に理解してもらうことである。

Dr. アラン・カウフマン，Dr. ナディーン・カウフマン

謝辞

　本書を完成させることができたのは，長年にわたり筆者らを指導してくれた人々や，本書の様々な面で協力してくれた人々，そして多忙な生活にもかかわらず執筆を引き受けた筆者らを変わらず支え続けてくれた家族など，多くの人々の助けとサポートがあったからにほかならない。以下の方々に感謝の意を表する。

　最初に，障害者の生活における適応行動の重要性を教えてくれたサラ・スパロウ博士に心からの感謝と追悼の意を表する。もはや博士から知恵と指導を授かることができないのは寂しいが，筆者らが臨床的・科学的な取り組みを通じて適応行動の理解を促進しようとしていることや，ヴァインランドの開発における博士の遺志を引き継いでいることを誇りに思ってくれることだろう。

　また，筆者らのキャリアを支え導いてくれた非凡な指導者であるエイミー・クリン博士にも感謝したい。包括的な発達評価の技術を教えてくれたあなたから，今日も学び続けている。その指導には感謝してもしきれない。

　親愛なる友人にして同僚のクリス・ガンター博士には，その編集の才と筆者らのしつこい質問を受け止めてくれる心の広さに大いに感謝している。また，絶望の淵にあるときも笑いをもたらしてくれたことに感謝したい。

　クロエ・ビーチャムとハンナ・グロスマンには，締切に追われ延々と続く夜も，丁寧な編集やコメント，提案をしてくれて感謝の念に堪えない。あなた方がいなかったら，締切に間に合わせることはできなかった。大学院へと羽ばたいていくのを見送るのは寂しいが，また一緒に働ける日が来ることを楽しみにしている。

　編集者のドミニク・ビビーとパトリック・ロッシに厚く感謝の意を表したい。あなた方の導きと忍耐，機転（そして，必要な締め切りの催促）がなければ，本書はまだ完成していなかっただろう！　また，神経発達障害の人の評価に適応行動の尺度を取り入れることの重要性に理解を示してくれたワイリー社とアラン・カウフマン博士，ナディーン・カウフマン博士にも深く感謝している。

最後に，日々，筆者らにインスピレーションを与え，学ばせてくれる子どもたちと家族に感謝したい。神経発達障害の臨床的・科学的知識に貢献してくれてありがとう。

1章

INTRODUCTION AND HISTORY
OF ADAPTIVE BEHAVIOR

適応行動の概要と歴史

概　要

　適応行動の構成概念は，個人的，社会的充足に必要とされる日常的な活動における自立的行動と定義される（Sparrow, Cicchetti, & Saulnier, 2016）。これは知能とは質的に異なり，むしろ，時間の経過とともに獲得されるスキルのレパートリーとして概念化される。本書は，神経発達障害全般に見られる適応行動の特徴を包括的に概観するものである。極度に不均一な症状を現す神経発達障害群には，多くの明確な，あるいは複雑で多様な原因があるものの，実践的な"実生活"スキルの遅れまたは弱さは，これらの障害全般にわたって一貫した共通のテーマである。さらに，良好な予後はしばしば適応機能と関連するため，適応行動を目標にして支援を行うことにより，自立して生活できる水準まで個人の能力を伸ばせる可能性がある。

確認！

　認知能力あるいは知能指数（Intelligence Quotient: 以下，IQ）が，生得的に備わっている行動を遂行する個人のスキルまたは能力であるとすれば，適応行動は生活の中で必要になったときに遂行される個人の自立的な行動である。

適応行動の誕生

　認知能力の評価尺度が 1900 年代初期に導入されたとき，知的能力障害

（Intellectual Disability: 以下，ID）の分類は IQ の評価にのみ依拠していた。ヘンリー・ハーバート・ゴダード（Henry Herbert Goddard）は，フランスでアルフレッド・ビネー（Alfred Binet）により開発されたビネー式知能検査（Binet Intelligence Scale）を翻訳・改訂し，アメリカに包括的な知能検査を初めてもたらした一人となった（Zenderland, 2001）。ゴダード版のビネー・シモン式知能検査（Binet and Simon Tests of Intellectual Capacity）は 1908 年に発表された。当時，ゴダードはニュージャージー州ヴァインランドにある精神薄弱少年少女訓練学校（Training School for Feeble-Minded Girls and Boys）で研究部長として働いており，ID の児童を正確に評価する方法を模索していた。ヴァインランド訓練学校は ID の研究に貢献し，その結果，知能を定義し測定することに重点が置かれるようになった。

　ゴダードは精神薄弱（feeble-mindedness）を，個人が社会で自立的に機能することができなくなる，出生時または発達の初期段階に発現する精神的欠陥と定義した（Goddard, 1914）。以下の分類は認知障害の水準に基づいて規定されたものである。

・白痴（*idiot*）は精神年齢が 2 歳までの者を指す
・痴愚（*imbecile*）は精神年齢が 3 〜 7 歳の者を指す
・魯鈍（*morons*）は精神年齢が 7 〜 12 歳の者を指す（認知的遅滞を指してはいるものの，こういった人々は「障害がある」または「学習不能」とは見なされなかった）
＊監訳注：「精神薄弱」「白痴，痴愚，魯鈍」は今日使われることはないが，原著に即して掲載した。

　ゴダードは，同時代の多くの研究者と同様に，精神薄弱の遺伝性を信じており，何世代にもわたって精神遅滞が見られる家系に関する本を出版した（Goddard, 1912）。認知障害は遺伝するという知見により，望ましくない特性を排除し，望ましい特性を最大化しようとする人工中絶や不妊手術といった優生学的な動きが強化された。それにより，アメリカでは平均 IQ を向上させるために，多くの ID の人々に対して，施設への収容や不妊手術，さらに移住の制限が行われることになった。こういった慣行は 1960 年代に入るま

で完全には根絶されず，したがって知能検査は，児童を含む認知能力の劣った人々を特定するための第一の選択肢であり続けた（Reilly, 1987）。ゴダードが優生学運動の初期に関与していたことについて物議が醸されているにもかかわらず，彼はアメリカにおける知能検査の創始者の一人であり，また，いくつかの点で臨床心理学の分野の創設者の一人でもあると考えられている（Gelb, 1999）。

　ヴァインランド訓練学校に在職中，ゴダードにはエドガー・ドル（Edgar Doll）という助手がいた。ドルは少し前にコーネル大学で学士号を取得しており，臨床心理学者としてゴダードとともに働き始めた。ドルは，認知機能障害の水準は，求められる社会的期待を満たすための能力の限界に依拠していると考え，機能的自立のためには社会的コンピテンス（能力）が必要であることを力説した（Doll, 1936）。そこで彼は，知能を評価するための社会的基準を確立することを唱え，1917 年に『精神薄弱の臨床研究』（*Clinical Studies in Feeble-Mindedness*）を発表し，ID の定義の明確化を呼びかけた。

　ゴダードのもとで数年間研修を受けた後，ドルはプリンストン大学で心理学の博士号を取得するために，ヴァインランド訓練学校を去った。彼は第一次世界大戦中，大学院を休学し陸軍に入り，そこで軍の新兵の認知機能の評価を実施した。陸軍を去り，1920 年にプリンストン大学で博士号を取得した後，ドルはニュージャージー州立研究所の分類と教育部門（Division of Classification and Education in the New Jersey State Department of Institutions and Agencies）で指揮を執り，そこで仮釈放を審理される受刑者を対象に評価を行った。陸軍新兵と受刑者を扱う両方の仕事を通して，ドルは両グループ間で IQ 水準が類似していることを見出した。このことは，犯罪は精神遅滞によって引き起こされるという当時の考え方に反していた（Doll, 1941）。受刑者には「知的障害」があるという理論の誤りを証明するドルの研究は，この分野の発展に大きな影響を与えた。ところが，この業績はドルが次に適応行動に焦点を当てたことにより，影が薄くなっていった。

　ドルは 1925 年，研究部長としてヴァインランド訓練学校に戻り，1949年までそこに留まった。単一の尺度で認知機能障害を定義する慣行は，ID の原因に関する理論と同様に，大きく物議を醸すようになった（Brockley,

1999)。ドルら一部の専門家は，ID は社会性の障害をもたらす遺伝的かつ生得的な状態であると信じていたが，他の専門家は，社会的コンピテンスの障害から生じる，むしろ本質的に発達に関わるものであると主張した（Reschly, Myers, Hartel, & National Research Council, 2002）。ID のあるすべての者が認知障害のある親を持っているわけではないという証拠が現れ，ID が実は疾患や身体的外傷，貧困などの多くの非遺伝的な関連要因に起因することが発見され，ID の遺伝性に疑問が投げかけられた。これらの発見は，優生学理論の終焉に貢献し，知的障害者に対するより共感的な見方を促した。

　ドルは，適応行動の構成概念を発案し，ID を診断する際に IQ に加えて適応機能を評価することの必要性を誰よりも早く力説した。ドルは当時，**精神遅滞**と呼ばれていたものを定義づけたが，その定義は時を経て徐々に発展していった。ドルはその初期の研究で，精神遅滞を診断する 3 つの基準を「社会的インコンピテンス（無能さ），低知能によるもの，発達的に阻害されてきたもの」と説明した（Doll, 1936, p. 429）。しかし，彼は後にこの定義を拡大し，次の 6 つの基準を含めた。(1) 社会的インコンピテンス（無能さ），(2) 精神的亜正常（mental subnormality），(3) 発達遅滞（deveropmental arrest），(4) 成人期まで持続，(5) 生得的，(6) 本質的に治療不可能（Doll, 1941, 1953）。

◤ **要点ガイド 1.1**

．．．

ドルの精神遅滞の基準

・社会的インコンピテンス（無能さ）

・精神的亜正常

・発達遅滞

・成人期まで持続

・生得的

・本質的に治療不可能

　ドルが提案した精神遅滞の基準の一部（例えば，精神遅滞は生得的なもので，不治であるということ）は，当時は論争の的になっていたが，彼の唱えた原則のいくつかは数世代を生き残り，現代の ID の定義にもまだ適用され

ている。実際，ドルが ID の基準について，「社会的無能は現時点で前提条件であり，当障害の最重要な日常的兆候である」と書いたのは，彼の最も初期の著書『精神薄弱の臨床研究』（*Clinical Studies in Feeble-Mindedness*）においてであった（Doll, 1917, p. 23）。彼は，認知障害のある人はみなある程度社会的に無能であるが，社会的に無能な人がすべて「精神薄弱」というわけではないと明記した。

注意事項

知的障害は初期の理論では生得的で不治であると考えられていたが，認知知能についての現代の見解は，知能水準は支援によって改善されうるとしている点で，より寛容である。

ドルは，知能における社会的コンピテンスの役割を強調することに貢献した。彼は，社会的コンピテンスは人間の普遍的な属性であるが，それを評価するのは難しいと考えていた。彼は，社会的コンピテンスの普遍的な定義を妨げる障壁と格闘し，人種や地理的場所，文化，性別などの要因に影響されないすべての人の，個人的な責任と自立を定義する行動を特定するために尽力した。適応スキルのレパートリーは年齢とともに拡大するため，これらの行動は年齢に基づくものであった。彼は最終的に，社会的コンピテンスを，日常的な状況の中で個人の自立を示し，社会的責任を果たすための能力と定義し，「要するに，社会的コンピテンスは，自己充足と他者への奉仕に反映される社会的有用性を支える人間の特性の機能的複合体として定義される」と述べている（Doll, 1953, p. 2）。

自己充足と機能的自立のための社会的コンピテンスにますます重点を置いて，ドルは適応行動の標準化された評価ツールを初めて開発した。ヴァインランド社会成熟尺度（Vineland Social Maturity Scale: ヴァインランド SMS）は訓練学校の所在地にちなんで命名され，1935 年にアメリカン・ガイダンス・サービス（American Guidance Service: AGS）から出版された（尺度に付随する包括的マニュアルは 1953 年まで出版されなかった）（Doll, 1953）。ヴァインランド SMS は広範な実用的スキルに加えて社会的コンピテンスを評価する

117 項目から成るツールで，その評価は例えば親や介護者，教師など第三者との面接を通じて行われる。これは，その後数十年間にわたって最も広く使用される適応行動の尺度になった（ヴァインランド SMS の詳細については，2 章を参照）。

知的能力障害の定義における適応行動

　アメリカ精神遅滞学会（American Association on Mental Deficiency: AAMD）が 1959 年に『用語・分類マニュアル』（*Manual on Terminology and Classification*）（第 5 版）を発行したことで，適応行動は**精神遅滞**（mental retardation）の定義に正式に含まれた（Heber, 1959）。古くは 1921 年にさかのぼる，過去の AAMD の出版物における定義はいずれも，認知機能障害のみに焦点を当てていた。しかし，AAMD マニュアル第 6 版（Heber, 1961）におけるヒーバーの定義には，適応障害に加えて，「平均未満の総合的な知的機能」——平均よりも 1 標準偏差（standard deviation: SD）またはそれ以上低い IQ カットオフ値，つまり平均−1 標準偏差以下——で，16 歳未満の発達期に発現するものでなくてはならないという規定が含まれていた。ヒーバーは，適応行動スキルの 3 要因構造を初めて導入した人物である。これには，**実用的**スキル（日常生活における活動），**概念的**スキル（学習の概念，例えば，読み・書き・言語・計算のスキルなど），および**社会的**スキル（対人スキル，余暇スキル，社会的問題の解決，規則の順守）が含まれていた。しかし，この詳細な要因構造は，2002 年まで ID の定義として運用化されることはなかった。AAMD 第 5 版と並行して，1952 年に『精神障害の診断および統計マニュアル』（*Diagnostic and Statistical Manual of Mental Disorders*: DSM）初版が，アメリカ精神医学会によって発行されている（APA, 1952）。しかし，1968 年に第 2 版（DSM-II）が発行されるまで，適応障害は精神遅滞の基準には含まれなかった（APA, 1968）。

　AAMD 第 7 版（Grossman, 1973）の定義では，IQ カットオフ値が平均値−2SD に変更され，「発達期」の年齢制限は 16 歳から 18 歳に引き上げられた。これにより，ID の予測有病率は，一般人口の 16％から今日とほぼ同じ 1 〜

2％へと大幅に減少した（Richards, Brady, & Taylor, 2015）。しかし，カットオフ値以上の IQ を有しながらも，かなりの適応障害を抱えている人に対応するために，グロスマンは後に定義を修正し，第 8 版では「臨床判断」が考慮されるようになった（Grossman, 1977）。例えば，入手可能なデータによると，サポートを得ずに自立的に機能する能力を妨げるような適応障害のある，境界域 IQ（70 〜 85）者の場合は，経験豊富な臨床医が ID の診断を下すことができる（Grossman, 1977; Richards et al., 2015）。グロスマンは 1983 年の発表で，胎児期の病因を把握するために，ID の兆候が現れ始める年齢を出生時から受胎時に変更した（Grossman, 1983）。

　アメリカ議会は 1975 年，身体および精神に障害のある児童に無料で適切な教育を提供することを，連邦政府出資の公立学校に対して義務づける「全障害児教育法」（後に「個別障害者教育法」[Individual with Disabilities Education Act: IDEA, 2004］に発展した）を制定した（公法 94-142）。本法では，認知に加えて適応行動についても標準化された検査を実施する必要性が再確認された。これには，全州が，認知と適応行動の両方の評価を義務化し始めたことが特に関係している。適応行動評価はまた，介入計画の立案と，教育・居住・コミュニティに関する計画を作成する上で，最も適切な，または「最も制限の少ない」環境に個人を配置するために活用されるようになった。この動きに促されて，AGS はヴァインランド SMS を改訂し，それが 1984 年のヴァインランド適応行動尺度（Vineland Adaptive Behavior Scales: ヴァインランド ABS）初版の発表につながった（Sparrow, Balla, & Cicchetti, 1984）。1970 年代および 1980 年代までに，多数の適応行動の評価ツールが開発された。ヴァインランド ABS 以外の主な尺度として，AAMD の適応行動尺度（Adaptive Behavior Scale）（Nihira, Foster, Shellhaas, & Leland, 1974），ウッドコック・ジョンソン自立行動尺度（Woodcock-Johnson Scales of Independent Behavior）（Bruininks, Woodcock, Weatherman, & Hill, 1985），そして適応行動アセスメントシステム（Adaptive Behavior Assessment System）（Harrison & Oakland, 2000）が挙げられる。一般的に使用されている適応行動の評価尺度の詳細については，3 章を参照されたい。

　『アメリカ知的障害学会マニュアル第 9 版』（AAMR, 1992）には，ID の定
義の大幅な変更が含まれている。まず，診断に必要な，適応に障害のある特
定の分野が掲載された（Luckasson et al., 1992）。ヒーバーは 1959 年，適応行
動スキルの 3 要因構造（つまり，適応遅滞の実用的，概念的，社会的領域）
について執筆したが，その後の定義ではより幅広い（したがって，より抽象
的な）構成概念となった。これにより，最適な予後のために，教育・発達支
援・職業のプログラムにおいて，どの具体的な適応行動を優先して目標と
するべきかを研究・特定することが非常に困難になった。ID の定義に，ID
と診断を下すために遅滞または弱さのある特定の適応スキルを含めるには，
30 年以上の月日が費やされることになった。第 9 版ではまさにそれが行わ
れ，適応障害について以下の 10 領域を特定した。すなわち，**コミュニケー
ション，セルフケア，家庭生活，社会的スキル，地域生活，自己主導性，健
康と安全，実用的な学問，余暇，仕事**である（AAMR, 1992）。この時点まで
に，適応行動を評価するための標準化された尺度が開発されており，多くの
評価尺度がその構成概念を具体的な領域に分けていた。しかし，AAMR 第 9
版の定義に導入されたこれらの特定の 10 領域を取り入れたのは，「適応行動
アセスメントシステム第 2 版」が最初である（Harrison & Oakland, 2003）。

　AAMR 第 9 版における ID の定義に関する 2 番目に重要な変更点は，認知
障害の水準が削除され，代わりに介入に必要なサポートの水準が取り入れら
れたことである（Richards et al., 2015）。IQ の各範囲を明示していた**軽度・中
度・重度・最重度の水準は，断続的・限定的・広範・全般的な**サポートに置
き換えられることになった。知能水準が機能にどのように影響するかという
ことはあまり重視されなくなり，個人が機能するために必要なサポートの強
度に，より焦点が当てられるようになった。この変更は，アメリカ精神医

◢ 要点ガイド 1.2

....

AAMR（第 9 版）における適応障害の領域

・コミュニケーション

・セルフケア

・家庭生活

・社会的スキル

・地域生活

・自己主導性

・健康と安全

・実用的な学問

・余暇

・仕事

学会の診断基準である DSM の第 5 版（DSM-5）（APA, 2013）に組み込まれ，そして実際に診療に取り入れられることになった。

　最終的に，AAMR マニュアル第 9 版は，ID が一時的なもので，個人の現状と環境との相互作用の産物であり得るとして定義した（AAMR, 1992）。これは，ID が生来のものであるというドルの説明の誤りを証明し，潜在的な原因の範囲を，先天性（例えば，染色体障害など）から周産期および出生後の医学的合併症（例えば，脳性まひ，低酸素，外傷など）へ，さらには環境の影響（例えば，栄養失調，感染症，毒素など）にまで拡大した。ID は一時的なものでもあり得るという見解は，IQ が生得的で不変であるとされていた以前の諸理論からのパラダイムシフトであった。実際，ID の大多数は軽度の知的障害でしかない（Richards et al., 2015）ことを考えると，個人とその家族と環境に直接影響する支援は，確かに認知機能の改善をもたらし，その結果，診断的分類から外される可能性がある。そのため IQ は，以前推定されていたように本質的に安定しているとは，もはや見なされなくなった。

　『AAMR マニュアル第 10 版』（2002）は，実用的・概念的・社会的なスキルの分野に，ヒーバーの適応的スキルの 3 要因構造を取り入れたが，それが DSM-5 に取り入れられたのは 2013 年になってからであった（APA, 2013）。

両方の診断基準の定義で，適応障害とするには平均−約2標準偏差以下であることが規定された。AAMR第10版への重要な追加には，IDの診断を下す際に，臨床家が判断することも含まれた。これには，個人のコミュニティと文化，個人の強みと弱みのプロフィール，支援ニーズ，さらにこれらの必要な支援が提供された場合の改善の可能性について考慮することなどが含められた（AAMR, 2002）。これらの前提は，学校制度内で生徒を評価する際の安全対策について概説する，公法94–142に盛り込まれた評価手順の法的保護と合致するものだった。

マニュアル第11版では，組織の名称がアメリカ知的発達障害学会（American Association on Intellectual and Developmental Disabilities）に変更され，この変更により，**知的能力障害**（ID）という用語が用いられるようになり，**精神遅滞**という用語は診断カテゴリから削除された（Schalock et al., 2010）。2010年にはまた，連邦政府により公法111–256（ローザ法）が制定され，すべての法律に使われる用語が**精神遅滞**から**知的能力障害（ID）**に変更された。

アメリカ精神医学会が定める診断基準のDSMについては，1980年のDSM-Ⅲ（APA, 1980），1987年のDSM-Ⅲ-R（APA, 1987），1994年のDSM-Ⅳ（APA, 1994），2000年のDSM-Ⅳ-TR（APA, 2000）と出版されきたが，2013年のDSM-5（APA, 2013）になって，同様に，IDの診断名と，認知障害の水準（平均−1標準偏差または平均−2標準偏差，あるいは特定のIQカットオフ値が例えば70〜80など）と適応障害の領域，および発達期の特定（16歳未満か18歳未満，または年齢の特定なし）について，診断基準を改訂した。それにもかかわらず，発達早期に発現する認知障害と適応障害に基づいてIDを定義するこの3部構造は，長い歳月を超えて，現在も診断基準の構造として存続し続けている。表1.1で，IDの定義の歴史を概観する。

表 1.1　適応行動を含む知的能力障害の定義に関する年表

年	著者	定義
1941	ドル	**精神薄弱** 精神的亜正常による社会的インコンピテンス，発達が阻害されてきた，成人期まで継続，生得的原因，本質的に治療不可能という特徴がある
1952	APA（DSM）	**精神薄弱** ・軽度：IQ 約 70 ～ 85 ・中度：IQ 約 50 ～ 70 ・重度：IQ50 未満
1957	AAMD 学術用語委員会	
1959	AAMD（用語・分類マニュアル［第 5 版］）（Heber）	**精神遅滞** 発達期に発現し，適応行動における障害に関連する「平均未満の一般的知的機能」
1968	APA（DSM-Ⅱ）	**精神遅滞** 発達期に発現し，学習と社会的適応または社会的成熟，あるいはその両方に関連する，正常以下の一般的知的機能 ・境界域：IQ = 68 ～ 85 ・軽度：IQ = 52 ～ 67 ・中度：IQ = 36 ～ 51 ・重度：IQ = 20 ～ 35 ・最重度：IQ = < 20
1973	AAMD（用語・分類マニュアル［第 7 版］）（Grossman）	**精神遅滞** 適応行動の障害があり，発達期（出生から 18 歳までと規定）に顕在化した「平均を大きく下回る一般的知的機能」（平均−2 標準偏差以下，IQ ≤ 70）
1977	AAMD（用語・分類マニュアル［第 8 版］）（Grossman）	**精神遅滞** この改訂では，境界域知能（IQ 70 ～ 80）の者について，MR（mental retardation，精神遅滞）があり，潜在的にサービスを受ける資格があると分類した
1980	APA（DSM-Ⅲ）	**精神遅滞** 機能上の障害につながる，正常値を大きく下回る知的能力（IQ ≤ 70）。軽度・中度・重度・最重度の水準は，トレーニングによりどの程度まで自立的に機能できるようになるかという，個人の適応機能の能力に対応するよう意図されている
1987	APA（DSM-Ⅲ-改訂版）	**精神遅滞** MR の診断が第Ⅰ軸から第Ⅱ軸（人格障害および発達障害——精神遅滞および境界性知的機能を含む）に移された

1992	AAMR（用語・分類マニュアル［第 9 版］）	**精神遅滞** この改訂には，コミュニケーションとセルフケア，家庭生活，社会的スキル，自己主導性，健康と安全，機能的学習，余暇，仕事など，適応行動の少なくとも 2 つの領域における障害の特定が含まれた
1994 および 2000	APA（DSM-Ⅳ および DSM-Ⅳ-テスト改訂版）	**精神遅滞** 第Ⅱ軸の名称が「人格障害および精神遅滞」に変更された 以下の少なくとも 2 つの分野における適応行動障害を示す：コミュニケーション，セルフケア，家庭生活，社会的対人関係スキル，地域生活，自己決定，機能的学習スキル，仕事，余暇，健康，安全 総合的 IQ が平均−2 標準偏差である（例えば 65 〜 75 の範囲の，標準化された評価の信頼区間について規定されているため，ばらつきが許容される） 18 歳未満での発現
2002	AAMR（用語・分類マニュアル［第 10 版］）	**精神遅滞** 概念的・社会的・または実用的な適応スキルのいずれかにおいて「平均−2 標準偏差」以下の適応障害，あるいは，「平均−2 標準偏差以下」の適応行動の総合的水準
2010	アメリカ知的発達障害学会（AAIDD） （知的障害：定義，分類，支援システム［第 11 版］）（Schalock et al.）	**知的能力障害** 概念的・社会的・実用的な適応スキルに表現される，知的機能と適応行動の両方に大きな制限があることを特徴とする障害。本障害は年齢 18 歳未満で発現する
2013	APA（DSM-5）	**知的能力障害（知的発達障害）** 発達期に発現した障害で，概念的・社会的・実用的な領域における知的障害と適応機能障害の両方が含まれる 規定の IQ 値の廃止。知的機能の障害は，「臨床評価と個別化・標準化された知能検査の両方」によって確認されるものとする 重症度水準は，IQ 値の範囲よりもむしろ，適応行動領域と限定的に合致させる 特定の発現年齢の廃止：「発達期に」に戻す

適応行動の原則

　ドルが最初に述べた解説を反映する現代の適応機能の原則は，次のように概説される（Sparrow et al., 2016）。(1)適応行動は年齢に関連している，(2)適応行動は社会的状況における他者からの期待によって定義される，(3)適応行動は修正可能である，(4)適応行動は能力ではなく，日常的な行動によって定義される。

◀ 要点ガイド1.3

· ·

適応行動の原則

・適応行動は年齢に関連している。
・適応行動は社会的状況における他者からの期待によって定義される。
・適応行動は修正可能である。
・適応行動は能力ではなく，日常的な行動によって定義される。

　まず第一に，適応行動は**年齢に関連**している。なぜならば，期待は時の経過とともに変化し（未就学児にとって重要なことは，成人にとって重要なことと同じではない），人は年齢を重ねるごとに，より多くの複雑なスキルのレパートリーを蓄積させていく可能性があるためである。第二に，適応行動は**社会的状況**の中で評価される。なぜなら，われわれが住んでいる世界は本質的に社会的なものだからである。そのため，評価者である親や養育者，教師は，人為的であまり自然でない（臨床的な）設定における行動を探ろうとするよりも，むしろ自然な状況における行動を評価することが非常に重要である。第三に，機能水準は様々な理由で時とともに低下または向上する可能性があるため，適応行動は**修正可能**である。例えば，環境の変化（異なる文化をもつ地域への移住，養子縁組または里親，入院，投獄など）は，トラウマを生む人生の出来事（身体的・精神的虐待またはネグレクトなど）と同じく，適応機能に影響を与える可能性がある。さらに，支援（あるいはその欠如）は，確かに適応行動の変化をもたらす可能性がある。これは時間ととも

により安定し，支援の効果による影響が比較的少ないと考えられている知能とは対照的である。最後に，適応行動は能力ではなく**典型的な行動**によって定義される。認知が個人の能力またはスキル（個人が“できる”こと）のレパートリーだとすれば，適応行動は，それらのスキルを日常的状況や日課の中で，自立的，機能的に適用すること（個人が“実際に行うこと”）である。したがって，適応スキルとは，日常的に期待されることを促しやサポートや注意喚起なしに実行する個人のスキルであり，単に個人ができることや，能力があることではない。自閉症スペクトラム障害における重大な問題は，本障害では，個人の認知または能力とその適応機能との間に，社会的障害の性質上しばしば矛盾が生じるということである。

注意事項

適応スキルは，個人が自立して実際に行うことと定義される。できるけれどもしないことではない。

まとめ

　知的能力障害（ID）の歴史には，分類学と因果関係をめぐる論争が伴う。しかし，それに比べて，適応行動の体系は驚くほど一貫性を保ってきた。現行の DSM-5 および AAIDD（アメリカ知的発達障害学会）の定義には，機能的な社会的スキル，概念的スキル，実用的スキルについて，ドルが最初に記述した説明が今もなお使用されている。さらに，ID 診断用の DSM-5 の重症度水準は，機能的，適応的自立性の水準と直接結びついている。このことは，診断のためだけでなく，教育とコミュニティ，日常生活，および就労において適切な支援・介入方略を決定するためにも，適応行動を評価することが重要であることを示している。

　筆者は本書により，生涯にわたる神経発達障害で見られる適応行動の特徴について包括的な説明をしていきたいと思っている。ドルの社会的コンピテンスに関する見解と同様に，適応行動は神経発達障害の人に機能的結果をも

たらす普遍的な道であると信じている。したがって，本書の目標は，適応行動の評価の現状と，機能とその特徴，さらに成人期に向けて最適な予後を導ける知識を，読者に提供することである。1 章では，適応行動の定義についての枠組みとともに，その背後にある興味深い歴史を紹介した。2 章では，評価対象者のニーズを満たすために，適応行動を評価する最善の尺度を理解・選択するときに重要となる構成概念に関する情報について述べる。3 章では，適応行動を評価するために使用される様々な適応行動尺度について説明する。次に，4 章，5 章，6 章では，多くの文献のある知的能力障害（ID）や自閉症スペクトラム障害から，あまり一般的ではない遺伝的症候群およびその他の発達障害に至るまで，様々な障害や疾患の適応行動の特徴について論じる。7 章では，成人に見られる適応行動の特徴と，成人を評価する際の複雑な要因について論じる。8 章では，支援と介入の現状について説明する。最後に，9 章では，事例を通して，評価と支援をいかに結びつけるかを考える。本書が研修中の臨床家や初学者の臨床家だけでなく，自身のバッテリー［監訳注：行動の様々な側面を検査するためのいくつかの検査の組み合わせ］に適応行動の評価尺度を追加することに興味がある，あるいは，様々な発達障害の子どもやその障害が日常生活スキルの発達に与える影響について詳細な情報を求めている経験豊富な専門家の役に立てれば幸いである。

✎ セルフチェック ✓

1. 適応行動の 4 つの原則は何か。

2. 以下のうち，米国で知能テストの創設者の一人と考えられているのは誰か。
    a. アルフレッド・ビネー（Alfred Benet）
    b. ヘンリー・ハーバート・ゴダード（Henry Herbert Goddard）
    c. エドガー・ドル（Edgar Doll）
    d. イワン・パブロフ（Ivan Pavlov）

3.【正誤問題】知的障害は支援によって改善されない。

4. ヒーバーの3要因構造に含まれていないのは以下のどれか。
   a. 実用的スキル
   b. 概念的スキル
   c. 運動スキル
   d. 社会的スキル

5.【正誤問題】AAMR 第9版は必要なサポートの水準を認知障害の水準に反映させるために改訂された。

6. アメリカにおいて，すべての法律に使われる用語を精神遅滞から知的能力障害に変えた法律は何と呼ばれたか。
   a. ローザ法
   b. アヴァ法
   c. マディー法
   d. エマ法

7.【正誤問題】適応スキルは，「個人が自立的に行うこと」ではなく，「できるけれどもしないこと」によって定義される。

8. 適応行動スキルを評価しないのは以下のどれか。
   a. ヴァインランド ABS
   b. 適応行動アセスメントシステム
   c. ウッドコック・ジョンソン自立行動尺度
   d. マレン早期学習尺度

9. 臨床家が ID の診断を行うときに，個人について考慮すべき要因は。
   a. コミュニティ
   b. 文化
   c. 強みと弱み
   d. 上記のすべて

10.【正誤問題】DSM マニュアルの最新版である DSM-5 によれば，ID は18歳までに発現しなくてはならない。

【解答】1. 年齢に関連している，社会的状況における他者からの期待により定義される，修正可能である，能力ではなく典型的な行動により定義される，2. b，3. 誤，知的障害は介入により改善しうる，4. c，5. 正，6. a，7. 誤，適応スキルは個人が自立的に行うことによって定義される，8. d，9. d，10. 誤，DSM-5 は改訂され，発現年齢の規定は外された

2章

METHODS OF ASSESSING ADAPTIVE BEHAVIOR

適応行動を測る方法

　本章では，適応行動を測る様々な方法について論じる。本章の目標は，様々な方法論や特定のアセスメントツールの良し悪しを評価するときに見るべき点についての情報を読者に伝えることである。それにより読者は，特定のクライエントに対してどの検査を実施するのが最善であるか，十分な知識をもって判断できるようになるだろう。

　20世紀半ばに，知的能力障害（ID）の定義に，認知的な遅れに加えて適応機能の障害に関する基準が含まれるようになり，多くの標準化された検査が開発され始めた。実際，アメリカでは一時，200以上の適応行動の検査が使われていたが（Doucette & Freedman, 1980），今日ではその一部のみが長期にわたり様々な形式で使われ続けている。多くの検査は，適性や診断の裏付け，臨床的な使用と治療効果の確認，特殊なスキル領域や年齢幅のような，より的を絞った用途を含む，様々な目的を果たすために作られた。ひとつの尺度が臨床的および診断的な目的を満たすことができるほどの深さと幅広さを本当に有しているかどうかについては論争があった（Spreat, 1999）。スプリートは，ひとつの検査で診断，分類，個々人へのプログラム，プログラムの評価という様々な目的を達成することは「非現実的」であると論じた。さらに，大多数の検査は，軽度のIDや標準得点が60〜80の認知機能である個人のIDを診断するのに必要とされる十分な基準や信頼性を有していない。

これらの注意点を踏まえ，検査者が測定しようとする現状をより理解しやすくなるような検査を選ぶことが重要である。どの検査を使うべきか決める際は，以下のことを考慮する必要がある。

・測定する個人の年齢
・利用可能な指標
・誰が回答者か
・個人のいる状況
・評価者のトレーニング方法

◀ **要点ガイド2.1**

以下に基づいて適応行動の検査を選ぶこと。
・測定する個人の年齢
・利用可能な指標
・誰が回答者か
・個人のいる状況
・評価者のトレーニング方法

適応行動は，個人の診断と強み・弱みをより理解するために重要であるにもかかわらず，すべての利用可能な検査の中で，適応行動の検査は臨床心理士によって行われる測定バッテリーにはあまり組み込まれない（Watkins, Campbell, Nieberding, & Hallmark, 1995）。ワトキンスら（Watkins et al., 1995）の研究によると，臨床心理士のうち 13% しか，臨床実践の中に適応行動の測定を含めていなかった。反対に，スクールカウンセラーへの調査によると，適応行動の検査は最も頻繁に使用される検査のひとつであり，その使用は増え続けている（Hutton, Dubes, & Muir, 1992; Ochoa, Powell, & Robles-Pina,

1996; Stinnett, Havey, & Oehler-Stinnett, 1994)。教育委員会では，適応機能の検査は，教育計画の指導，教育過程への親の参画，支援の進捗の確認に役立つとされている。もし適応行動の検査がもっと利用されるようになれば，臨床心理士は，クライエントの相談内容をより理解し，学校や家庭によりよい助言を伝えることができるだろう。

検査のタイプ

　適応行動の検査は，第一に，個人が ID の基準を満たすかどうか分類するために使用される（例：低 IQ により，日々の個人的，社会的能力の習得や出現が遅れることを確認するため）。しかし，適応行動の測定は複雑になる可能性もある。関連領域にまたがる総合的な能力だけでなく，それらの行動の水準，質，円滑さも考慮する必要がある（National Research Council［全米研究評議会］, 2002）。特定の行動をこなす能力（すなわち，できる）と，様々なスキルを実際に使うこと（すなわち，実際にする）との違いに関しても考慮する必要がある。

確認！

．．．

適応行動の検査は，第一に，個人が ID の基準を満たすかどうか分類するために使用される。

　検査でどのように得点をつけ，行動を見極めるかも検査によって異なる。行動を頻度の面から分類するツールもあれば（例：「決して〜ない」から「たいてい または いつも」），2 分法を用いて測定するツールもある（例：行動が見られるかどうかに対して「はい - いいえ」）。例えば 3 件法の検査か 5 件法の検査かなど，検査によって行動のアンカーの数が異なる。また，特定の水準の適応行動スキルの質や適切性を調べられるように工夫されている検査もある。

　適応行動の能力を確かめる多くの方法があり，それぞれ長所と短所がある。

面接

・非構造化

・半構造化

・構造化

・直接観察

チェックリスト

・自己記入式

・他者記入式

◀ **要点ガイド2.2**

....

適応行動の検査方法

面接
・非構造化
・半構造化
・構造化
・直接観察

チェックリスト
・自己記入式
・他者記入式

面　接

　面接は，検査者と回答者の間で臨床的な情報を集める直接的な方法である。適応行動の場合には，回答者は，その個人の問題となっている機能の水準に関して必要な情報を得るために面接を受ける。面接には，非構造化から構造化までいくつかの異なるタイプがあり，個人をよく知る回答者も多様になりえる。以下の項では，適応行動を検査するための様々なタイプの面接を概観する。

非構造化面接

　非構造化面接では，臨床家や検査者（ここでは**検査者**と呼ぶ）は，何のトピックについて訊くために何を質問すべきか，いつ尋ねるべきかを自分の判断で決める。あらかじめ決められていたり設定されている質問はなく，得点をつけるためのアンカーもない。そのため，検査者は，自由回答の臨床面接技法だけでなく，適応行動の背景にある理論的な構成概念に関しても熟練している必要がある。そして検査者は，個人の適応行動の能力を見極めるために，個人的で，経験に基づく臨床的な基準をあてはめるだろう。非構造化面接は，個人の独自のニーズや回答者の機能の水準に合うよう調整できることが利点である。半構造化面接の否定的な面は，検査者が主観的な基準で測定してしまい，測定の信頼性や妥当性がおびやかされることである。

注意事項

....

非構造化面接を行う際には，検査者のトレーニング内容や固有のバイアスによって影響を受ける可能性があるため，気をつけること。

半構造化面接と構造化面接

　熟練した経験豊かな検査者が実施するとき，半構造化面接と構造化面接は，適応行動測定の信頼性と妥当性への脅威に対する最良の安全装置となる。しかし，ツールがきわめて重要である。もし検査に信頼性や妥当性がなければ，非常に熟達した検査者が実施したとしても，面接は不正確なものとなるだろう。質問や回答の解釈には高い水準のトレーニングが必要であるため，半構造化面接には最高水準の専門知識が求められる。

注意事項

....

適応行動の検査に使われるツールは，十分な信頼性と妥当性を持つ規準が必要であり，それがないと非常に熟練した検査者であっても妥当なデータは得られない。

直接観察

　ドル（Doll, 1953）が指摘したように，一般に適応行動は，広範で多様な環境における日常生活の幅広い状況の中で見られるため，適応行動スキルの直接観察は概してあまり現実的ではない。例えば，個人が社会的行動や，コミュニケーション行動，日常生活行動を行うための広範で多様な能力を示し得る場面を準備するのは困難である。適応的なスキルを教えたり実践したりする，家庭的で地域の環境に似せた特別支援教育プログラム，学校，居宅が増えているが，それらは一般によく管理された環境であり，したがって，幅広い自立のスキルを測定することは依然として難しい。

チェックリストと質問紙

　面接と直接観察では検査者が測定を進める必要があるが，チェックリストと質問紙は検査者がいなくても第三者の回答者が記入することができる。自己記入式の検査は，測定される本人が記入する。他者記入式の検査は，一般に親，養育者，教師など測定される個人についてよく知っている回答者が記入する。一般に適応行動の測定においては面接形式が最もよいと考えられているが，対面での面接ができないときや適さないような場合がある。例えば，非常に田舎の地域や社会的に弱い立場のコミュニティ出身の家族はクリニックに通うことができないし，スペイン語を話す養育者に面接を行えるスペイン語を話せる検査者もいない。この点に関して，チェックリストと質問紙は，適応行動を検査する上で信頼性と妥当性のある選択肢を提供できる。

自己記入式

　ヴァインランド社会成熟尺度（Vineland Social Maturity Scale: ヴァインランド SMS）を開発しているとき，ドルは，適応行動の自己評価に対して，認知障害や自閉症のような発達障害のある多くの個人は，自分自身の強み・弱みに関する洞察や自覚に欠ける可能性があると警告した（Doll, 1953）。このような理由から，ヴァインランド SMS には自己評価の選択肢がなかった。しかし，特に自閉症スペクトラム障害などの神経発達障害の特徴の定義が，

実際には自身についての質問に答えるだけの洞察や自覚ができている個人を含む形で，長年にわたって大きく広がってきたことを考慮し，近年の検査は自己評価用に開発されているのは明らかである。しかしながら，自己評価する個人の能力の妥当性については特に注意する必要がある。

他者記入式

　チェックリストと質問紙は，個人の様々な側面の機能水準を詳しく知っている教師，親，介入者，他の医者，養育者によって記入され，しばしば適応行動を測定するために使用される。半構造化面接や構造化面接と同様に，チェックリストは頻度の尺度や特定の行動の有無によって行動を測定することができる。しかし，検査者が面接や自己評価に確かな妥当性や信頼性を求めるのと同じように，それらの質問紙を回答者に渡す検査者は，回答者が測定の本質を確実に理解できるようにすることが重要である。1章で強調したように，適応行動は認知とは異なり，生活のなかで行動を示すことが求められているときに，日常的な状況や日課に即して自立的にスキルを用いることである。スキルを実行する個人の能力や資質のことではない。この区別は一部の回答者にとっては非常にわかりづらく，結果として適応行動は誇張される。このことは，例えば Vineland-Ⅱ や Vineland-3 の面接調査の得点と親・養育者の質問紙の得点について基準となるサンプルの平均を比較すると，しばしば面接の得点が両親・養育者の質問紙の測定値より低くなる（そしてより正確であると考えられる）ことからも明らかである（Sparrow, Cicchetti, & Balla, 2005; Sparrow, Cicchetti, & Saulnier, 2016）。

　検査者は，回答者が正確に答えられるようにトレーニングされていない場合，チェックリストと質問紙の妥当性に影響しうる評定者バイアスも認識している必要がある。例えば回答者は，意図的あるいは故意でないにしても，サービスを受ける資格を得たい，あるいは得たくないことを理由に，それぞれ適応行動を過剰にあるいは過少に報告する。さらに，回答者の記憶には限界があり，思い出すヒントが得られるよう手助けする検査者がいなければ，結果に影響するかもしれない。

注意事項

以下の例に示すように，チェックリストと質問紙を実施しようする際は評定バイアスの可能性に注意すること

・個人がより高く機能していると示すために，回答者は意図的あるいは故意でなく適応行動を過剰に報告すること
・個人に障害があると示すために，回答者は意図的あるいは故意でなく適応行動を過少に報告すること
・回答者の記憶の限界
・回答者は，個人が実際に行うことと，個人ができることを見分けることができないこと

これらの限界はあるものの，チェックリストと質問紙を以下の方法で行う場合，個人の適応行動に有益な情報と洞察を得ることができる。まず，回答者に適応行動の構成概念と項目のつけ方を適切に教え，検査者が追加の情報を得る必要がある場合に（特に下限と上限が得られていないならば）回答者に再び連絡をとることができるとき，信頼できる妥当な結果となるだろう。次に，評価時間が限られていたり，親や養育者に直接関わることができなかったり，検査者が面接を実施するトレーニングを受けていなかったりするとき，質問紙は非常に便利である。さらに，検査者と回答者の間に言語の障壁があるとき，母国語の質問紙（例：スペイン語）によって，そうでなければ確かめられなかった適応行動の正確な測定ができる。

◤ 要点ガイド2.3

適応行動を測定する際に質問紙が半構造化面接より優れている点

・対面で面接を実施するには時間が限られている場合
・親や養育者への関わりが限られている場合
・トレーニングを受けた検査者がいない場合
・英語が第一言語ではなく，回答者の母語（例：スペイン語）の質問紙がある場合

検査の目的

　適応行動の検査は，単に個人が ID の診断基準を満たすかどうか明確にする際に便利に使えるだけでなく，診断にかかわらず支援計画や治療効果の評価に役立ち，つまり支援を計画したり変化をたどったりすることを可能にする。

　目的によって，項目や内容の領域が異なる場合もある。例えば，学校で使用される検査には職業や家庭内の領域は含まれないだろうし，一方で成人の適応行動を測定する検査には学校に関連する行動についての項目は必要ないだろう（Kamphaus, 1987）。そのため，適応行動を検査する際は，年齢，文化，環境を常に考慮する必要がある（Thompson, McGrew, & Bruininks, 1999）。

　多くの適応行動の尺度は問題や不適応行動の測定も含んでいる。不適応行動とは，日常的な活動を行うための個人の能力を損なうような行動である。そのような行動は，個人が行動スキルを発揮するための能力をしばしば妨げる。適応的なスキルが不足しているのか，不適応行動がスキルを用いるのを妨げているのか区別することは，診断や支援をする上で重要である。適応行動と不適応行動領域の相関は一般に低く，相関係数は .25 前後かそれ以下になる傾向がある。アメリカ心理学会 33 部門［監訳注：アメリカ心理学会の 33 部門は，知的発達障害および自閉スペクトラム症の部門である］は，顕著な不適応行動は，適応行動の制限があるとみなす基準に**合致しているわけではなく**（Jacobson & Mulick, 1996），むしろ，不適応行動に関する情報は適応行動の状況を理解する上で極めて有益であることを明示している。

確認！

不適応行動は適応行動と正反対のものではない。むしろ，個人が適応行動を示す能力を妨げる可能性があるものである。そういうものとして不適応行動を調べることで，個人の適応行動のプロフィールと状況との関係がわかりやすくなる。

検査の特徴

　様々な検査の特徴は，適応行動の評価の正確さに影響を与える可能性がある。

床効果と天井効果

　前述のように，適応行動尺度は，主に ID と考えられる子どもの適応行動の発達を測定するために開発された。そのため，大多数の検査では，3 歳から 18 歳あるいは 21 歳までの年齢の集団において，標準サンプル，項目開発，尺度選択が決められる。これにより，ID の可能性のある未就学児を早期に判別しやすくなり，発達的な遅れが続いていることを確認できるようになる。多くの検査はまた，成人の標準サンプルを含んでいるが，基準となるサンプルのほとんどはすでに障害があるとわかっている人だけとなっており，一般成人のサンプルはかなり少ない。そのため，標準化研究でサンプリングされた障害のない成人の参加者の年齢幅によって，上限（例：測定された最も高い水準の行動の遂行）が尺度によって食い違い，遅れの程度の測定に影響を与える可能性がある。いくつかの検査で 36 カ月より年少の子どもの適応行動を測定できるが，これら出生から 3 歳までの幼い年齢も適応行動検査の弱点である。そのため，天井効果や床効果を考え，使おうとしている検査の標準サンプルが適切であるか確認することが重要である。取り組むべき他の問題は，特定の項目の内容である。適応行動尺度は幅広い年齢層に適用できるようにデザインされているため，ある個人にとって年齢的に妥当ではない項目もある。例えばある項目では，幼少期（例：三輪車に乗る）や，成人期（例：成人や青年期の女性の月経のケア）にのみ関連するスキルに触れているかもしれない。別の項目や項目の別の得点に変更できるようになっている尺度もある。しかし，それらの変更の性質によって，別の適応行動尺度と同等に関連するスキルを測定することが難しくなるかもしれない。

　他の例では，ヴァインランド適応行動尺度の運動尺度（Sparrow, Balla, & Cicchetti, 1984; Sparrow et al., 2005, 2016）のように，ある年齢の集団にのみ妥

当になるように構成されている尺度もあれば，異なる環境（例：学校に対して家やコミュニティという環境）では同じ尺度でも異なるバージョンが使われる尺度もある。例えば，適応行動アセスメントシステム（ABAS; Harrison & Oakland, 2003）は，4種類のバージョン――親評価，教師評価，成人の自己評価，成人の他者評価――の中から使うことができる。AAMR適応行動尺度の2つのバージョンは，重点を置かれる年齢群と，項目選択においてどの項目が選ばれ重みづけされているかの設定が異なっている。

項目密度

　項目密度とは，特定の領域を対象とした項目数を表す。単一の項目や多くの項目，それぞれの行動の構成概念を考慮して項目数のバランスをとるようにした適応行動検査がある。適応行動尺度は，過重になることなく網羅できるよう構成されている（Adams, 2000）。そのようにして臨床や診断目的で強みと限界に関して網羅的で確実な裏付けをするためには，行動の発達についての多くの因子や記述カテゴリが適切に表されていなければならない。これには，考慮しなければならない多くのことがある。まず，比較的幅広い年齢層に適用できるよう，それぞれの記述カテゴリに結びつく項目数は十分でなければならない。煩雑にならずバランスよく網羅できるよう，年齢層をまたいで比較的統一されている必要がある。これは，例えば，下位尺度ではどの年齢においても典型的な遂行能力に関する項目が1つか2つしかないことを意味する。そして，それぞれの下位領域の項目数は限られているにもかかわらず，合計得点を算出するために得点を足し合わせると，年齢に関連した項目の意味のある数字になる。それでも，適応行動の検査にある項目は，適応行動の完全な特性の測定というより，信頼性と妥当性のチェックに合格した項目群であると覚えておくことが重要である。

信頼性

　適応行動尺度は，通常は面接やチェックリストを通して埋められるため，情報提供をする回答者の回答の信頼性に懸念が生じる場合がある。情報提供をする回答者が結果に利害関係を有するとき，懸念が高まる（例：回答

がサービスの受給資格に影響するかもしれないとき）。検査の開発者は，以下の方法でこの問題に取り組んでいる。(1)評定者間信頼性や再検査信頼性を測定する，(2)評定者に項目のコーディングの具体的な指示をする（例：Sparrow et al., 1984)，(3)臨床家へのトレーニングや評定者への指示を規定する（例：Bruininks, Woodcock, Weatherman, & Hill, 1996)

　情報提供をする回答者の回答の信頼性を評価することに加え，検査の信頼性を測定する必要がある。内的整合性とは，検査の半分の項目が残りの半分の項目とどの程度同等であるかを表す。信頼性係数は0から1.0までの値をとり，.80以上で信頼性が強いと見なされる。

◀ 要点ガイド2.4
....
信頼性のタイプ

評定者間信頼性：同じ検査における，異なる2人の情報提供をする回答者間の得点の相関の強さ
再検査信頼性：同じ検査を繰り返し行った際の2時点での得点の相関の強さ
内的整合性：検査の半分の項目が残りの半分の項目とどれだけ同等であるか

妥当性

　妥当性は，測定する検査の正確さを表す。妥当性には多くのタイプがある。マニュアルでは，検査開発の過程で得られたデータを分析し，様々な種類の妥当性について説明している。内容的妥当性は，検査の代表性や年齢の基準から何が推測できるかを表す。例えば，適応的なコミュニケーションスキルを測定しようとする領域がある際に，項目は適応的なコミュニケーション行動を代表しているべきである。構成概念妥当性は，検査が測定している心理学的構成概念や特性，この場合は適応行動の程度を表している。構成概念妥当性には以下の2つのタイプがある，すなわち収束的妥当性，つまり類似の構成概念の2つの検査がどれだけよく類似した結果となるかと，弁別的妥当性，つまり関連のない構成概念の2つの検査がどれだけ異なる結果となるかである。外的妥当性は，検査結果が環境，集団，時代を超えて一般化できる

かどうかを表す。

🔻 要点ガイド 2.5

....

妥当性のタイプ

内容的妥当性：尺度項目がその検査が測定しようとしている領域を代表できているかどうか

構成概念妥当性：検査が心理学的構成概念や特性を測定している程度で，検査に確かな理論的根拠があるか調べる（例：適応行動）

a. 収束的妥当性：ある検査の結果が類似の適応行動の検査の結果と類似しているかどうか，例えば，ヴァインランドとABASがどれだけよく相関しているか測定する

b. 弁別的妥当性：ある検査結果が関連のない構成概念の検査の結果とは異なるかどうか（例：適応行動の結果は読字能力とは異なる）

基準関連妥当性：

c. 併存的妥当性：テスト得点が群間の区別ができるかどうか。例えば，適応行動得点は一般群と臨床群を区別できるか

d. 予測的妥当性：検査が継時的にどれだけよく能力を予測するか

外的妥当性：検査は環境にかかわらず一般化できるかどうか。例えば，検査は測定した集団だけでなく集団を超えて一般化できるか

　情報提供をする回答者にはバイアスがある可能性が高いため，主要な適応行動尺度では回答者を複数にするよう勧められている，例えば，親と教師というように。個人に本当に適応行動の弱さがあるのか，単に特定の領域で標準以下であるのか確かめられることに加え，これらの尺度では評定者は対象者の適応行動のより完全な実態を知ることができる。情報提供する回答者の間で得点の調整をすることもできる。連邦レベルでの法的措置や司法の決定は，親が生活補助金のような援助を得るためにわが子のスキルを実際より過少に報告するかもしれない事実に焦点を当てている。

基準となるサンプルの適切性

　考慮すべき別の特徴は，基準となるサンプルが適切かどうかである。適切性を保障するために，標準化された検査には，IDの人とそうでない人を適

切に代表し，検査で測定しようとしている様々な年齢帯を網羅する十分なサンプルが必要である。

社会文化的なバイアス

　このバイアスは，ほとんどが年齢，性別，人種，民族や文化的属性といった変更不可能な人口統計学的な要因による得点の一貫した歪みを表す。アメリカでは，民族や人種と知能検査の成績との関係について深い関心が寄せられている（3 章を参照 ; Neisser et al., 1996）。類似の関心は適応行動検査にも見られる。適応行動に障害があるという証拠書類が ID の診断基準に必要な要素になるにつれて，不自然な数のマイノリティの子どもたちが ID であると鑑別されているため，この関心は高まっている（Boyle et al., 1996 ）。基準となるサンプル においては，人種的・民族的なマイノリティを含む一般集団を代表する参加者を含めることで，適応行動尺度の得点におけるバイアスをある程度軽減できるだろう。

　多数派の民族においても少数派の民族においても適応行動尺度の結果は同等であることが 1970 年代と 1980 年代に行われた研究でわかった（Bryant, Bryant, & Chamberlain, 1999; Craig & Tasse, 1999）。しかし，このように同等であるにもかかわらず，適応行動検査を実施する上で言語的な要因は依然として懸念事項である。情報提供をする回答者の第一言語や方言で面接する検査者の能力や，適応行動尺度の項目を同等に翻訳できているかが重要である。翻訳に関しては，翻訳された内容を元の言語にバックトランスレーションしたり，再翻訳による分析を行ったりして同等の内容かどうかを確認するなど，最高水準の翻訳がなされている検査はまれである（Craig & Tasse, 1999）。項目が同等に翻訳されていなければ，翻訳言語での表現のしかたによって規準が変わるおそれがある。また，規準は文化の違いによっても異なるだろう。例えば，英語圏の規準では，他文化の同い年の子どもの典型的な成績よりも低かったり高かったりするかもしれない。検査が基準としているのとは異なる文化出身の人や，翻訳可能な言語とは異なる言語を話す人に適応行動尺度を使う際には，注意しなければならない。加えて，検査を選ぶ際は翻訳の質を知ることが重要である。様々な文化集団や異文化間比較の研究がより多く

求められている。

　まとめると，文化を十分に考慮した測定の実践においては，検査者，検査の対象者とその家族や，他の回答者の文化や言語の違いによって起こり得る影響を検査者は考慮する必要がある。この影響は，得られた情報の臨床的な妥当性やそれをどう解釈するかに影響する可能性がある。検査者は自身の第一言語で検査を行い，その言語や方言が情報提供をする回答者と一致していることが理想であるのは明らかである。しかし，ときには通訳者や翻訳者が必要であり，その人の受けたトレーニングや経験も考慮すべきである。

検査の選択

　どの標準化された適応行動尺度を使うべきかを決める際は，以下の知識を知っていなければならない。

- ・検査は個人の年齢や機能の水準に適していなければならない。
- ・適応行動の検査では多くの場合，検査の対象者についてよく知っている適切な回答者が必要である。もし適切な回答者がいなければ，他の標準化されていない方法（例：自己報告版がないのに自己報告する）での検査の使用となり，基本となる標準化された手続きに違反し，標準的な比較は根拠がなくなる。しかし，回答者にある程度の柔軟性をもたせるような調整が可能なものもある。例えば，当該の行動に最も詳しい回答者が回答できるよう，それぞれの項目を複数の回答者が答えてもよいとする検査もある（Adams, 2000）。別の検査では，成人の場合，自己報告が認められている（Harrison & Oakland, 2003）。他の検査では，観察されていない行動に関連する項目について推測で答えてもよい。しかし，調整がなされ推測が認められるにつれて，検査の妥当性は減っていく。そのため，もし回答者が多くの推測をしたと述べたならば，推測の数が増えるにしたがって結果はより信用できないものになっていく。
- ・検査によって，診断の決定に役立つ得点が得られなければならない。次に，適応行動尺度の構成と秩序に沿って解釈する必要がある。IDの診断決定では，ほとんど常に様々な検査の得点基準の比較がつきものである。こうした比較には，標準化された基準得点をもつ尺度が適している。

使いやすい得点尺度や適切な規準は，診断決定に使われる適応行動検査のきわめて重要な特徴である。

まとめ

標準化された適応行動検査は，歴史的に，IDの診断が適しているかを判断するために認知能力の測定と並行して使われてきた。その後，様々な検査が開発され，これらの検査は自閉症のような他の神経発達障害の診断評価や，支援計画にも使われるようになっている。そのため，どのタイプの検査を選ぶべきか決める際は，検査の形式や年齢幅，測定される個人の文化，障害，環境も含めた様々な要因を考慮することが重要である。使用する検査や得られる結果の信頼性と妥当性も，特に科学研究で使用する際に結果を確実に意味のあるものにするために非常に重要である。

✎ セルフチェック ✔

1. 適応行動検査を選ぶ際に考慮すべき5つの事柄を挙げなさい。

2. 適応行動尺度が最初に使われた目的は何か。
   a. 個人がどのように育てられたか測定するため
   b. 個人がIDの基準を満たすかどうか分類するため
   c. 個人に影響するかもしれないすべての障害の可能性を示すため
   d. 検査対象の個人に対する評定者の主観的意見を定量化するため

3. 適応行動検査の4つの面接の様式を挙げなさい。

4.【正誤問題】適応行動を調べる検査には，妥当性のあるデータを得るために以下の事項のうち2つだけが必要である——十分な信頼性，妥当性，規準。

5. 次の事柄のうち可能性のある評定バイアス<u>ではない</u>ものはどれか。
    a. 回答者の記憶の限界
    b. 回答者は，個人が実際に行うことと個人ができることを見分けることができないこと
    c. 回答者が評定者の質問に回答するのに長い時間をかけること
    d. 個人がより高く機能していると示すために，回答者は意図的あるいは故意でなく適応行動を過大に報告すること

6.「不適応行動」を定義しなさい。

7. 項目密度とは何か。
    a. 検査の項目数
    b. 適応行動領域の項目に対する不適応尺度の項目の割合
    c. 質問の適用性を上げるために代替できる追加項目数
    d. 特定の領域を対象とした項目数

8. 信頼性を定義し，信頼性の３つのタイプを挙げなさい。

9. 適応行動検査に社会文化的なバイアスの影響を与える懸念のある要因のカテゴリは何か。

10.【正誤問題】適応行動検査は，臨床家がさらなる検査の必要性を判断する情報を得るために単独で使われることが最も多い。

【解答】1. 測定される個人の年齢，使える形式，回答者，回答者が測定される個人を知っている文脈，評定者が受けたトレーニングの水準，2. b，3. 非構造化面接，半構造化面接，構造化面接，直接観察，4. 誤，適応行動検査には３つすべてが必要である——十分な信頼性，妥当性，規準，5. c，6. 不適応行動は，個人が適応行動を示す能力を妨げる行動であり，そのため個人の適応行動のプロフィールの状況がわかりやすくなる，7. d，8. 信頼性とは，状況や評定者に左右されない検査の一貫性の程度であり，信頼性の３つのタイプは，評定者間信頼性，再検査信頼性，内的整合性である，9. 言語的な要因，10. 誤，適応行動検査は，完全な診断評価において最もよく理解される

STANDARDIZED MEASURES OF ADAPTIVE BEHAVIOR

適応行動の
標準化された検査

　知的能力障害（ID）の定義に適応行動の障害が含まれたことにより，標準化された適応行動検査の開発が必要となった。本章は，標準化された検査の中で特に使われることが多いものについて詳しく見ていき，またそれほど使われていないが特定の目的には便利な検査についても紹介する。2 章で見てきたように，適応行動検査を選択する際には，信頼性，妥当性，標準化におけるサンプリングと規準，評価領域の対象年齢，検査者のトレーニング，回答者のタイプを考慮する。

ヴァインランド社会成熟尺度

　1 章では，ドル（Edgar Doll）によって開発され，1935 年に American Guidance Services（AGS）より出版された，ヴァインランド社会成熟尺度（Vineland Social Maturity Scale: ヴァインランド SMS）の開発にまつわる歴史について述べた。ヴァインランド社会成熟尺度は，知能検査の標準化に焦点が当てられていた時代，最初に標準化された適応機能の検査として開発された。ドルは，ID を診断する際に，知能に加えて，彼のいう「習得の域に達した習慣的ふるまい」を測定することを熱烈に提唱者した。それゆえに，日常環境におけるスキルの有意義な応用を測定するヴァインランド社会成熟尺度が開発されたのである。1 章で述べたように，ドルは本質的にユニバーサルで，様々な要因，例えば人種，地域，文化，性別に適用可能な検査開発を目指していたが，限界も理解していた。ヴァインランド社会成熟尺度は，以下のような特徴を持ってデザインされた（Doll, 1953）。

・アメリカの「一般的」都市地域または地方における使用
・アメリカにおける全般的社会経済的状況の範囲内である
・能力の全範囲をカバーする
・アメリカ合衆国内の様々な民族を含んだ大規模な人口のサンプル

　検査は，新生児から成人までの障害のある対象者に実施する 117 項目の尺度で構成され，その当時でいう ID が診断可能かどうかを明確にした。項目は尺度全体に対しての年齢群標準に基づいた，平均的な発達段階での獲得に合わせた順序になっている。スコアリングは，当時のビネー式知能検査で使われていた年齢および点数尺度の形式と同様に行われ，尺度からひとつの得点が算出される。各項目は以下の基準に従って得点がつけられる。
・プラス（＋）：行動が補助なし，または最小限の補助や促しでみられる
・以前プラス（＋F）：行動が適切にみられた時期を過ぎてはいるが，簡単に回復可能である
・プラスマイナス（＋/−）：行動が時々みられる
・マイナス（−）：期待される時期に行動がみられない，または，相当の補助や促しが必要である
・機会なし（＋NO）：機会がないことによってこれまでその行動がみられない，または，環境的制限がある
・情報なし（NI）：情報提供をする回答者が十分に情報を持っていない，または，情報提供を拒否している
・下限：2 つ以上のプラスの得点が各領域の開始点となる
・上限：2 つ以上のマイナスの得点が各領域の終了点となる

　ドルは合計得点の基準を使用したが，項目は，(1)自立一般，(2)着替えの自立，(3)食事の自立，(4)コミュニケーション，(5)自己決定，(6)社会性，(7)移動，(8)仕事・職業に区分される。ドルによる適応行動の理論は社会的能力を中心としているが，これらの区分に示されるように，ヴァインランド社会成熟尺度は多面的な検査である。ドルは，個人の社会的能力に関する情報を最も正確に捉える手段は，親や教師など第三者の回答から個人の行動を検査するこ

とであると信じていた。検査マニュアルにおいてドルは，評価尺度には観察者個人的偏見が入りやすく，それは半構造化面接によって最小限に抑えることが可能であると述べている。また，彼は，日常的でない環境ではスキルの実践的応用の機会を与えることが難しいため，直接観察には限界があると感じていた。さらにどのような観察でも，対象者が日常的に**どうしているのか**よりも，検査時に**何ができるか**に限定され，自立について歪曲した推定となってしまう（Doll, 1953）。ドルが，**できる**（生来の能力）と**する**（顕在的行動）の区別を早期にしていたことにより，知能と適応機能それぞれの違いが明確化され，ID を定義する上で両者の重要性が強調されている。

◀ 要点ガイド3.1

ヴァインランド社会成熟尺度の区分

- ・自立一般
- ・着替えの自立
- ・食事の自立
- ・コミュニケーション
- ・自己決定
- ・社会性
- ・移動
- ・仕事・職業

　ヴァインランド社会成熟尺度はその当時，認知と合わせて社会的能力レベルの評価を含め，様々な使い方があった。それらには，(1) ID のある個人が裁判にかけられるだけの能力があるか，(2)施設への配置，(3)支援計画の領域特定，(4)後見人，の決定が挙げられる。アセスメントが最も適している臨床例には，様々なレベルの認知障害のある人々，視覚・聴覚障害のある人々，また，てんかんや動作・運動障害のある人々が含まれる。ヴァインランド社会成熟尺度の多くの特徴は，その使用法や機能と合わせて，今に至るまでしっかりと受け継がれている。

AAMD/AAMR/AAIDD 版適応行動尺度

　アメリカ知的発達障害学会（American Association on Intellectual and Developmental Disabilities: AAIDD）と現在呼ばれている団体は，発達障害のある人々を対象とした最も古い専門的非営利組織である。1876 年の発足時，白痴および精神薄弱のためのアメリカ医務官協会と名付けられていたが，AAIDDはこれまでに 5 回名称を変更している。今もなお独自の ID 診断基準マニュアルを提唱しており，診断基準を数十年以上にわたって更新してきている。アメリカ精神遅滞学会（AAMD）と呼ばれていた当時のこの組織による IDの定義に，適応行動が初めて取り入れられた。次に，1969 年よりこの組織から出版されてきた適応行動検査を紹介していく。

適応行動尺度（ABS）

　分類のために作られてきた ID の正式な定義に適応の障害が一貫して含まれるようになると，より標準化された適応行動検査の必要性が高まってきた。したがって，アメリカ精神遅滞学会（AAMD）はニヒラ（Kazuo Nihira），フォスター（Ray Foster），シェラース（Max Shellhaas），リランド（Henry Leland）とともに適応行動尺度（Adaptive Behavior Scale: ABS）を 1969 年に開発した。最初の ABS は，3 歳から成人期までの個人の生活自立と社会性スキルを測定した。この検査は，カリフォルニア州とフロリダ州に在住する 3 〜 17 歳6,523 人の多民族サンプルから標準化された。

適応行動尺度公立学校版（ABS-PSV）

　1970 年代の公法 94-142 の施行によって，IQ とともに適応行動について

も，より高度に標準化されたアセスメントが求められた。ABS の心理測定面の弱点を鑑み，AAMD は適応行動尺度を改良し，適応行動尺度公立学校版（Adaptive Behavior Scale, Public School Version: ABS-PSV; Lambert, Windmiller, Cole, & Figueroa, 1975）とした。新しい ABS-PSV は，施設入所者だけではなく，教育機関の個人のアセスメントも可能とした。教育環境に焦点を当てたことにより，旧版にあったいくつかの日常生活の領域が除かれ，対象児の年齢は 7 歳 3 カ月〜 13 歳 2 カ月となった。ABS-PSV は 2 つの部分で構成され，パート 1 では日常生活スキルと個人的責任スキルを評価し，パート 2 では不適応社会的機能を評価する。パート 1 の項目は発達段階に沿って構成されている。項目の粗点から領域，要因，比較スコアが算出される。親や教師への面接によって，または検査者が持っている評価対象者についての知識によって実施される。ABS-PSV の基準は，「精神遅滞」の子どもを「教育可能な精神遅滞（EMR）」または「トレーニング可能な精神遅滞」に分ける。パート 1 の心理測定はパート 2 よりもしっかりしているが，この検査は信頼性，特に再検査信頼性と評定者間信頼性が十分ではないと批判を受けた（Givens & Ward, 1982）。

確認！

....

生徒の障害が ID であると判定する際に，IQ とともに適応行動についても，より高度に標準化されたアセスメントを求めたのは，公法 94-142（現在は個別障害者教育法として知られている）である。

適応行動尺度第 2 版と AAMR 適応行動尺度学校版 2（ABS-S:2）

　AAMD がアメリカ知的障害学会（American Association on Mental Retardation: AAMR）に改名されたのち，ABP-PSV は 1981 年に ABS 学校版へと改訂された（Lambert, 1981）。この改訂の第 2 版とされる AAMR 適応行動尺度学校版 2(Adaptive Behavior Scale-School:2: ABS-S:2)は，1993 年に出版された（Lambert, Nihira, & Leland, 1993）。ABS-S:2 には 2 つのバージョンがあり，ひとつは学校版（ABS-S:2; Lambert et al., 1993）で，もうひとつは居住・地域版（ABS-Residential and Community, ABS-RC:2; Nihira, Leland, & Lambert, 1993）である。この検査は ID，自閉症，行動障害のある 3 〜 18 歳を評価する。尺度は診断を目的として，同年代よりも顕著に低い適応機能の子どもを特定する。これらはまた，強みと弱みを特定し，改善点について記述し，支援プログラムの効果を評価した。

ABS-PVS と同様に，ABS-S:2 のパート 1 は下記にあるような身辺自立に関わる 9 つの行動領域に注目している。

・自立機能
・身体発達
・経済活動
・言語発達
・数と時間
・就職前または就労活動
・自己決定
・責任
・社会化

ABS-S:2 のパート 2 では，下記の 7 つの領域においてより不適応行動やパーソナリティ障害や行動障害に伴う不適応行動に注目している。

・社会的行動
・順守
・信頼性
・常同行動および多動行動
・自傷行動
・社会的関わり
・不適切な対人行動

ABS-S:2 は全体として，(1)個人的自己充足，(2)地域的自己充足，(3)個人的・社会的責任，(4)社会的適応，(5)個人的適応の 5 要因のスコアを算出する。

ABS-S:2 の標準サンプルには，40 州に在住する ID のある 2,074 人の生

徒（3 ～ 21 歳）と 44 州に在住する ID のない 1,254 人の生徒が含まれている。適応行動下位尺度の粗点と学校フォームにおける 3 ～ 21 歳間の 3 つの要因スコアは，標準スコア，相当年齢スコア，パーセンタイル順位に換算される。標準サンプルは優良であると評価されているが，ID のある子どものサンプルには IQ71 から 75 までの間が含まれておらず，したがって ID のある子どもの標準スコアを使用する際には，適応行動を過剰評価する可能性がある（Stinnett, 1977）。居住・地域版は 79 歳まで使用できるよう開発された。しかしながら，定型機能の大人の標準スコアはなく，一般的に発達障害のある大人を比較する標準スコアしかない。名称的には AAMR とつながりが見られるが，ABS-S:2 では，1992 年の AAMR による ID の定義にリストされている 10 の適応スキル領域に従った下位尺度得点は得られない。実際，研究論文において，ABS-S:2 は検査上で 5 要因モデルが提唱されているが，個人的自立と社会的機能を評価する 2 要因モデルと捉えるのが最適であると指摘されている（Stinnet, Fuqua, & Coombs, 1999）。この検査は 2016 年に絶版となった。

診断的適応行動尺度（DABS）

　AAIDD は現在，診断的適応行動尺度（Diagnostic Adaptive Behavior Scale: DABS; Tassé et al., 2018; Tassé, Schalock, Balboni, Spreast, & Navas, 2016）と呼ばれる新しい適応行動尺度を開発中である。DABS は臨床医が ID を診断する際の助けとなるよう，個人の適応行動に顕著な制限がみられるかを測る。DABS は 4 ～ 21 歳の ID 診断のみに限って使用可能である。4 ～ 8 歳用，9 ～ 15 歳用，16 ～ 21 歳用の 3 つのバージョンに分かれている。

　ヴァインランドと同様に DABS は，検査者と評価対象者をよく知る者における半構造化面接の形式をとる。回答者は，家族，友人，教師，同僚，支援スタッフ，雇用主，そして評価対象者をよく知る大人（例えば，数カ月以上，日常的に接しているなど）なら誰でもよい。また ABAS と同じく，DABS は概念的，社会的，実用的領域で構成されている。DABS は 30 分程度で実施できるよう，簡便な検査として開発された。75 項目からなる尺度であり，だまされやすさや無邪気さ，被害を回避する能力など，高次な社会的適応スキルを測る項目を含む。DABS は一般人口に基づいて標準化され，その標準

スコアの平均は 100 で，1 標準偏差は 15 である。この検査には不適応行動の下位尺度はなく，自己回答質問票もない。

　評価尺度の範囲は 0 〜 3 であり，0 は評価対象者はほとんどまたは全く特定の作業をしないことを示し，3 はいつもまたはほとんど一人で行うことを示す。1 または 2 は，評価対象者は促しや補助があれば，または，ときどき一人で行うことを示す。NS は，もし回答者が評価対象者の日常的ふるまいに関して直接的に知らない，または文化的，性差，地域的要因，環境的制限などによって機会がない場合に評点される。

　尺度は項目反応理論を用いて開発されており，検査者が評価対象者のニーズに合わせてアセスメントを調整できるようになっている。DABS の ID の規準を満たしている評価対象者を含める，あるいは除外する感度と特異度は，それぞれ .88 と .90 である。DABS の標準得点は，収束的妥当性係数の範囲が .70 〜 .84 と，Vineland-II との間で良好な妥当性を示している。

ヴァインランド適応行動尺度

　ヴァインランド適応行動尺度は独自の適応行動の検査のひとつであり，ヴァインランド社会成熟尺度（SMS）の改訂版である。ヴァインランド SMS と同様，検査者と保護者間の半構造化臨床的面接として開発され，個人の実用的スキルの水準の情報を広範囲にわたって，また最も正確な形で収集する。

ヴァインランド適応行動尺度（ヴァインランド ABS）

　1970 年代，AAMD が ABS-PSV を開発していたほぼ同時期に，出版社の AGS はヴァインランド SMS の改訂を開始した。エール大学医学部内のエール子ども研究センターにおいて知的障害の専門家として高い評価を受けていたスパロー（Sara Sparrow）が，著者として採用された。スパローとともに，彼女の同僚であるエール子ども研究センターの心理学准教授であったバラ（David Balla），エール大学医学部の生物統計学者であったチチェッティ（Domenic Cicchetti）がヴァインランド SMS の改訂版を開発した。スパロー，バラ，チチェッティは，1984 年に出版されたヴァインランド適応行動尺度

表 3.1　ヴァインランド ABS の適応行動領域と下位領域

コミュニケーション領域	日常生活スキル領域	社会性スキル領域	運動スキル領域
受容言語（理解する言語）	身辺自立（食事，着替え，入浴，トイレ等）	対人関係（他者への関わり，相互作用，会話）	微細運動（書字，切ること，ドアを開ける，ファスナーを閉めるなどの手指を使った小さな物の操作）
表出言語（自分で使う言語）	家事（掃除，整理，調理等）	遊びと余暇（ごっこ遊び，一人遊び，余暇活動）	粗大運動（走る，ジャンプする，協調させる，キックするなど体全体の運動とバランス）
読み書き（読み書きスキル）	地域生活（お金の使い方の理解，時間概念，電話の使用，作業能力）	コーピング（感情調整，マナー，公共のルールや標準への順守，他者に対する責任）	

（Vineland Adaptive Behavior Scale: Vineland ABS）において，ヴァインランド SMS の内容と心理測定を大幅に拡大した。

ヴァインランド ABS には 3 つのバージョンがある。(1)面接フォーム：ドルの第三者による情報提供形式に忠実に，新生児から 18 歳 11 カ月までの対象児の保護者に半構造化面接を実施するもの，(2)拡大面接フォーム：面接フォームよりさらに広範囲の行動においてより多くの項目を加えたもの，(3)学校版：1 年後の 1985 年に出版された，3 歳から 12 歳 11 カ月までの子どもについて教師が回答するもの。ヴァインランド ABS ではヴァインランド SMS の内容領域を拡大して，適応行動を 4 つの領域と 11 の下位領域で評価する（表 3.1 を参照）。

ヴァインランド SMS と同様，ヴァインランド ABS の項目は発達段階順となっており，行動の頻度によって点数がつけられる。2 の得点は「いつも」，1 の得点は「ときどき」または「できつつある」行動，0 の得点は「めったにない」または「ない」を意味する。面接フォームのすべての項目を実施しなくても済むように，上限と下限のルールが作られた。下位領域内において下限は連続する得点 2 で成立し，上限は連続する得点 0 で成立する。平均が

100，1 標準偏差が 15 の標準得点は，全体の適応行動総合点とそれぞれの領域で得られる。下位領域の得点は相当年齢で報告される。

ヴァインランド ABS 面接フォームには不適応行動領域も含まれており，適応機能の妨げとなる，よりネガティブな行動を測定する。不適応行動領域は外在化問題および内在化問題，さらに「重要事項」（例：自殺傾向，放火など）で構成されている。3 歳以上に対するこの領域の実施は任意とされた（不適応行動領域は 3 歳未満の子どもには実施しない）。

ヴァインランド ABS は，1980 年アメリカ国勢調査データ分布に基づいた 15 の年齢群にわたる 3,000 人から標準化されている。面接フォームは最終的に，4 つの領域内で 265 項目となり，不適応行動領域の 36 項目を加え，全体で 301 項目となった。拡張面接フォームは標準化されず，面接フォームの 2 倍もの項目がある。項目は発達段階順ではなく，トピック内容あるいは「内容群」で整理されている。面接フォームにおいて，領域にわたる内的整合性の信頼性係数の範囲は .70 〜 .95 であった。再検査信頼性係数は .80 以上である。ヴァインランド ABS 適応行動総合点とヴァインランド SMS 社会性指数間の併存的妥当性は中程度の .55 であったが，これは大幅な改訂によるものと考えられる。AAMD ABS との相関は，.40 〜 .70 であった。ヴァインランド ABS のしっかりとした標準化は，国際的にも有数の適応行動検査のひとつとなる土台となった。

ヴァインランド適応行動尺度第 2 版（Vineland - Ⅱ）

2005 年，同じ著者たちによるヴァインランド ABS の第 2 版が出版された（Sparrow, Cicchetti, & Balla, 2005b）。はじめは AGS から出版され，その後 Pearson Clinical に版権が移った。Vineland-II は，ヴァインランド ABS のすべての領域，下位領域，不適応行動領域の構成をそのまま継承したが，対象年齢を 90 歳以上まで拡張し，保護者記入フォームが加わった。項目は改訂され，より現在に合ったものに更新された。内容は，社会的コミュニケーション，対人相互交渉，遊びの項目を含む，自閉症スペクトラム障害に関連する行動をカバーするように拡張された。面接フォームにおける下限と上限のルールは，4 つ連続した 2 が下限，4 つ連続した 0 が上限に変更された。ス

ペイン語に翻訳された面接フォームが加わり，これには英語版の規準が適用された。

　面接フォームにおける自由な面接形式はそのままであったが，新しく加わった保護者記入フォームでは同じ内容を質問票形式で第三者自身が回答するものとなった。面接フォームと保護者記入フォームの項目は同じであるため，これら 2 つは同じ，2001 年アメリカ国勢調査の人種・民族性，地域規模，地理的地域，社会経済的地位（母親の教育歴から測定）に合わせた 3,695 名のサンプルによって標準化された。面接フォームの領域スコアにおける内的整合性の信頼性係数範囲は .77 ～ .93 であった。再検査信頼性係数の範囲は .53 ～ .80 である。Vineland-II と元のヴァインランド ABS の領域間の相関は，.69 ～ .96 となった。Vineland-II の適応行動総合点と適応行動アセスメントシステム第 2 版の全般的適応点の相関は .70 であった。

　ヴァインランド ABS の学校版に代わるものとして，Vineland-II 教師評価フォームが 2005 年に出版され，この標準は 3 ～ 21 歳にまで拡張された。標準化サンプルは 3 ～ 18 歳の生徒 2,500 名であり，19 ～ 21 歳の生徒に対しては 18 歳の標準が使用された（この年齢層の定型発達の生徒は学校組織において入手が困難ため）［監訳注：アメリカの法律における「無償かつ適切な公教育」で定められた年齢層 3 ～ 21 歳に準じている］。4 つの領域は面接フォームと保護者記入フォームと共通しているが，家事下位領域は学業に，地域生活下位領域は学校生活となり，学校環境でみられる行動に合わせたそれぞれの関連項目から成っている。

　Vineland-II 拡張面接フォームは 2008 年に Pearson Clinical から出版された（Sparrow, Cicchetti, & Balla, 2008）。このバージョンでは，さらに包括的に項目がまとめられ，主に教育，就労，生活を目的とした支援・介入計画の作成に役立てられた。ヴァインランド ABS と同様に，拡張フォームの項目は発達段階順ではなく内容群で整理されており，したがって下限と上限のルールは異なる。これらの詳細なルールの説明については，Vineland-II 拡張面接フォームを参照されたい（Sparrow et al., 2008）。拡張面接フォームは臨床試験でたびたび使用され（主に製薬会社による薬品試験），自閉症研究でもときどき使用されたが，このバージョンに対する商品的関心は限られていた。し

たがって，第3版においてはこのバージョンは独立した検査として含まれなかった。

ヴァインランド適応行動尺度第3版（Vineland-3）

　ヴァインランド適応行動尺度の第3版はスパロー，チチェッティ，ソールニア（Saulnier）により，Pearson Clinical から2016年6月に出版された。ソールニアは，エール子ども研究センターでスパローの指導を受けており，自閉症スペクトラム障害の適応行動特性を捉える研究を行っていた。2010年，スパローが逝去の際，彼女は（チチェッティとともに）Vineland-3 において，これまで彼女が築き上げてきたものを引き継ぐよう，共著者としてソールニアに託した。テクノロジーが大幅に進化したこともあり，多くの現存する評価検査はオンラインでの実施や使用の選択肢がある形で開発されている。Vineland-3 も例外ではなく，Pearson Clinical の Q グローバル・プラットフォーム（Q-Global platform：スコアリングとレポート作成が自動的に行える，セキュリティ管理されたオンライン検査環境）でのオンライン実施も選択できるよう開発された。Vineland-3 の構成は Vineland-II と同様となっており，面接フォーム，保護者フォーム（前版は保護者記入フォーム），教師フォーム（前版は教師評価フォーム）の3つの実施形式がある。コミュニケーション，日常生活スキル，社会性，運動スキルの4つの領域は（11の下位領域も含めて）そのままであり，運動スキル領域（微細運動下位領域と粗大運動下位領域）は任意実施と変更された。つまりこの領域は，適応行動総合点には含まれないこととなった。また，運動スキル領域の標準は9歳まで拡張された。この運動スキル領域を任意実施とする変更は，『精神疾患の診断・統計マニュアル第5版』（DSM-5; APA, 2013）における ID の診断基準と一致するものである。Vineland-3 は任意で不適応行動領域の実施が可能となっており，これは保護者フォームおよび教師フォームにも新たに適用されている。

　Vineland-3 の項目は，Vineland-II の項目から改訂され，また特に，読み書きの準備スキル，高度な読み書き，健康的な食事と日常的な運動に対する意識と実施，社会的だまされやすさ，他者視点取得に関する項目が新しく加えられた。面接フォームでは，Vineland-II 面接フォームと拡張面接フォーム双

方の項目が検討され，Vineland-3 面接フォームの全項目数は 502 となり，結果として Vineland-II 面接フォームの項目数を超えた。保護者フォームの項目は面接フォームと同様の内容であるが，小学 5 年生レベルの文章で書かれている。そのため，保護者フォームは面接フォームとは別に標準化された。保護者フォームにはスペイン語翻訳のオプションもある。面接フォームの下限と上限は変更なく，それぞれ 2 の 4 連続，0 の 4 連続である。オンライン環境での自動化を受けて，保護者フォームおよび教師フォームでも，それぞれ 5 連続する 2 または 0 による下限と上限が決められている。従来どおり紙媒体で実施する選択も，すべてのフォームにおいて残されている。

　Vineland-3 に新しく加えられたものとして，3 つのフォームすべてに「領域のみ」のバージョンがある。これは短時間に実施するオプションであり，領域内すべての下位領域にわたって選択された項目で構成されていて，領域標準得点と適応行動総合点のみが得られる。アセスメントの主な目的が ID であるかの判定の場合，領域のみのバージョンではより速やかな実施が可能となる。標準得点は，ID についてのアメリカ知的発達障害学会（AAIDD）と DSM-5 診断基準に準拠している。実施時間は 10 〜 20 分である。領域の

◤ 要点ガイド 3.2

Vineland-3 の概要

	面接フォーム		保護者フォーム		教師フォーム	
	総合	領域のみ	総合	領域のみ	総合	領域のみ
コア適応得点	3 領域 9 下位領域 適応行動総合点	3 領域 適応行動総合点	3 領域 9 下位領域 適応行動総合点	3 領域 適応行動総合点	3 領域 9 下位領域 適応行動総合点	3 領域 適応行動総合点
オプション領域	運動スキル 不適応行動	運動スキル 不適応行動	運動スキル 不適応行動	運動スキル 不適応行動	運動スキル 不適応行動	運動スキル 不適応行動
対象年齢	出生時〜90 +	3〜90 +	出生時〜90 +	3〜90 +	3〜21	3〜21
合計項目数	502	195	502	180	133	149
実施時間	35〜40 分	23〜27 分	20〜25 分	10〜15 分	15〜20 分	8〜10 分

みのバージョンは，オンラインでも紙媒体でも実施できる。

　Vineland-3 のすべてのフォームは，手計算または Q グローバルのオンラインシステムで得点算出が可能である。コンピューターで作成された結果レポートには，複数層の比較，期間をまたいでの改善状況の比較，治療プログラムに対する支援の手引きを載せることができる。

　ヴァインランドの主な臨床的使用は，これまでどおり，ID 特定の判断，自閉症スペクトラム障害の診断，支援・介入計画の領域特定，長期にわたる変化のモニタリングである。またヴァインランドは，科学的調査における適応行動測定に広く使われている。これまで，非公式ではあるが，イタリア語，ドイツ語，オランダ語，ベトナム語，ヒンディー語など，10 以上の言語に訳され，国際的に使用されている。標準化を伴う公式な翻訳は日本で出版されている（Tsujii et al., 2015）。また，アメリカ国立衛生研究所による自閉症研究の全国的データベースにおいて，自閉症スペクトラム障害のある研究参加者の表現型特性を測定するために必要な検査として挙げられている。

適応行動アセスメントシステム

　適応行動アセスメントシステムは，適応行動を評価する包括的標準準拠検査である。これは，『精神疾患の診断・統計マニュアル』（DSM）の知的障害の診断において指定されている適応行動の領域に合わせた最初の検査のひとつである。

適応行動アセスメントシステム（ABAS）

　1959 年，ヒーバー（Heber）は，適応行動の障害を実用的・概念的・社会的スキルの 3 要因構造と述べたが，2002 年の AAMR マニュアル第 10 版までこの三つ組の障害は精神遅滞の定義に含まれていなかった。その 2 年前の 2002 年，適応行動アセスメントシステム（Adaptive Behavior Assessment System: ABAS）はハリソン（Patti Harrison）とオークランド（Thomas Oakland）によって開発され，Psychological Corporation より出版された。ABAS とヴァインランド ABS の大きな違いは，ABAS は親，教師，他の大人自身が実際に

記入する評価フォームとなっていることである（つまり，検査者によって臨床的面接が実施されるのではない）。初版のヴァンランド ABS が 18 歳までのみの適応行動を測ることに対し，ABAS は出生時から 89 歳まで実施可能である。項目は 0（できていない）から 3（いつもできる）の 4 ポイント尺度で測定し，(1)保護者フォーム，(2)教師フォーム，(3)成人フォームの 3 つのフォームが用意されている。しかしながら，初版の ABAS は総合点のみを算出する 1 要因検査であった。このことは本検査に対する主な批判のひとつとなり，早い段階での改訂のきっかけとなった（Sattler, 2002）。

適応行動アセスメントシステム第 2 版（ABAS-II）

　2000 年の出版後間もなく，ABAS は AAMR ガイドライン（つまり実用的・概念的・社会的スキルの三つ組）および『精神疾患の診断・統計マニュアル新訂版』（DSM-IV-TR: American Psychiatric Association［APA］, 2000）の精神遅滞の診断基準との一貫性を持たせるために，Psychologocal Corporation によって改訂された。実際，ABAS 第 2 版（ABAS-II; Harrison & Oakland, 2003）は，DSM-IV-TR 診断基準にある適応行動の 10 分野すべてを含んでいる。適応行動の 10 分野は 3 つの大きな領域に分類されており，概念的領域にはコミュニケーション，機能的学習，自己決定があり，社会的領域には余暇と社会性スキル，実用的領域には地域利用，家庭・学校生活，身辺自立，健康と安全，仕事がそれぞれ含まれる。運動スキルの得点は，5 歳未満の子どもであれば得られる。ABAS-II は記入式評定フォームなので，20 分ほどで終えることができる。回答者が項目を読むことが難しい場合，検査者が項目を読み上げることも可能である。

　ABAS-II には，乳幼児フォームもある。したがって，保護者フォームでは 0 〜 5 歳用と 5 〜 21 歳用に分けられ，教師フォームでは 2 〜 5 歳用と 5 〜 21 歳用に分けられる。成人フォームは 18 〜 89 歳であり，親や介護人が記入，または本人評価が可能である。保護者フォームおよび教師フォームにはスペイン語版がある。すべてのフォームを合わせた各群にわたる標準化サンプルは，アメリカ合衆国全域からの 7,000 人以上となった。すべての大きな領域の合成得点および一般適応総合点の標準得点は，平均が 100 で，1 標準

要点ガイド3.3

....

ABAS の適応行動領域と下位領域

概念的スキル

- コミュニケーション：他者とのやりとりに必要なスキル（例：会話スキル，非言語コミュニケーションスキル）
- 機能的学習：学習における基礎スキル（例：読み，書き，計算）
- 自己決定：自立に必要なスキル（例：選択，作業の開始と完成，指示や日常的なことへの順守）

社会的スキル

- 余暇：遊びや余暇活動への関わり（例：相互に関わる遊び，ゲームやおもちゃの遊び，ゲームのルールへの順守）
- 社会性：社会的相互交渉のスキル（例：感情表現，交友関係，マナー）

実用的スキル

- 地域利用：地域移動に必要なスキル（例：交通機関を利用した移動，家の外での活動への関わり）
- 家庭・学校生活：家庭または学校環境における基礎的生活スキル（例：掃除，整理，雑用）
- 健康と安全：健康維持に必要なケアができる（例：薬の服用，安全ルールの順守，危険回避）
- 仕事：パートまたは正規職に就く（例：作業の完遂，スケジュールに従う）
- 運動（乳幼児フォームでは仕事の下位領域に替えて実施）：基本的な微細運動および粗大運動（例：直立，歩行，ジャンプ，キック）

偏差が 15 である。下位領域である各スキルの得点は，平均が 10 で，1 標準偏差が 3 である。ABAS-II は高い信頼性を持っており，内的整合性の信頼性係数は .90 以上であり，再検査信頼性係数はおよそ .80 〜 .90 の範囲にある。ABAS-II 教師評価フォームの一般適応総合点とヴァインランド ABS 学校用の適応行動総合点間の相関は .76 であった

適応行動アセスメントシステム第 3 版（ABAS-3）

2015 年，ABAS の第 3 版が Western Psychological Services より 出版された

（ABAS-3; Harrison & Oakland, 2015）。ABAS-3 の全体的な組織と構成は ABAS-II から一貫性を保っているが，項目内容は改訂され，早期またはその後の発達段階においてより包括的となり，ID，自閉症スペクトラム障害，注意欠如・多動性障害に伴う行動がさらに含まれるようになった。3 つの大きな領域と 11 の適応スキル分野（運動を含む）はそのままで，以前の AAMR，現在の AAIDD（Schalock et al., 2010），また DSM-5（American Psychiatric Association [APA], 2013）の適応行動の定義と一致している。乳幼児用保護者フォーム，保護者フォーム，乳幼児用教師フォーム，教師フォーム，成人フォーム（このフォームのみ本人評価が可能）の 5 つのフォームはそのまま残された。すべてのフォームにスペイン語版がある。項目は特定の行動が「できていない」ことを意味する 0 から，特定の行動が必要なときは「いつもできる」を意味する 4 までの 4 ポイント尺度で採点される。実施時間は 15 〜 20 分である。

　ABAS-3 にはオンライン実施の選択肢があり，これは Western Psychological Services オンライン評価システムを利用する。他に第 3 版に加えられたものとして，評価者間，例えば保護者と教師の比較がある。支援計画も紙媒体またはオンライン実施において利用することができ，項目内容に基づいた支援や介入の情報を提供する。

　ABAS-3 のために更新された標準は，出生時から 89 歳までの 4,500 人の国内サンプルから得られた。内的整合性の信頼性係数は高レベルを保っており，すべてのフォームの一般適応総合点においては .85 〜 .99 であった。平均的な全フォームの再検査信頼性係数は .70 〜 .89 である。ABAS-3 乳幼児保護者フォームおよび保護者フォームと，Vineland-II 保護者面接フォーム間の補正された相関は全てのスキル分野において平均 .66 であった。ABAS-3 一般適応総合点と Vineland-II 適応総合点は .77 の相関となった。

自立行動尺度改訂版（SIB-R)

　自立行動尺度改訂版（Scales of Independent Behavior-Revised: SIB-R）はブルーニンクス（Robert Bruininks），ウッドコック（Richard Woodcock），ウェザーマン（Richard Weatherman），ヒル（Bradley Hill）によって開発され，1996 年に

Houghton Mifflin Harcourt より出版された。この検査はウッドコック・ジョンソン心理教育検査の一部であり，14 の異なる領域，うち 8 つの不適応行動に関する領域を有する，標準化された包括的な適応行動の検査である。これは出生時から 80 歳以上にわたって実施可能であり，学校，職場，地域環境における機能的自立と適応機能について評価する。また，中度から重度の障害者および障害のない対象者も評価できる。また，視覚障害の対象者に特化したフォームがある唯一の検査である。

　SIB-R には，実施に 45 〜 60 分を要する全尺度フォームと，15 〜 20 分を要する短縮フォームまたは早期発達フォームの 2 つのフォームがある。SIB-R は構造化面接または質問票によって実施できる。SIB-R からは，標準得点，パーセンタイル値，相当年齢を得ることができる。不適応行動および適応行動を量的に測定する補助得点も得ることができ，これらは個人に必要な支援，スーパービジョン，リソースの程度を検討することに用いられる。この補助得点は，広範な支援，集中的な支援，日常的支援，限定的支援，断続的支援，不定期支援，支援なしの 6 つの大きなレベルに分けられる。低い得点はより深刻な適応の障害があり，サービスを必要とする。SIB-R の主な使われ方は，トレーニング，プログラムやサービスの計画，個人のトレーニングプログラムの系統的モニタリング，プログラムの評価，臨床的アセスメントと診断，研究または心理測定のトレーニング，発達障害に対するサービス受給資格の審査などで，何が必要かを特定することである。

　SIB-R の標準サンプルには，3 歳 11 カ月〜 90 歳の 2,182 人が含まれ，抽出の枠組みは，性別，人種，ヒスパニック系，職業水準，地理的地域，地域規模で層化したアメリカ合衆国の一般人口を基とした。

適応行動評価尺度第 3 版（ABES-3）

　これまで述べてきた他の適応行動検査と異なり，適応行動評価尺度第 3 版（Adaptive Behavior Evaluation Scale, Third Edition: ABES-3; McCarney & House, 2017）は個人の適応行動を直接観察する評価尺度であり，Hawthorne Educational Services より出版された。前に出版された改訂版（ABES-2R）はマッ

カーニー（Stephen B. McCarney）とアーサード（Tamara Arthaud）によって
2006 年に開発された。ABAS-3 と同様に，ABES-3 も概念的・社会的・実用的
スキルの 3 領域に分類される 10 分野の適応スキルによって DSM-5 の ID の
診断基準に合わせてある。4 ～ 18 歳を評価対象としており，4 ～ 12 歳の子
どもと 13 ～ 18 歳の青年の，2 つ年齢群に分けられている。それぞれの年齢
群に，家庭バージョンと学校バージョンがある。保護者または教師は学校ま
たは家庭環境における対象児を観察し，検査を実施する。実施完了まで，そ
れぞれのバージョンで約 20 分かかる。

　ABES-3 は，ID, 行動障害，学習障害，視覚・聴覚・身体障害のある個人
の適応スキルを測るために利用できる。加えて，バージョンそれぞれに適応
行動支援マニュアルがあり，個別の教育支援計画（IEP）に直接組み込める
よう，学校バージョンの各項目に対して長期目標，短期目標，支援手段が示
されている。ABES-3 には英語版とスペイン語版がある。心理測定に関しては，
内的整合性は .80 以上，再検査信頼性は .60 ～ .85 の範囲であった。検査者
間信頼性は .61 ～ .73 の範囲であった。

確認！

ABES-3 は適応行動スキルを測る直接観察尺度である。

適応行動領域のある発達検査

　適応行動の測定に特化して開発された標準化検査に加えて，より広い領域
のアセスメント・バッテリー内の一部分においても適応機能を測ることがで
きる。適応行動のセクションを持つよく使われる発達検査には，バテル発達
目録第 2 版とベイリー乳幼児発達検査第 3 版がある。

バテル発達目録第 2 版

　バテル発達目録第 2 版（Battelle Developmental Inventory, Second Edition: BDI-
2; Newborg, 2016）は早期発達能力の検査であり，身辺自立と個人的責任の

2つの下位領域からなる適応領域が含まれている。BDI-2は出生時〜7歳11カ月の子どもに適しており，2015年アメリカ国勢調査に合わせた全国的サンプルによる標準を持つ。

ベイリー乳幼児発達検査第3版（Bayley-III）

ベイリー乳幼児発達検査第3版（Bayley Scales of Infant and Toddler Development, Third Edition: Bayley-III; Bayley, 2006）は月齢1〜42カ月の早期発達段階を評価する代表的な検査である。第3版では，ハリソン（Patti Harrison）とオークランド（Thomas Oakland）による適応行動下位検査が加わった（ABASを参照）。この領域では，コミュニケーション，地域生活，機能的前学習，家庭生活，健康と安全，余暇，身辺自立，自己決定，社会性スキルおよび運動スキルの適応に関する分野で評価をする。

まとめ

本章では最も一般的に使用されている，また歴史的な適応行動検査をみてきたが，このような検査は他にまだあり，また開発中である。評価対象者のニーズに最も適している検査を選択する際の留意点については，2章を参照されたい。留意するべきこととしては，対象者の年齢，回答者のタイプ，対象者についてわかっていること，評価者または検査者が受けてきたトレーニング，検査の信頼性と妥当性がある。表3.2に，本章で述べてきた検査を出版された順にまとめた。

表3.2　適応行動の検査

検査名	発行年	著者	出版社	対象年齢
ヴァインランド社会成熟尺度	1935	Doll	American Guidance Services	出生時〜成人
AAMD版適応行動尺度	1969	Nihira, Foster, Shellhaas, and Leland	AAMD	3〜17歳

AAMD 版適応行動尺度公立学校版	1975	Lambert, Windmiller, Cole, and Figueroa	AAMD	7 歳 3 カ月〜 13 歳 2 カ月
AAMR 適応行動尺度学校版	1981	Lambert et al.	AAMR	3 〜 18 歳
ヴァインランド適応行動尺度	1984	Sparrow, Balla, and Cicchetti	American Guidance Services	出生時〜18 歳 11 カ月
ヴァインランド適応行動尺度学校版	1985	Sparrow, Balla, and Cicchetti	American Guidance Service	3 歳〜12 歳 11 カ月
AAMR 適応行動尺度学校版 2	1993	Lambert et al.	AAMR	3 〜 18 歳
自立行動尺度改訂版	1996	Bruininks, Woodcock, Weatherman, and Hill	Houghton Mifflin Harcourt	出生時〜80 歳以上
適応行動アセスメントシステム	2000	Harrison and Oakland	Psychological Corporation	出生時〜89 歳
適応行動アセスメントシステム第 2 版	2002	Harrison and Oakland	Psychological Corporation	出生時〜89 歳
ヴァインランド適応行動尺度第 2 版	2004, 2006, 2008	Sparrow, Cicchetti, and Balla	Pearson Assessments	出生時〜90 歳以上
適応行動評価尺度第 2 版	2006	McCarney and Arthaud	Hawthorne Educational Services	4 〜 18 歳
適応行動アセスメントシステム第 3 版	2015	Harrison and Oakland	Western Psychological Services	出生時〜89 歳
ヴァインランド適応行動尺度第 3 版	2016	Sparrow, Cicchetti, and Saulnier	Pearson Assessments	出生時〜90 歳以上
適応行動評価尺度第 3 版	2017	McCarney and House	Hawthorne Educational Services	4 〜 18 歳
診断的適応行動尺度	開発中	Tassé, Schalock, Balboni, et al.	AAIDD	4 〜 21 歳

✎ セルフチェック ✓

1. 【正誤問題】ヴァインランド SMS において，プラスマイナスの得点は補助なしまたは最低限の補助や促しでみられる行動を指す。

2. 【正誤問題】機能的自立は適応行動の能力よりも認知によって決定される。

3. AAMR 適応行動尺度学校版 2 で得られる 5 要因のスコアを挙げなさい。

4. ヴァインランド ABS の 4 つの領域を挙げなさい。

5. ヴァインランド ABS の社会性スキル領域の下位領域ではないものはどれか。
   a. 対人関係
   b. 遊びと余暇
   c. コーピング
   d. 家事

6. Vineland-3 における 3 つの実施選択肢にないものはどれか。
   a. 面接フォーム
   b. 保護者フォーム
   c. 自己報告フォーム
   d. 教師フォーム

7. ヒーバーによる適応行動の障害の 3 要因構造に従った，適応行動アセスメントシステム第 2 版（ABAS-II）の 3 つの領域は何か。

8. Vineland-II はどのような方法で実施されるか。
   a. 非構造化面接
   b. 半構造化面接
   c. 直接観察
   d. 自己報告

9. 診断的適応行動尺度（DABS）はどのような方法で実施されるか。
   a. 非構造化面接
   b. 半構造化面接
   c. 直接観察
   d. 自己報告

10. 適応行動評価尺度第3版（ABES-3）はどのような方法で実施されるか。
    a. 非構造化面接
    b. 半構造化面接
    c. 直接観察
    d. 自己報告

11. バテル発達目録第2版（BDI-2）で使われる2つの適応行動のセクションはどれか。
    a. コミュニケーション
    b. 身辺自立
    c. 自己決定
    d. 個人的責任

12.【正誤問題】個別障害者教育法（以前は公法94-142と知られていた）では，生徒の障害がIDであると判定する際に，IQとともに適応行動についても標準化されたアセスメントを行うことを求めている。

【解答】1. 誤，プラスマイナスのスコアは，行動が時々みられることを指す，2. 誤，機能的自立は認知よりも適応行動の能力によって決定される，3. 個人的自己充足，地域的自己充足，個人的・社会的責任，社会的適応，個人的適応，4. コミュニケーション，日常生活スキル，社会性スキル，運動スキル，5. d，6. c，7. 概念的・社会的・実用的スキル，8. b，9. b，10. c，11. bとd，12. 正

4 章

ADAPTIVE BEHAVIOR PROFILES IN
INTELLECTUAL DISABILITY AND
GENETIC DISORDERS

知的能力障害と遺伝子疾患の適応行動プロフィール

　定義上，知的能力障害（ID）の誰にでも，適応の遅れが認められる。しかし，認知障害の程度により，適応機能の水準は明確に異なる。そのため，これらのプロフィールは ID の原因（つまり，症候群）ごとに特異的である。本書では詳細にレビューすることができないほど，ID に関する疫学調査は膨大に存在するため，本章では，ID の原因が出産前，周産期，出産後，または原因が不明かどうかにかかわらず，最も典型的な ID の特徴を示す人に見られる適応機能のプロフィールに着目する。

　1 章の内容を再度示すと，近年発刊された "*Diagnostic and Statistical Manual of Mental Disorders, Fifth Edition*"（DSM-5; American Psychiatric Association, 2013）では ID は以下の基準により定義づけされている。

- ・標準得点が母集団の平均よりもおよそ 2 標準偏差もしくはそれ以下で示される知的機能の障害（臨床的評価および標準化された検査によって確認される）
- ・1 つ以上の日常生活領域に認められる適応機能の弱さ：それらの弱さは複数の状況（例えば，自宅，職場，地域社会）にまたがり，概念的・社会的・実用的領域が含まれる。それらの適応機能の弱さのため，継続的支援が必要とされる。
- ・この知的機能および適応機能の障害は，発達期に発症する。

　DSM-5 では，適応スキルは以下のように定義づけられている。概念的スキルは学業的能力（例えば，ことば，読字，書字，記憶，数学的思考，問題解決など）を指す。社会的スキルは友人関係，共感，人への気遣いや対人意

識に関する能力のみならず，人間関係，遊び，余暇，会話に関連する能力と定義される。実用的スキルは自己管理，セルフケア，娯楽や職業的適応，金銭管理，課題達成に関する能力である。

◀ 要点ガイド4.1

DSM-5 では，適応機能の障害は以下の3点により定義される。
- ・概念的スキル：ことば，読字，書字，記憶，数学的思考，問題解決など，学業的能力に基づくスキル
- ・社会的スキル：友人関係，共感，人への気遣い，対人意識および人間関係，遊び，余暇，会話に関する能力
- ・実用的スキル：自己管理，セルフケア，娯楽／職業的適応，金銭管理，課題の達成に関する能力

　DSM-IV や DSM-IV-TR に記載されている定義とは異なり，DSM-5 では，ID の重症度（例えば，軽度，中度，重度，最重度）は IQ の程度というよりはむしろ，概念的・社会的・実用的領域に認められる適応機能の障害の程度から特定される。このような基準を用いることで，日常生活に必要な適応機能の問題がある人に対して，必要な支援の水準をより適切に判断することができる。しかし，前述のように，歴史的観点から，IQ の程度に基づいて ID の重症度を特定するこれまでの基準を変更したことへの抵抗が一部にはある（Richards, Brady, & Taylor, 2015）。

障害等級 対 診断

　患者やその家族，そして一部の専門家にとってわかりづらいのは，ID の診断（または，神経発達障害のいずれかの診断）と，同一または類似する診断名に基づく支援に必要な受給資格の違いである。ここで明確にするが，地域の臨床家や医師が診断名を患者個人に与えたからといって，このような診断名が自動的に教育的または公共的支援のための受給資格になるわけではない。

> **確認！**
>
> ....
>
> 地域で行われたアセスメントに基づく診断名は，必ずしも国や地方自治体の公共的
> 支援を受けるための受給資格となるわけではない。

　ID の診断基準は様々な診断システムを通じて比較的一貫しており，いずれの ID の診断基準にも，認知機能および適応機能の障害と発達期における発症が含まれている一方で，受給資格の基準は州や法律によって様々である。例えば，多くの州では，受給資格の基準を満たすためには，認知機能および適応機能の障害が教育的または学業的なパフォーマンスに負の影響を及ぼしていなければならない。個別障害者教育法（Individual with Disabilities Education Act: IDEA, 2004）は，障害のあるすべての子どもが将来の教育・就労・自立した生活への準備のために適切な教育を無料で受けることを保障する法律である。「すべての児童生徒の成功に関する法令」（Every Student Succeeds Act: ESSA）のもとに，IDEA は 2015 年に改正された。IDEA では，養育者と資格がある専門家（例：子どもの教師，診断的アセスメントの実施トレーニングを受けた者）を含むチームによって，特別支援教育のための受給資格を特定するために，"障害がある子ども"に対する特別支援教育と関連する支援の必要性が検討されなければならないとされている。自閉症スペクトラム障害（ASD），ID（または，州や地域の専門家の判断による 3 〜 9 歳の発達遅延），聴覚・視覚障害，外傷性脳損傷，学習障害，重篤な感情障害，身体障害，複合的な障害，および"他の健康障害"，これらの障害はすべて，IDEA の"障害"の定義に該当する。一般的に，評価は学校教育システムにおける有資格の専門家によって実施され，その後，支援の目的や目標とともに，推奨される教育的措置を含んだ個別の教育支援計画（Individualized Education Program: IEP）が作成される。

　州や連邦政府の補助金を受ける資格には，別の基準がある。社会保障管理局（Social Security Administration: SSA）は，ID のある人に経済的，医療的，リハビリテーション的な支援を提供している（National Research Council, 2002）。これらの支援は社会保障保険（Social Security Income: SSI）や障害保険（Disability Income: DI) で賄われている。DI は成人のみに対する支援である。一方，SSI は成人，子ども，その家族に対する支援であり，経済的および医療的な必要性に基づく支援である。SSI においては，ID の発症因は重要ではなく，それよりも，障害が個人の機能水準に対して負の影響を与えるため，受給者が支援を受ける基準を満たし，支援の必要性を示すことが必要になる。例えば，ID のある成人は，障害のために職業的スキルが強く制限されていることを示す必要がある。

　SSA の ID の基準は，IQ の用い方の点で，DSM や AAIDD（アメリカ知的発達障害学会：American Association on Intellectual and Developmental Disabilities）の基準とは異なる。つまり，非言語的／言語的 IQ は総合的／全 IQ の代わりに用いることが可能である。保障を受ける資格基準を満たすためには，上記のいずれかひとつの指標が母平均よりも 2 標準偏差以上低い必要がある。さらに，SSA における ID の診断基準は教育的または臨床的診断と一致していない（National Research Council, 2002）。

確認！

SSA の支援を受ける資格を得るために，非言語的／言語的 IQ および特定領域における適応行動の障害は，総合的な評価点の代わりとして用いることができる。

　地域で受けた診断を提供する際には，地域，州，連邦政府からの支援の資格について保護者や家族と話し合うことが重要である。保障を受けるために障害が発達早期からあることを立証する際には，発達期（例えば，青年期以前）において，上記の点は非常に重要である。支援の対象が成人である場合には，資格の申請が遅すぎるために，家族は障害のある成人に対する支援を拒否されることが多い。

知的能力障害の認知水準に応じた適応行動プロフィール

　個人の機能水準によって，適応行動と IQ の関連は変化する。例えば，認知機能の水準が著しく低い人では，適応行動の水準は認知能力や精神年齢の

水準と同程度になる（Meyers, Nihira, & Zetlin, 1979）。つまり，もし認知が著しく障害されている場合には，適応スキルも同じような状態にあり，両方とも等しく障害されていることが多い。このような適応行動と認知機能の間の強い相関には，いくつかの要因が関連するが，よくある要因は，IQと適応行動の評価尺度における得点の下限の限界である。しかし，この限界は低水準と評価される行動とも関連する可能性がある。例えば，精神年齢の水準が著しく低いときの概念的スキルは，同程度の発達水準にある適応行動と同じように，実行できるスキルの範囲の一部（例えば，表現もしくは理解できる単語の数）と一致する。

　境界域や軽度から中度のIDの人など，より認知的水準が高い人では，IQと適応行動の相関はより変動しやすい（Fernell & Ek, 2010; National Research Council, 2002）。IQまたは適応機能のいずれかの水準がカットオフよりもわずかに高い場合には，軽度IDを正確に診断することは難しい課題となる。例えば，境界域のID（例えば，IQが71〜85の間にある）の人は，一部の領域では認知的な障害を示すが，全般的なIQが70を超える場合には，適応機能の遅滞があっても，IDの診断基準は満たさない恐れがある。しかしながら，境界域のIDの人に対しても，特別支援教育や介入は有効である。これについては，軽度IDのための特別支援学校に所属する生徒のプロフィールを調べ，およそ半数の生徒しか診断基準を満たさなかった，スイスでの調査（Fernell & Ek, 2010）の実例がある。一方で，診断基準を満たさなかった生徒の多くも教育的措置の恩恵を受けていた。この点は，境界域のIDの人に必要な支援を効率的に提供するために，包括的な評価法（例えば，IQテストの短縮版以上の評価尺度）を実施している臨床家にとって，非常に重要である。

注意事項

認知水準が低い人では，適応行動の水準は精神年齢と同程度であるが，軽度から中度のIDや境界域のIDの人では，より多様性が認められる。

また，軽度のIDのすべての人を正確に特定することは非常に困難である。

軽度 ID の人の多くは社会になじみ，障害がないと思われるほどに十分に機能的であると思われる。軽度 ID の人はあまり重篤な障害を呈さないと見なされるので，彼らの脆弱性は見落とされる恐れがある。また，他の懸念する点として，支援へのアクセスや支援の資源が限られている地域の軽度 ID の人では，適当な診断や支援がなされていないことがある。軽度 ID の人が正確に特定され，適切な支援を受けられるようにするために，軽度の ID に関する啓発が必要である。

確認！

認知と適応に軽度の遅れを示す多くの人が，支援を必要としているにもかかわらず，支援の適性を判断するための評価を受けていない可能性があることを考えると，軽度 ID の有病率は低く見積もられている恐れがある。

知的能力障害の併存

　認知における複合的な障害の有病率はさらに，個人の適応行動スキルの水準と，それに基づく支援開発や支援資源の分配の必要性を上昇させる可能性がある。ID とよく併存する疾患には，身体的，神経学的，精神的な疾患がある（Harries, Guscia, Nettelbeck, & Kirby, 2009）。オーストラリア健康福祉局の報告書を分析したある調査では，州政府の助成金による支援を受けている ID の人の 52％は，ID 以外に他の併存疾患があることが報告された（Australian Institute of Health and Welfare, 2007）。さらに，助成金による宿泊支援サービスを受ける人では，73％が併存疾患を有することが報告されている。他の研究では，ID と他の疾患が併存する割合は 22％（Murphy, Yeargin-Allsopp, Decoufle, & Drews, 1995）〜 58％（van Isterdael, Stilma, Bezemer, & Tijmes, 2006）であることが示されている。

　IQ が 55 〜 70 の水準にある子どもでは，認知的な強みと弱みに関するプロフィールは変動する可能性があるが，抽象的思考，問題解決，注意，ワーキングメモリーの困難が併存する傾向にある（Soenen, Van Berckelaer-Onnes, &

Scholte, 2009)。IQ がこの範囲にある人の精神年齢は，6 〜 11 歳程度の範囲にあることが多い。それゆえに，生活年齢と比較して 2 つ以上の領域における適応面での遅れはあるが，このような人は広範な適応スキルのレパートリーを形成することができる。学習障害と注意欠如・多動性障害（ADHD）もまた ID と併存する可能性がある。このような併存は，軽度の ID の子どもで多く認められる。これらの障害との関連については，6 章で詳細に論じる。

　ID の人における併存する精神疾患の有病率は，一般人口とくらべ，およそ 4 倍高い（Rush, Bowman, Eidman, Toole, & Mortenson, 2004）。健常な人と比べると，軽度の ID の人では精神障害の罹患リスクが高いが，重篤な認知機能障害を示す人（特に，てんかんのような医学的併存症を呈する人）はそのようなリスクを示さないことが多い（Cowley et al., 2004）。"対処能力に関する過少評価"という認知的な歪みは抑うつ症状を最もよく説明する要因であり（Weeland, Nijhof, Otten, Vermaes, & Buitelaar, 2017），軽度から境界域にある ID の人において，抑うつは最もよく併存する精神症状のひとつである。知的水準の低さと適応行動スキルの弱さは，抑うつを含む精神疾患の罹患リスクを高めることが報告されている（Harries et al., 2009; Tremblay, Richer, Lachance, & Cote, 2010）。ID かつ併存疾患がある人における成人期以降の予後については，7 章で補足する。ID では併存リスクが高いことを考えると，疾患に応じた適切な支援を受けるために，できる限り早い発達段階で，これらの診断的区別を見極めることが非常に重要である。

注意事項

軽度から境界域の ID の人は，抑うつに代表される精神疾患の罹患リスクが高い。

知的能力障害の発生率と有病率

　文化的，地理的，社会経済的（SES）な要因が ID の発症率や有病率に影響を及ぼすことを考慮すると（例えば，多くの場合，SES が低い地域において ID の有病率が高い），その発症率や有病率を特定することは困難である。

加えて，これまで診断基準の変更は有病率の変化に強く影響してきた経緯がある。歴史的に，ID の有病率は 1% 弱〜 3% の範囲にあるが，1980 年から 2009 年に行われたメタ分析では，最も適正な全世界における ID の有病率は 1% と論じている（Maulik, Mascarenhas, Mathers, Dua, & Saxena, 2011）。予防接種，周産期と出産後のスクリーニングのような，一次的および二次的な予防策は西欧でのみ行われているが［監訳注：日本でも実施されている］，このような予防は長期的な ID の有病率の減少に寄与する（Leonard & Wen, 2002）。

確認！

世界的な ID の有病率は人口の 1% 程度と見積もられている。

ID の罹患率は，乳児の死亡率よりも高いと推定されている（Grossman, 1983）。しかし，現代における医療福祉的な治療技術の向上によって，ID のリスクが高い乳児が生存しやすくなっており（例えば，超低出生体重児），ID の有病率が上昇している（Leonard & Wen, 2002; McKenzie, Milton, Smith, & Ouellette-Kuntz, 2016）。男性は女性よりも ID の有病率が 1.5 倍多く，この性差は成人よりも子どもで顕著である（Leonard &Wen, 2002）。

ID の人の大部分は軽度の ID であり，その割合はおよそ 85% に及ぶ。そして，中度の ID はおよそ 10%，重度 ID はおよそ 4%，最重度 ID はおよそ 2% の割合である（King, Toth, Hodapp, & Dykens, 2009）。しかし，フリン効果（母集団の IQ が経時的に上昇する現象で，評定尺度の再標準化が必要になる），ID や ID とよく併存する疾患の診断基準の変更，ID の誤診などの多くの要因が ID の有病率，特に軽度 ID の有病率の増大につながる。自閉症スペクトラム障害（Autism Spectrum Disorder: ASD）と ID の両障害を示す人では ID は二次的な診断になるが，ASD は現在よく認められる主な教育的または臨床的ラベルであるため，上記のような誤診は ASD の有病率にも影響を及ぼしている（McKenzie et al., 2016）。しかしながら，これらの障害の有病率は州ごとに異なる。このような ID の有病率の違いにもっと着目していく必要がある。

　マイノリティ，特にアフリカ系アメリカ人は白人に比べ，従来の標準化された知能検査の得点が低い傾向にある（Reschly, Grimes, & Ross-Reynolds, 1981; Taylor & Partenio, 1983）。この傾向は，ID の人においても認められる。先行研究では，SES を統制した場合，このようなバイアスが減少することが報告されている（Valencia & Suzuki, 2001）。しかし，出身地域が貧困地域であることによって，認知に悪影響を及ぼすという事実に対して，もっと考慮し注意を払うべきである。

注意事項

人種，地理的条件，社会経済的な階層が及ぼす ID の有病率と認知水準への影響を知るべきである。

知的能力障害の病因

　およそ 30 ～ 75％の ID では，病因がまったく知られていない（Leonard & Wen, 2002）。知られている ID の生物学的な原因のほとんどは出生前に生じる（Grossman, 1983）。これらの原因には，母親の感染症，先天的（まれであるが）または後天的な感染症，胎児における遺伝子疾患，早産や低体重での出生（この要因は ID の原因ではなく，ID と相関する），毒物，不良な栄養状態，出産時外傷などの他の生物医学的な要因が含まれる。乳児期および幼児期における ID の発症に寄与する出生後の要因には，感染症，外傷，毒物，栄養障害，場合によっては事故がある。しかし，一部の事例では，出生前から ID があると考えられるものの，後年になるまで症状が顕在化しないこともある。さらに，教育的な検査や心理検査が実施され，例えば，その結果から遺伝的または医学的な検査を実施する必要性が高まるような発達の遅れが見出されるまで，一部の生物学的な要因が検出されないことがある。生物学的な脆弱性と環境要因の組み合わせもまた，ID の原因となり得るが，環境的要因がない場合には ID による悪影響が発現しない場合もある。

ID の遺伝的原因

　遺伝子症候群の多くは ID の併存，つまり適応行動の障害の併存と関連している（ただし ID のない人でも，適応行動の障害が認められる場合はある）。研究では，多くの場合，種々のプロフィール（認知的な強みや弱み，身体的や医学的だけではなく神経心理学的特徴）に基づいて各症候群の特徴が示される。適応行動は異なる遺伝子疾患を特徴づけることができる要因であり，適応行動は統合的に把握できるので，これらのプロフィールはよく**行動的表現型**と呼ばれる。行動的表現型は，特定の障害を説明できる行動の特徴的なパターンである（Flint & Yule, 1994）。ディケンズ（Dykens, 1995）が指摘するように，行動的表現型を把握することで，特定の疾患の人がある特定の特徴や行動を示すと予測しやすくなる。ホダッブら（Hodapp, 1997; Dykens & Hodapp, 2001）は，行動プロフィールに関して，いくつかのパターンを示している。

- **非特異性**　特有の認知的・適応的なプロフィールを示さない症候群であり，そのため，認知障害のよくある症状になる。症候群間よりも，症候群内の違いが多く認められる。

- **完全な特異性**　特有の認知的・適応的症状を呈する症候群であり，症候群間における違いが顕著に認められる。

・**部分的な特異性**　一部の症候群とはプロフィールが重複しているが，他の症候群とは重複が認められない。

　これらの行動的表現型を把握することは，対象者の行動を予測する助けになるのみならず，支援にも役立つ。しかし，様々な遺伝子症候群の適応行動プロフィールに関する研究結果は一貫していない。まず，4,000 ～ 6,000 の遺伝子症候群が知られているが，そのうちの 1,000 ほどの疾患は ID と関連している（Abbeduto & McDuffie, 2010）。また，プロフィール内での顕著な変動性も認められている（Dykens, 1999）。

　適応行動のプロフィールに関して最もよく調査が行われている症候群は，ダウン症，ウィリアムズ症候群，脆弱 X 症候群，プラダ―・ウィリー症候群である。各症候群について，本章で説明する。しかし，この領域に関する新しい知見が次々と明らかにされていることを理解しておくことは重要である。新しい研究が行われ続け，研究機関が共同することで，縦断データを分析するためのより効果的な統計手法を利用することだけでなく，サンプルサイズを増やすことも可能となる。そのため，より詳細な情報が集められ，ときにプロフィールが修正されることもある。

確認！

多くの研究調査が行われるに伴い，遺伝子疾患と行動プロフィールに関するわれわれの知識は増え続ける。

ダウン症

　トリソミー 21 としても知られているダウン症は，染色体由来の ID の原因として最もよく見られる疾患である。この症候群は，1866 年にイギリスの精神医学施設で勤務していた医師，ラングドン・ダウン（Langdon Down）によって初めて紹介された。ダウン症は，全体または部分的に 21 番染色体が通常よりも 1 つ多くあることが原因の症候群である。ダウン症の発症は家系内で多く生じるわけではない。そのため，第 1 子がダウン症を示したとし

ても，第2子がダウン症を示す確率は比較的低い。しかし，母親が高齢であるほど，ダウン症の子どもを産むリスクが高まる。ダウン症は，公的に特定され認められた最初の発達障害であった（Dykens, Hodapp, & Finucane, 2000）。

　ダウン症はすべての人種や社会経済的階層の男女に認められ，その発症率は700～1,000の出生に対して1人程度である。鼻が低く平らな顔，小さな頭，耳と口が小さい，尖った舌，太い首，上瞼のたるみがあり，吊り上がった目尻が特徴である。ダウン症には，顕著な運動障害が認められる（Vicari, 2006）。ダウン症の人では認知障害があることも想定されるが，それ以上に運動障害のほうがより顕著である（Piek, Dawson, Smith, & Gasson, 2008; Volman, Visser, & Lensvelt-Mulders, 2007）。このような運動障害は筋硬直による筋力低下や筋運動不良を特徴とする（Fidler, Most, & Philofsky, 2009; Lauteslager, Vermeer, Helders, & Mazer, 1998）。

　ダウン症の人は特徴的な認知的，言語的，行動的プロフィールを示す。一方，知能の程度は様々であり，ダウン症の人のほとんどは平均IQが50台であり，中度のIDの範囲を示す（Connolly, 1978; Gibson, 1978）。加えて，言語的スキル，特に表出言語，構文，音声言語が遅れる傾向にある（Davis, 2008; Grieco, Pulsifer, Seligsohn, Skotko, & Schwartz, 2015; Silverman, 2007）。

　ダウン症の人の適応行動については，その発達の継時的変動が特徴である。ダウン症の子どもは社会性に関する適応行動スキルが最も高く，コミュニケーションスキルが最も低くなりやすい（Coe et al., 1999; Dykens, Hodapp, & Evans, 2006; Fidler, Hepburn, & Rogers, 2006; Griffith, Hastings, Nash, & Hill, 2010; Van Duijn, Dijkxhoorn, Scholte, & Van Berckelaer-Onnes, 2010）。このような弱みはあるが，認知的・学業的能力から推定されるよりも，適応行動は高い傾向にある（Hodapp, 2006; Rondal, Perera, & Nadel, 1999）。ラブランドとケリー（Loveland & Kelley, 1991）は，ダウン症の人の適応行動は，定型発達を示す人よりも発達は遅いものの，定型発達の人と同じような発達の軌跡を示すという仮説を示している。

　長期的にみると，ダウン症の子どもの適応行動のプロフィールは年齢によっても変動するが，IDの程度によってもプロフィールが異なる場合がある（Buckley, Broadley, MacDonald, & Laws, 1995; Chapman & Hesketh, 2001; Dykens et al., 2006; Grieco et al., 2015; Jobling, 1998; Patterson, Rapsey, & Glue, 2013; Silverman, 2007; Tsao & Kindelberger, 2009; Vicari, 2006）。ある研究では，ダウン症の2 〜 10 歳の子どもの発達が検証され，先行研究と同じように，社会性スキルが比較的高いことが示されている（Marchal et al., 2016）。その一方で，日常生活スキルが最も低いことが認められた。さらに，平均以下のスキルを示す群と平均以上のスキルを示す群に分けた場合には，異なるプロフィールが見出された。先行研究と同じように，平均以下のスキルを示す群では，社会性スキルは比較的高く，コミュニケーションスキルが低かった。一方，平均以上のスキルを示す群では，社会性は全般的に保たれていたが，日常生活スキルが非常に低く，他の適応行動領域よりも顕著に低かった。重回帰分析によるデータ解析によって，通常学級での教育年数が長いほど，コミュニケーションスキルおよび社会性スキルが高いことが示された。一方で，日常生活スキルは全般的な認知能力によってのみ予測された。このことから，通常学級における教育は日常生活スキルには関連しないものの，コミュニケーションと社会性スキルに対しては促進的な影響があることが示唆される。一般的に，ダウン症における適応スキルは年齢とともに向上し，ID を示す他の人に比べて，ダウン症の人は不適応行動の問題が少ないことが示されている（Chapman & Hesketh, 2001; Dykens & Kasari, 1997; Myers & Pueschel, 1991）。

　ダウン症に併存する医学的および精神医学的な状態が予後に強く影響することは強調されるべきである。これらの問題では，抑うつ，心臓疾患の問題，認知症が特に重要である。7 章では，これらの併存症状と成人期におけるその影響について詳しく述べる。また，ダウン症の併存症は成人と同様に，子どもの機能水準にも負の影響を及ぼす可能性がある。機能低下が見られたダウン症の人を対象とした後方視研究において，精神的苦痛を示す人は自立した日常生活に関するスキル，言語，認知機能の弱さを示す一方で，これらの機能低下は認知能力の程度とは関連していないことが見出された（Mircher et al., 2017）。この結果は，適切なモニタリング，診断，介入を目的として，ダウン症の人の併存症のアセスメントを行う必要性を問うものである。

脆弱 X 症候群

　脆弱 X 症候群は 1970 年代に初めて発見され，ID の**遺伝的**原因として最もよく知られている。この障害は FMR1 遺伝子の突然変異が原因である。他の多くの遺伝子が発見された過程と同じように，FMR1 遺伝子の発見のされ方は興味深いものであった。1943 年，マーティン（Martin）とベル（Bell）は，複数の男性が知的障害である家族について報告した。その家系の女性は誰も知的障害ではなかった。しかし，その家系の男性は全員，大きく突き出している耳，細長い顔，巨睾丸症として知られる肥大化した睾丸という身体的特徴を示していた。はじめ，この障害は発見した研究者の名前にちなんで，マーティン・ベル症候群と呼ばれていた。1969 年，ハーバート・ラブス（Herbert Lubs）は，男性の家系に異常な"遺伝子マーカー X"染色体が存在することを指摘した。1977 年，グラント・サザーランド（Grant Sutherland）によって，その"遺伝子マーカー X"は，その後「脆弱 X」として知られることになる X 染色体上に糸のような形状体を示すことが報告された。

　1991 年，脆弱 X 症候群の原因遺伝子である FMR1 が発見された（Verkerk et al., 1991）。通常，その遺伝子は，出生前後の脳発達に関する重要な役割を担うと考えられるたんぱく質を生成している。FMR1 遺伝子には，CGC の3 塩基の繰り返し配列が含まれている。脆弱 X 症候群でない人では，この配列は 6 から 50 回繰り返されている。脆弱 X 症候群の保因者は 50 ～ 200 の繰り返し配列を示し，脆弱 X 症候群の人では 200 以上の繰り返し配列が認められる。突然変異前の保因者には，脆弱 X 症候群の身体的特徴が一切認められない。しかし，その保因者は自身の子どもに遺伝的変異を伝達する（Mazzocco & Holden, 1996; Reiss, Freund, Abrams, Boehm, & Kazazian, 1993）。完全な遺伝的変異を示す人では，たんぱく質は生成されず，脆弱 X 症候群の症状を呈する結果となる。脆弱 X 症候群の有病率は，男性でおよそ 4,000 人に 1 人，女性で 2,000 人に 1 人の割合である（Turner, Webb, Wake, & Robinson, 1996）。脆弱 X 症候群は X 染色体連鎖障害のひとつである。脆弱 X 症候群はすべての人種・民族で認められる。

　行動的には，脆弱 X 症候群の人は認知的・言語的な障害，社会不安，アイコンタクトの回避，手の常同行動を示しやすい（Wadell, Hagerman, & Hessl, 2013）。自閉症と併存しやすく，脆弱X症候群の人の30〜45％はASDの診断基準を満たす（Bailey et al., 1998; Denmark, Feldman, & Holden, 2003; Feinstein & Reiss, 1998; Hagerman & Jackson, 1985; Kaufmann et al., 2004; Philofsky, Hepburn, Hayes, Hagerman, & Rogers, 2004; Warren et al., 2017）。ID，ASD，精神疾患と併存することで，適応行動の障害が引き起こされる場合がある。

　ASDの人と脆弱X症候群の人には，行動的には一部一致するところはあるが，脆弱X症候群の人とそうでない人の"自閉症"が同じかどうかについては議論がある。例えば，脆弱X症候群の男性は表情や感情的な表出課題で，IQが同程度の対照群と同様のパフォーマンスを示すこと（Simon & Finucane, 1996; Turk & Cornish, 1998），脆弱X症候群の女性は心の理論の課題（つまり，他者の視点獲得や感情認知）で，IQが同程度の対照群と同様のパフォーマンスを示すことが報告されている。これらは，ASDの人が通常苦手であると認識されているスキルである。他の研究では，脆弱X症候群の子どもとASDの子どもにおける注視の回避の違いが検証されている（Cohen, Vietze, Sudhalter, Jenkins, & Brown, 1989）。分析の結果，ASDの子どもは他者からの注視に対して敏感ではないうえ，その注視に対して回避的ではなかったが，脆弱X症候群の子どもは親からの注視に対して敏感で，直線的なアイコンタクトに対しては回避的であることが示された。このことから，ASDの人で認められる視線の減少は社会性の弱さに起因するが，脆弱X症候群の人では，社会的不安が視線の減少につながると示唆される。

　脆弱X症候群の人の適応行動プロフィールに関して相反する知見があるが，精神年齢が同じ他の発達障害の人と比較すると，一般的に脆弱X症候群の人では，社会性とコミュニケーションスキルが低い傾向にある（Carpentieri & Morgan, 1996; Freund, Peebles, Aylward, & Reiss, 1995; Vig & Jedrysek, 1995）。研究結果の違いは，調査対象者の年齢，性別，変数の測定回数，使用した評価得点の種類——つまり，標準得点，粗点，相当年齢得点——に影響を受けているかもしれない。多くの研究では，示されたパフォーマンスが標準サンプルにおける平均的なパフォーマンスからどの程度離れているかを示す標準得点，もしくは示された得点（粗点）に相当する生活年齢を示す相当年齢得点が用いられている。IDの人では，成長が進むにつれて相当年齢得点は上

昇していくが，本人のスキルは向上しているものの，標準得点は継時的には減少する（Kover, Pierpont, Kim, Brown, & Abbeduto, 2013; Mervis & Klein-Tasman, 2004）。しかしながら，適切な分析方法が限られる順序尺度を用いることなど，相当年齢得点を分析することには方法論的な問題がある（Maloney & Larrivee, 2007）。

　一方，粗点を用いることによって，適応行動の低下があるか否かを検証することができる。例えば，フィッシュらは，2 〜 24 歳の脆弱 X 症候群の男性を対象とした 2 時点間における適応行動の低下を報告している。初めの研究では，脆弱 X 症候群の男性 18 名（Fisch, Simensen, & Schroer, 2002），2 つめの研究では脆弱 X 症候群の男性 28 名が調査に参加した（Fisch et al., 2012）。比較する研究として，ハットンらは，脆弱 X 症候群の男性 60 名と女性 10 名を対象として，生後 12 カ月から 12 歳にわたり平均で 4.4 回の測定評価による縦断的分析を行った。男女にかかわらず，全般的に，領域を通じて適応行動が向上すること，向上する程度は男性よりも女性で高いことが示された（Hatton et al., 2003）。クライマンらは，2 〜 18 歳の男性（186 名）と女性（89 名）において，男女とも継時的に適応行動は低下するが，男性よりも女性で適応行動が向上する程度が高いことを報告している（Klaiman et al., 2014）。

　一般的に，幼児期の早中期において，脆弱 X 症候群の多くの子どもはコミュニケーション，日常生活スキル，社会性スキルを獲得する実証報告がある（Dykens, Hodapp, Ort, & Leckman, 1993; Dykens et al., 1996; Fisch et al., 1999; Hahn, Brady, Warren, & Fleming, 2015; Hatton et al., 2003）。しかし，幼児期の中期から青年期にかけて，脆弱 X 症候群の多くの人の適応スキルは低下し始めるという研究報告がされている（Fisch et al., 2012; Freund, Peebles, Aylward, & Reiss, 1995; Hahn et al., 2015; Klaiman et al., 2014）。ハーンら（Hahn et al., 2015）の研究において，脆弱 X 症候群の子どもの 44% では，乳幼児期から幼児期中期を通じて適応行動の向上が認められた一方で，残りの 56% では，10 歳またはそれ以前から，適応行動が低下することが認められている（この研究では，適応行動の低下が始まった年齢の平均は 7 歳であった）。この研究では粗点が用いられていたことから，この適応行動の低下は現実的な機能の低下を示すと考えられる。そして，このことは，およそ 18 カ月前には

できていた行動スキルができなくなることを示している。これらの研究から，脆弱 X 症候群の子どもの適応行動にとって，幼児期は中核的な時期であることが示唆される（Hahn et al., 2015）。

ウィリアムズ症候群

ウィリアムズ症候群は 1960 年代に異なる 2 つの医学チーム——ウィリアムズら（Williams, Barrett-Boyes, & Lowe, 1961）とボイレンら（Beuren, Apitz, & Harmjanz, 1962）——によって発見された。そのため，この疾患はときにウィリアムズ・ボイレン症候群（Williams-Beuren Syndrome）とも呼ばれる。ウィリアムズ症候群は，7 番染色体の長腕に位置する 7q11.23 遺伝子にある微小欠失が原因である（Bellugi, Lichtenberger, Mills, Galaburda, & Korenberg, 1999; Ewart et al., 1993）。この欠失には，皮膚，血管，臓器や動脈の細胞壁に強度と弾力性を与える結合組織たんぱく質であるエラスチンの遺伝子を含む，28 もの遺伝子に関連する。ウィリアムズ症候群の特徴には，軽度から中程度の ID，特有の顔立ち，血流の減少をもたらす動脈の狭窄である**大動脈弁上狭窄症**と呼ばれる心臓の奇形がある。加えて，ウィリアムズ症候群の人は結合組織の異常や発達の遅れが認められる（Morris, 2006）。行動的特徴としては，注意の困難，不安や他の恐怖症の罹患率の高さ，視空間認知の障害，高い社交性，軽度から中度の適応行動の障害がある。ウィリアムズ症候群の子どもでは，食事や睡眠の困難が認められる（Annaz, Hill, Ashworth, Holley, & Karmiloff-Smith, 2011; Davies, Udwin, & Howlin, 1998）。アクセルソンらは，ウィリアムズ症候群の乳幼児には，睡眠不足と中途覚醒がみられ，これが情動の亢進や注意の問題の一因となっていると考えられることを報告している（Axelsson, Hill, Sadeh, & Dimitrou, 2013）。また，ウィリアムズ症候群の子どもでは，吐き戻しや便秘だけではなく，成長不良や食事摂取の困難も報告されている（Morris, 2010）。

ウィリアムズ症候群の有病率は 7,500 〜 2 万人に 1 人の割合である。有病率は男女で等しく，あらゆる人種や文化において違いはない。遺伝子の欠失は，母親または父親を通じて子どもに伝達されるが，ウィリアムズ症候群は一般人口において散発的に起こることから，第二子以降の子どもにウィリア

ムズ症候群が生じるリスクは低い。しかし，ウィリアムズ症候群の人がこの疾患を子どもに伝達する確率は 50％程度である。

　ウィリアムズ症候群は認知機能に関する特有のプロフィールと関連している。ある研究では，ウィリアムズ症候群の人の全般的な IQ は平均で 64.56 であると報告され（Mervis & John, 2010），ウィリアムズ症候群の幼い子どものおよそ 75％は，発達遅滞に合致するような認知・適応行動の評価得点を示す（Mervis & Klein-Tasman, 2000）。一般的に，ウィリアムズ症候群の人では，言語的な短期記憶，非言語的な推理力，受容言語は相対的に強みとなることが報告されている（Mervis & John, 2010）。一方で，彼らの弱み（困難）は視空間スキル，精神運動スキル，処理速度である（Mervis & Klein-Tasman, 2000）。ベイリー乳幼児発達検査（Bayley, 1969）を用いたマービスとバートランド（Mervis & Bertrand, 1997）の研究では，ウィリアムズ症候群の乳幼児は非言語よりも言語的能力が高く，視空間スキルを評価する課題において顕著な困難が認められた。

　ウィリアムズ症候群の人の適応行動プロフィールについても報告されている。ヴァインランド適応行動尺度（Sparrow, Balla, & Cicchetti, 1984）を用いた調査では，ウィリアムズ症候群の子どもは全般的に適応行動の弱さを示すことが示されている（Greer, Brown, Pai, Choudry, & Klein, 1997）。この調査では，ウィリアムズ症候群の子どもと青年の 40％ は，ヴァインランドにおける「中度の障害」の範囲（40 ～ 50 点の間）を，33％ は「軽度の障害」の範囲（55 ～ 70 点の間）を，27％ は「やや低い」範囲（70 ～ 85 点の間）を示した。ウィリアムズ症候群の人では，日常生活スキルや運動スキルと比べると，適応的な社会性やコミュニケーションスキルが相対的に強いことが示されている（Fisch et al., 2012; Greer et al., 1997; Mervis, Klein-Tasman, & Mastin, 2001; Mervis & Pitts, 2015）。しかし，ヴァインランド適応行動尺度では，下位領域間で有意差がなく，どの下位領域も強みや弱みにならないことが示されている（Brawn & Porter, 2014）。

　ハーンらによる調査では，ヴァインランド適応行動尺度により 5 歳以下のウィリアムズ症候群の子どもは日常生活スキルよりもコミュニケーションに関する適応行動が得意であること，日常生活スキルや運動スキルよりも社

会性に関するスキルのほうが高いことが報告されている（Hahn et al., 2015）。ウィリアムズ症候群の乳幼児では，適応行動アセスメントシステム第2版（ABAS-2; Harrison & Oakland, 2003）により評価された適応行動の総合得点は「軽度の遅れ」の範囲（平均64.0, 標準偏差10.6）にあり，特定の領域に強みや弱みがあることは認められていない。

　ウィリアムズ症候群において，IQは経時的に変化しないが，適応行動の水準はIQに比べると継時的に変化しやすいことが報告されている。適応行動の水準は加齢に伴って低下することが複数の研究で示されている（Davies et al., 1998; Fisher, Lense, & Dykens, 2016; Greer et al., 1997; Mervis et al., 2001）。研究により生活年齢との関連が報告されているものとして，コミュニケーションスキルの低下（Dimitropoulos, Ho, Klaiman, Koenig, & Schultz, 2009），地域生活スキルの低下（Mervis & John, 2010），社会的やりとりに関するスキルの低下（Fu, Lincoln, Bellugi, & Searcy, 2015）がある。しかし，他の研究では，行動スキルは継時的に変動しないことが示され（Di Nuovo & Buono, 2011; Elison, Stinton, & Howlin, 2010; Fu et al., 2015），社会性と日常生活に関する適応行動は加齢に伴って向上するが，コミュニケーションスキルは変動しないと報告する研究（Howlin, Elison, Udwin, & Stinton, 2010）さえある。縦断的な研究デザインではなく横断的な研究デザインに基づいている研究もあれば，対象者の年齢が広範囲にわたる研究もあり，こうした研究知見の不一致には方法論的な違いがあるのかもしれない。近年の研究では，これらの限界が考慮されており，認知機能が安定する一方で，社会性以外の領域の適応行動は青年期から成人期にかけて有意に低下すること（社会性の適応行動も減少傾向を示す）が報告されている（Fisher et al., 2016）。

プラダー・ウィリー症候群

　プラダー・ウィリー症候群（Prader-Willi Syndrome: PWS）は，プラダー，ラバハート，ウィリー（Prader, Labhart, and Willi, 1956）によって1950年代半ばに発見された遺伝子疾患である。プラダーらは，肥満になりやすく，小柄な体格，低血圧，乳児期からの成長不全を示す人がいることを見出した。この症候群は，15番染色体（15q11-q13）の長腕における父親側の染色体の欠失

または母親側のみからの染色体（母性片親性ダイソミー）のどちらかを原因として発症する。父親側の染色体の欠失の70％は，15番染色体の長腕（Type 1）にある父由来の遺伝子の欠失が原因であるが，母親側の15番染色体が2つ複製されることによっても生じることがある（Mascari et al., 1992; Nicholls, Knoll, Butler, Karam, & Lalande, 1989; Robinson et al., 1991）。また，発生率はわずかではあるが，PWSは刷り込み過程を調整する部分である15q11-q13の位置にある遺伝子の転座や微小欠失による原因により発症することもある（Buiting et al., 1995; Saitoh et al., 1997）。PWSの有病率は，出生1万〜15万人に対して1人の割合である。

　一般的に，PWSの人は強迫行為，易怒性，攻撃性，過食性などの行動プロフィールとともに，軽度から中度のIDを示す。過食性は満腹感を認識できないことから生じており，継続的に食べ物を探し続ける行為につながる。この食べ物の探索は命にかかわるような肥満の問題につながる可能性がある（Dykens, Roof, & Hunt-Hawkins, 2017）。また，PWSの人は話し言葉の固執性，かんしゃく，社会的引きこもりを示しやすい（Dykens, Hodapp, Walsh, & Nash, 1992; Dykens & Kasari, 1997）。このような行動的特徴の重篤性やその発症率は，遺伝子の分類型により変化する。Type1の欠失の人は，他の類型の人よりも認知行動スキルが低く，母親側の染色体のみに由来する型の人では空間スキルよりも言語的スキルのほうが高く，他の類型の人よりもASD，自閉症的な特徴，精神疾患を呈しやすい（Boer et al., 2002; Dykens, Lee, & Roof, 2011; Dykens & Roof, 2008; Key, Jones, & Dykens, 2013; Whittington et al., 2004）。

　ディ・ヌォーヴォとブォーノ（Di Nuovo & Buono, 2011）の研究では，ダウン症，ウィリアムズ症候群，アンジェルマン症候群，PWS，脆弱X症候群の人が示す適応行動プロフィールの比較が行われた。その結果，PWSの人は最も高い適応行動プロフィールを示すこと，個人内では運動スキルが弱いことが認められた。さらに，ヴァインランド適応行動尺度で評定されたコミュニケーションスキルとIQとの間には有意な相関が認められた。

他の遺伝子症候群

　スミス・マギニス症候群（Smith-Magenis Syndrome: SMS）は遺伝子の17p11.2 領域の間質欠失が主な特徴である。発症率は 2 万 5,000 人に 1 人の割合とされている（Colley, Leversha, Voullaire, & Rogers, 1990; Greenberg et al., 1991）。フェノタイプ（表現型）として，この疾患の人は短頭，幅広の顔，顔面中心部の低形成，顎前突症，上唇の変形などの頭部顔面の奇形を示す。この疾患の人は手が小さく小柄であり，脊髄側彎を示す。視覚・聴覚障害も認められ，20％の患者には痙攣性疾患が認められる。SMS の人は多動性，注意の困難性，かんしゃく，噛みつき，ヘッドバンキング（頭をぶつけること），皮膚むしり，叩くことなどの自傷行為や攻撃行動を含む行動的問題を示す。睡眠障害もよく認められる。SMS に特有の行動には，自己抱擁行為または"発作性の身体上部抱擁"がある（Dykens et al., 2000）。

　ヴァインランド適応行動尺度を用いたマッドゥーリら（Madduri et al., 2006）の研究では，SMS の子どもは適応行動の機能は「低い」範囲にあり，日常生活スキルは相対的に弱いことが報告されている。6 歳以下の子どもでは，他の適応行動の領域と比べ，運動スキルが低かった。また，遺伝子の欠失の大きさは，知的機能と適応機能の水準と関連しており，欠失の範囲が大きい人ほど，認知スキルと適応行動スキルが低くなることが示された（Madduri et al., 2006）。

　アンジェルマン症候群は出生 1 万 5,000 人に 1 人の割合で発症するまれな神経遺伝疾患である（Clayton-Smith & Pembrey, 1992）。アンジェルマン症候群はいくつかの遺伝的メカニズムの結果として生じる疾患である。最もよくある原因は，母親側の 15 番染色体の 15q12 領域にある遺伝子の欠失である。父性片親性ダイソミーは父親側の 15 番染色体から複製された 2 つの染色体を有することが原因である。母親からの染色体がないために，アンジェルマン症候群が発症する。アンジェルマン症候群は，15 番染色体の q12 領域遺伝子の短腕が機能しない現象のインプリンティング欠失の結果としても発症する。アンジェルマン症候群は，非常に低い言語的能力と関連する（Clayton-Smith & Pembrey, 1992）。アンジェルマン症候群の人は，多動，典型的な常同行動（人形のような動作として表現される行動を含む），頻回認められ

る不適応的な笑い，睡眠障害を示しやすい（Smith, 2001; Summers & Feldman, 1999）。

　ウィリアムズ症候群，PWS，脆弱X症候群，ダウン症の人と比べると，アンジェルマン症候群の人は，全般的な適応行動スキルが低く，個人間では，社会性と運動領域の適応行動が弱みになることが報告されている（Dykens et al., 2000）。Dup15q症候群と呼ばれる15番染色体のq11.2-q13にある遺伝子の複製は，ASDやIDと関連する最もよくある染色体異常のひとつである。複製される遺伝子領域には，いくつかの重要な脳機能に関与する遺伝子のみならず，インプリンティングされたPWSアンジェルマン症候群に関与する領域が含まれる（Finucane et al., 1993）。Dup15q症候群の人は，軽度から最重度のID，低血圧に伴う運動機能の遅れ，軽度から最重度の言語障害，社会的コミュニケーションの障害を示しやすい。乳児期にはてんかんがよく発症し，遺伝子の複製の種類によるが，その発症率は16〜63％の範囲にある。適応行動のプロフィールに関しては，Dup15q症候群の人はすべての行動領域において，ある程度の適応行動スキルの障害を示す。ASDの人と比べると，Dup15q症候群の人では，日常生活スキルと運動スキル領域の水準が有意に低いことが報告されている。Dup15q症候群の人の行動プロフィールは特発性IDの子どもとよく似ており，どの適応行動領域も全般的に低いことが示されている（Miny et al., 1986）。

知的能力障害の特発性と生物医学的な原因

　IDの原因となる識別可能な遺伝子異常とともに，IDの原因がわからない，もしくは特発性の原因である症例や，遺伝的ではなく生物医学的要因が関連している症例がある。このような症例で最もよくある原因は，親のアルコール摂取，早産，低体重出生である。

胎児性アルコールスペクトラム障害

　西欧において，親のアルコール摂取はIDを引き起こす生物医学的原因になりやすく，親のアルコール摂取によるIDの発症率はダウン症や脳性まひ（Cerebral Palsy: CP）が原因で引き起こされるIDの発症率よりも高い（Fagerlund et al., 2012）。胎児性アルコールスペクトラム障害（Fetal Alcohol Spectrum Disorders: FASD）の子どもと，同程度の IQ を示す限局性学習障害（Specific Learning Disabilities: SLD）の子どもにおける適応行動プロフィールを比較した研究では，認知機能の障害は同程度であったが，他の領域では，FASD の子どものほうが低い適応行動スキルを示した（Fagerlund et al., 2012）。また，FASD の子どもでは，適応的な社会性スキルは加齢に伴って低下したが，SLD の子どもでは社会性スキルは加齢に伴って向上した。クロッカーら（Crocker, Vaurio, Riley, & Mattson, 2009）の研究でも，妊娠中の親がアルコールを摂取していた子どもにおいて，年齢が低い子どもよりも年齢が高い子どもの適応的な社会性スキルが低いことが示されている。妊娠中に親がアルコール摂取していたが FASD の診断基準を満たさない子どもに比べて，胎児性アルコールスペクトラム障害のすべての症状を示す子どもでは，適応行動の有意な遅れがあり，5 歳未満の子どもでは微細運動の遅れが顕著である（Kalberg et al., 2006）。

　6 章で概説するが，ADHD の人にも適応行動の弱さがよく認められる。親のアルコール摂取は子どもの ADHD のリスクを高める。ADHD の臨床サンプルにおいて，適応行動の弱さはすべての適応行動領域で認められているが，親が妊娠中にアルコールを摂取していた ADHD の子どもでは，コミュニケーションスキルに関する適応行動が最も障害されることが確認されている（Ware et al., 2014）。

極度の早産と低体重

　新生児は早産であるほど様々な発達遅滞を示すリスクが高まり，出産予定日よりも早くに誕生した子どもは数多くの神経発達的な障害を抱えるリスクがある。妊娠 27 週前に生まれる極度の早産の割合は，アメリカでは全出生のおよそ 1.42％である（Glass et al., 2015）。妊娠満期で生れた子どもと比べると，極度の早産で生れた子どもは社会性の適応が弱いことが認められている（Hack et al., 2005）。しかし，発達的，医学的，環境的な多くのストレッサーが，超早産児の脳の発達や社会感情的な経験に悪影響を及ぼしている可能性がある。例えば，ID の発症と関連する可能性のある脳室周囲の出血性

梗塞や脳性まひ（CP）など，医学的併存症は適応機能に悪影響を及ぼす恐れがある。したがって，研究調査では，予後の悪さを説明する要因を把握するために，極度の早産に伴う無数の併存症を検討する必要がある。

　適応行動を含む様々な要因における早産の悪影響をより深く理解するために，研究者や臨床家は，この数十年間，超早産児に対して，縦断的に追跡調査を行っている。ヴァインランド適応行動尺度を用いたローゼンバウムら（Rosenbaum, Saigal, Szatmari & Hoult, 1995）による初期の調査では，コミュニケーションの下位尺度は適応行動の総合得点と同程度もしくはそれ以上に早産の程度と強く相関し，さらに，実施された他の様々な標準化された検査（つまり，認知機能検査，神経心理学的検査，学習達成度テスト）において比較しても，強い相関を示した。超低出生体重の早産児が5歳になるまで追跡した縦断調査では，母親の教育歴，出生時の併存症，早期の運動機能の水準，早期の認知機能の水準によって，適応行動の障害の分散の30％が説明されることが認められている（Howe, Sheu, Hsu, Wang, & Wang, 2016）。運動機能の不全や認知水準の低さは超低出生体重やCPの早産児が示す適応行動の弱さを説明し，CPのない早産児においても，落ち着きのない動作などの非定型な運動行動と適応機能の低さが関連することが報告されている（Fjortoft et al., 2015）。

　超低出生体重の早産児の研究は，その多くが出生時から縦断的に追跡されていることから，学べることが多くある。発達の早期から早産に伴う併存症を見抜くために，早産と関連することの多い様々な発達的・医学的な併存症を理解しておくことは大切である。

まとめ

　全体的にみると，IDや遺伝子疾患における適応行動の弱さに関する知見では，このような障害のある人をアセスメントする際に，包括的で多くの専門分野にわたる評価アセスメントを行う必要性が強調されている。臨床家はIDや遺伝子疾患のある人が生涯を通じて呈する発達的，医学的，心理社会的，行動的な症状や兆候を理解しておく必要がある。IDや遺伝子疾患のあ

る人の予後は障害によって決まるわけではなく，自立や機能的なスキルの水準によって決定される。発達早期に適応行動を評価し，継時的にその個人をフォローアップするために適当な測定尺度を用いることは，機能的・実用的スキルの獲得を図る手助けとなる。特に，併存疾患との関連で脆弱であると考えられる人に対しては，その効果が大きいであろう。

✎ セルフチェック ✔

1. 「障害」に関する IDEA の定義に該当する 3 つの障害を挙げなさい。

2. ID と最もよく併存する精神症状はどれか。
   a. 不安
   b. 抑うつ
   c. PTSD
   d. 境界性パーソナリティ障害

3. 全世界の人口における ID の有病率はどれか。
   a. 5%
   b. 2%
   c. 1%
   d. 9%

4. 以下のうち，項目のすべてが ID の出生前の原因であるものはどれか。
   a. 母親の感染症，胎児の遺伝子疾患，早産，胎児における感染症
   b. 早産，母親の感染症，事故，低体重
   c. 胎児の遺伝子疾患，母親の感染症，早産，低体重
   d. 母親の感染症，胎児の遺伝子疾患，出産後のトラウマ，低体重

5. 行動的表現型（behavioral phenotype）の定義を述べなさい。

6. ID に関連する遺伝子疾患はいくつあるか。
   a. 2,500
   b. 4,000
   c. 6,000
   d. 1,000

7.【正誤問題】不適応行動の得点はダウン症と診断された人の相対的な強みとなる。

8. プラダー・ウィリー症候群と診断された人の顕著な弱みとなる領域は何か。

   a. 表現的言語

   b. 社会性

   c. 運動スキル

   d. 地域生活スキル

9.【正誤問題】西欧において，脳性まひは ID の最もよくある生物医学的な原因である。

10. 早産の子どもと適応行動を査定する際に念頭に置くべきことは何か。

【解答】 1. ASD，聴覚・視覚障害，外傷性脳損傷，学習障害，重篤な感情障害，身体的障害，複合障害，「他の健康障害」など，2. b，3. c，4. c，5. 特定の障害を説明する特徴的な行動傾向，6. d，7. 正，8. c，9. 誤，胎児性アルコールスペクトラム障害が最もよくある ID の生物医学的原因である，10. 脳室周囲の出血性梗塞や脳性まひなど，早産児には多くの医学的併存症があり，適応行動の弱さの原因を明らかにするのは困難であることを念頭におくべきである

ADAPTIVE BEHAVIOR PROFILES
IN AUTISM SPECTRUM DISORDER

自閉症スペクトラム障害の
適応行動プロフィール

　神経発達障害群の適応行動プロフィールに関して，最も広範に研究が行われているのは自閉症の領域である。世界的に実施されている研究の大半で，ヴァインランド適応行動尺度の初版か第 2 版が用いられている。自閉症スペクトラム障害（Autism Spectrum Disorder: 以下，ASD）の研究で，その次によく用いられているものは，適応行動アセスメントシステム（Adaptive Behavior Assessment System: ABAS; ABAS-II; ABAS-3）である。用いられている尺度がなんであれ，ASD の人の適応行動の弱さは広く認められており，今や，ASD の診断評価において，適応行動のアセスメンは標準的に実施されている。実際に，ASD の診断評価のゴールドスタンダードである ADOS と ADI-R に適応行動の評価を入れたところ，臨床家の診断の正確性が 95 ％まで改善したと報告されている（Tomanik, Perason, Loveland, Lane, & Bryant Shaw, 2007）。

　本章では，適応行動と様々な要因との関連を概観する。例えば，適応行動と認知，年齢，自閉症の症状，成人期の予後である。これらのプロフィールを考慮する際に，1 章で概観した適応行動の原則に立ち戻る必要がある。すなわち，適応行動とは(1)年齢に関連したものであり，(2)他者からの期待によって規定されるものであり，(3)可塑性のあるものであり，(4)能力ではなく，日常的にみられる遂行によって規定されるものである。このようにプロフィールは，生活経験の結果として発達期を通して変わりうるものと考えられる。対人社会的な世界を生きていくことの困難が障害の核心である ASD の場合は特に，プロフィールは無数の要因に影響されるであろう。

適応行動と認知水準との関連

ASD の初期の研究では，適応的な社会性スキルにおける本質的な弱さに
焦点が当てられていた。そこでは社会性スキルが年齢相応の水準よりも低い
だけでなく，認知水準と比較しても下回っていた（例：Volkmer et al., 1987;
Volkmer, Carter, Sparrow, & Cicchetti, 1993）。ASD における精神年齢とソーシャ
ルスキルとの乖離（ディスクレパンシー）は 2 標準偏差以上であった。実
際に，「自閉症プロフィール」としてあらわされるパターンでは，中度のコ
ミュニケーションの弱さや比較的保たれている日常生活スキルに比べて，適
応的な社会性スキルの弱さが特徴であり，それは，伝統的な自閉症概念にお
いて最大の障害と考えられているものでもある（Carter et al.,1998; Loveland&-
Kelley,1991; Volkmer et al.,1987）。

◀ 要点ガイド5.1

適応行動の「自閉症プロフィール」：スキルの高低順
・日常生活スキル
・コミュニケーションスキル
・社会性スキル

　定型発達や知的能力障害の人に比べて，ASD の人のプロフィールには顕
著な変動性があり，そのため，自閉症における適応行動の基準が別に開発さ
れた。そうすることで，自閉症の人は標準サンプルではなく，自閉症サンプ
ルのなかで比較することが可能となった（Carter et al.,1998）。この特別な基

準を開発することの意味は，支援方法を計画するときに達成可能な目標を同定することであった。

　適応面と認知面の遅れが知的能力障害（ID）の診断基準にあげられているが，歴史的にこの 2 つの領域が自閉症においても関連があったこと——特に，認知障害を伴う自閉症者において——は驚くに値しない。一般に，IQ は適応行動を予測する強力な因子であるが，その関連が言語性 IQ なのか，非言語性 IQ なのか，その両方なのかは研究によって異なっており，もしかすると，認知水準によって異なるのかもしれない（例：Liss et al., 2001; Schatz&Hamadan-Allen, 1995）。例えば，リスら（Liss et al., 2001）の研究では，認知障害のある人では自閉症の有無にかかわらず，IQ は適応行動を予測するものであった。さらに，認知障害のない自閉症の人では，言語スキルと言語的な記憶は適応行動をより予測するものであった。自閉症とアスペルガー症候群の幼児の適応行動を予測因子とした縦断研究によると，自閉症児においては，初期の言語と非言語スキルが，ヴァインランド適応行動尺度のコミュニケーションと社会性の領域の良好な予後の指標であったが，アスペルガー症候群の子どもではそれほどでもなかった（Szatmari, Bryson, Boyle, Streiner, & Duku, 2003）。これらの研究をまとめると，IQ は確かに適応行動に一役買っているが，認知障害を併存する自閉症者に関して特にそうであるということだ。

　過去には，生活年齢と適応行動との間にはどの認知水準においても顕著な乖離があるとされてきた。しかし，最近の研究では，精神年齢と適応スキルの間の乖離は認知水準によるらしいことが示されている。平均から平均以上の認知水準にある“高機能”ASD の人は，認知的な能力にもかかわらず，適応スキルにおいて，顕著に，かつ，しばしば本質的な弱さを示す傾向があり，標準偏差は IQ よりも 2 〜 3 下回る（Kanne et al., 2011; Klin et al., 2007; Perry, Flanagan, Dunn Geier, & Freeman, 2009）。そのため，これら ASD の人は，膨大なスキル（特に，対人コミュニケーションスキル）のレパートリーを，外部からのサポートや，支援，リマインダーなしに自分で日常生活場面に適用することに困難を抱える。このことから，“高機能”ASD の人は，実生活のなかで適応的な行動を自立して行うために常に奮闘しているわけだが，いった

いそれはどんな体験なのだろう？という疑問がわきあがる。

　逆に，最近の研究では，認知障害のある ASD の人はヴァインランドの評価点が **IQ を上回る**こと，いくつかの事例では適応行動が精神年齢と同等かそれを上回るということが示されている（Fenton et al., 2003; Kanne et al., 2011; Perry et al., 2009）。これらの結果から，高い IQ をもつ ASD の人よりも，"低機能" ASD の人や知的能力障害の人は，（認知能力に応じて）もっているスキルのレパートリーを日常生活やルーティンにうまく適用できている可能性が示唆される。これは支援の効果と考えられる。なぜなら，非常に知的に低い人に日常生活で必要なライフスキルを教えることは支援プログラムの目標とされることが多いからである。これは ASD の有無にかかわらず知的能力障害（ID）の人にとってそうである。これまで，**認知的に高い ASD** の人は，知的能力障害（ID）を併存している人と同じような集中的な支援（もしあったとしても）をほとんど受けてこなかった。なぜなら，学校の学業面ではかなりうまくやっているからである。

　低機能の ASD 児は，IQ に比べて比較的適応スキルが高いと研究は示唆してきたが，適応行動の弱さが機能にマイナスの影響を与えているという研究結果もある。発語のほとんどない学齢児 300 人以上の大規模なサンプルで，対人的感情の障害が適応的機能のあらゆる領域と関連していたことが報告されており，ASD の対応に際しては他の障害のみられる領域に加えて，適応のスキルも目標にする必要があることを再度述べておきたい（Frost, Hong, & Lord, 2017）。

確認！

適応スキルは認知障害のない自閉症の人では年齢や認知水準を顕著に下回る傾向があるが，知的能力障害を併存する自閉症の人では精神年齢から期待される以上の高い適応スキルを示す傾向がある。

適応行動と年齢との関連

　適応行動と年齢との関連も，まさに，IQ と同じようにはっきりしない。
年齢との正の相関を示す研究は，適応行動は年齢とともに改善すると述べる
が，逆の知見の研究もある。

　適応行動と年齢の関連を示したいくつかの研究では正の関連が報告されて
いる（Anderson, Oti, Lord, & Welch, 2009; Freeman, Del'Homme, Guthrie, & Zhang,
1999; Schatz & Hamdan-Allen, 1995）。フリーマンら（Freeman et al., 1999）によ
れば，ヴァインランド適応行動尺度のすべての領域において，適応スキルは
年齢とともに上がるという。けれども，コミュニケーションと日常生活スキ
ルの改善度合いはベースライン期の認知水準に関連がある一方，社会性スキ
ルの改善度合いはそうではないことも示された。アンダーソンら（Anderson
et al., 2009）の研究では，年を経るにつれ，ヴァインランド適応行動尺度で
測られる適応的な社会性スキルは非言語性 IQ の伸びと同じように発達し，
ADOS で測られる社会性の障害は減ずることが示された。研究の対象者によ
って結果が大いに異なることが示された。適応スキルに改善が認められ，乖
離が小さくなったり，年齢相応以上の改善が認められるものもあったが，そ
れは，認知的にハンディのある子どもでより認められた。適応スキルと母親
の教育歴の間にも正の関連が認められ，教育歴のある母親の子どものほうが
発達に伴ってより大きな改善があることが示唆された。なお，この子どもた
ちは，超早期（2 歳まで）に自閉症と診断され，その多くが適応スキルの発
達の要因となった早期療育を診断に引き続いて受けていることを記しておく。

　対照的に，適応行動と年齢との間に負の相関を示した研究もある（Kanne
et al., 2011; Klin et al., 2007）。クリンら（Klin et al., 2007）の研究では，ヴァ
インランド適応行動尺度の得点と年齢は負の相関を示したが，ADOS の得点は
時間が経っても変化しなかった。このように，適応スキルは生活年齢と同じ
ペースで変化せず，自閉症の症状は時を経ても不変であるといえる。カン
ネら（Kanne et al., 2011）の研究でも，これは 4 〜 18 歳の ASD，1,000 人以
上を対象とした研究であったが，Vineland-II の総合点を用いたところ，年齢

との間に有意な負の相関が認められた。対象者を年齢で半分に分けたところ，全検査IQに違いがなかったにもかかわらず，年少者の群に比べて，年長者の群でIQと適応得点との間に大きな乖離があった。

　年齢とともに新しい適応スキルを獲得する能力がASDの人にあるにもかかわらず，IQと適応機能の間の乖離は年齢とともに拡がっているようである，つまり，年齢を重ねるにつれ，新しいスキルを獲得するが，そのペースは認知面の発達よりもゆっくりであることが示唆される（Kanne et al., 2011; Klin et al., 2007; Szatmari et al., 2003）。縦断研究は適応行動の獲得が生活年齢の発達にペースをあわせて行われるかどうかを明らかにする。適応スキルの獲得は思春期後期または成人期前期までに停滞期があるという報告がある（Szatmari et al., 2003）。しかし，その軌跡をより理解するために，認知，言語機能，初期の介入などの要因をコントロールする必要がある。ある非常に包括的な縦断研究は，2〜21歳の192人のASDの人を6時点で追跡調査した（Bal, Kim, Cheong, & Lord, 2015）。対象者全体のなかで成人期前期の人では，適応的日常生活スキルは年齢から期待されるよりもずっと低かったが，日常生活スキルが高かったASDの人は，最終時点で得点が低くゆっくりとしか獲得しなかった群に比べて，19年間の追跡調査を通じて約12年間はスキルの獲得をしていた。しかし，後者の群（ゆっくりとしか獲得しなかった群）は，思春期後期に3〜4年間はスキルを獲得した。つまり，スキル獲得は機能水準にかかわらず可能であることを示している。また特筆すべきことは，非言語性IQと3歳以前の集中した親介在型の支援は良好な予後を予測するものであったということである。

　別の大規模縦断研究では自閉症の子どもを8〜12年追跡し，3〜4つのアセスメントを行った（Gotham, Pickles, & Lord, 2012）。対象児の大半は機能水準において不変であったが，15％のみが時を経るにつれて変化の様子が変わっていった（すなわち，全体的に改善または悪化した）。すべての群において時間が経っても自閉症の症状に変化はなかったが，機能の不変群と低下群では適応行動得点は悪化し，機能の改善群では適応得点は変わらなかった。しかしながら，最も効果の出た群でも依然，適応得点は低いままであった。

　縦断研究から得られた結果から，これらの傾向を明らかにするために，ま

た，最もよい支援方法を検討するために，適応スキルを繰り返し評価することの必要性が強調される。研究はまた，支援の結果を評価するため，複数時点で標準化された適応行動の尺度を用いることを強調している。特に，適応行動は"可塑性があり"，変化を敏感に反映するからである。

注意事項

認知と適応スキルの乖離は，認知障害のない自閉症の場合，年少者に比べて年長者で大きい。

適応行動と自閉症の症状との関連

直感的に，適応行動と自閉症症状の重症度には正の相関があるだろうと思うだろう。自閉症症状が弱ければ適応スキルは高く，逆もまたしかりである。しかし，この領域の研究はそれほど単純ではないことを示している。

いくつかの研究では，適応行動と自閉症の症状の間に強い逆の関連があることが報告されている。自閉症の子どもを 2 歳から 13 歳まで追跡したある縦断研究では，4 つの測定時すべてにおいて，ヴァインランド適応行動尺度の社会性スコアと ADOS の社会性の領域スコアに強い負の相関が認められたことを報告した（Anderson et al., 2009）。ただ，分析には標準得点の代わりにヴァインランド適応行動尺度の相当年齢が用いられていることが，この結果に影響している可能性がある。ABAS-II を用いた別の研究でも，有意な負の相関が認められている（Kenworthy, Case, Harms, Martin, & Wallace, 2010）。12 〜 21 歳の高機能 ASD の人を年齢，IQ，性別でマッチングさせたところ，ADOS のコミュニケーション得点の高さ（より障害されていることを示す）は ABAS-II の下位尺度得点すべてと負の相関が認められ，また，ADOS における社会性障害は，ABAS-II の総得点と社会性得点と負の相関が認められた［監訳注：ADOS の社会性障害の特点は高いほど障害が重いことを示す］。ヴァインランド適応行動尺度学校版（Vineland ABS Classroom Edition），自立行動尺度改訂版（Scales of Independent Behavior, Revised），適応行動尺度学校版（Adaptive Behavior Scales, School Edition）の 3 つを用いて適応行動を比較した研究では，その 3 つの尺度いずれにおいても，CARS（Childhood Autism Rating Scale: 小児自閉症評価尺度）で測られる自閉症の重症度得点と中度の負の相関が認められた（Wells, Condillac, Perry, & Factor, 2009）。

　それとは反対に，ヴァインランド適応行動尺度と Vineland-Ⅱを用いたいくつかの研究では，それぞれ，学齢児で適応行動と自閉症の症状との関連は限定的であった。クリンら（Klin et al., 2007）の行った研究は，8 〜 18 歳の認知障害のない ASD 児を対象とし，2 つの独立した群について行われた。ヴァインランド適応行動尺度と ADOS の間にはほとんど関連が認められなかった。これらの知見は，認知水準も様々で年齢も 4 〜 18 歳と幅広い範囲の 1,000 人以上の自閉症児を対象とした非常に多くの対象でも再現された（Kanne et al., 2011）。結果は，非常に症状の重い子どもで必ずしも適応スキルが低かったわけではなく，逆もまたしかりであることを示唆している。事実，症状の重症度は適応行動にほとんど影響していなかった。対象者を自閉症のサブタイプ（例：自閉症，アスペルガー症候群，広汎性発達障害，特定不能の自閉症）や自閉の症状水準にあわせて階層化して検証をした研究においても，これらのサブタイプ間の適応スキルの差異はほとんど認められなかった（Paul et al., 2004; Saulnier & Klin, 2007）。これらは横断研究であったが，サトマリら（Szatmari et al., 2003）による縦断研究においても，自閉症関連の症状は適応に関する予後の弱い予測因でしかないことがわかっている。

　多くの多様な研究結果を総合すると，適応スキルと自閉症の症状がお互いに影響しあうかどうかについてはいまだ不明であるといえよう。年齢と認知機能の水準が，自閉症状の重症度や適応行動を評価するのにどの尺度を用いるのかということが結果に強く影響するように，年齢と認知機能の水準がこれらの関連の強さに大きな役割を果たしていることは明らかである。

注意事項

学童期の自閉症児において適応行動と自閉症の症状との関連ははっきりしないままである。この関連に影響しそうな要因として，年齢，認知水準，用いられる尺度のタイプがあげられる。

適応行動と感覚との関連

　感覚の敏感さは ASD の人によくみられるものとして以前から報告されている。これらの行動は過反応（例：ちょっとした音でも耳をふさぐ，ある素材の布やタグを嫌がるなど），低反応（例：痛みや怪我に対しての鈍い反応），感覚探求（例：感覚の入力を求めていく）として表れる。ASD の感覚処理障害に関する研究から，これらの行動が適応行動と関連があることがわかってきた。例えば，学童期の ASD 児を対象とした研究から，感覚刺激に過剰に反応する子どもは過集中，正確な記憶，高い認知スキル，適応的コミュニケーションスキルの高さが認められた。しかし，この群の子どもたちの適応的社会性スキルは最も低かった（Liss, Saulnier, Fein, & Kinsbourne,2006）。一方，低機能の子どもでは感覚刺激に対してより低反応を示す傾向が認められた。

　ASD の幼児と非 ASD の発達障害のある幼児を対象とした研究では，脆弱 X 症候群の幼児，様々な原因による発達障害のある幼児，定型発達の幼児に比べて，ASD の幼児は味やにおいに対して非典型的な反応を示した（Rogers, Hepburn, & Wehner, 2003）。さらに，ASD の感覚反応性は自閉症の特性よりも適応行動の得点に影響を与えていた。しかし，マレン早期学習尺度（Mullen Scales of Early Learning）で評価した発達水準は ASD の幼児の適応機能を最も予測する要因であった。

適応行動と性差との関連

　自閉症の研究はほとんどが男性を対象に実施されている。それに比べ，

ASD の女性のプロフィールについては実のところほとんど知られておらず，自閉症の症状，言語，認知，適応機能，行動の現れ方になんらかの性差があるかどうかもわかっていない。診断基準（それさえも以前からずっと男性中心のプロフィールが開発されてきたのだが）を用いると，ASD と確定された女児は IQ が低い傾向があり（Lord & Schopler, 1985; Volkmar, Szatmari, & Sparrow, 1993），診断的な閾値を満たすにはより大きな遺伝的な障害があることが示唆されている（Frazier, Georgiades, Bishop, & Hardan, 2014; Szatmari et al., 2012）。適応行動に関連して性差を検討した研究はほとんどなく，その結果も様々である。例えば，女性は男性に比べて，適応的な日常生活スキルにより大きな障害があり，限定的で反復的な行動は軽度であるとする研究がある（White et al., 2017）。一方，適応的な日常生活スキルは高く，自閉症の症状には性差はないという研究もある（Mandic-Maravic et al., 2015）男性と女性で年齢と IQ をマッチさせたところ，ある研究では女性では限定的で反復的な行動が少ないが，対人コミュニケーションの障害は同様の水準であった（Mandy et al., 2012）。この研究では適応行動それ自体が直接的に評価されていないが，著者らは，ASD の男性に高い水準でみられる外在化される問題行動に比べて，女性は情緒的な問題をもちやすいと述べている。

　前述の研究の最大の限界は女性のサンプルサイズが小さいことである。今までに行われた大規模研究のひとつに ASD と確定された女性 304 名を対象としたものがある。これはサイモン・シンプレックス・コレクション（厳格な診断評価を行う 12 の大学が連携したネットワーク）の一部として実施されたものだが，ここではいくつかの性差が明らかとなった（Frazier et al., 2014）。Vineland-II を用いて対象者の特性を明確にしたところ，ASD の女性は認知と言語能力の適応スキルが低く，対人コミュニケーションの障害は大きいものの，限定的で反復的な行動は小さかった。Vineland-II によって測られる適応行動のすべての領域で女性は適応の障害が小さく，最も障害されているのは社会性スキルであった。

> **注意事項**
> ....
> ASD の女性の適応プロフィールに関してはさらなる研究が必要であるが，今まで
> に行われた最も大規模な研究によると，男性に比べて女性ではコミュニケーション
> スキル，日常生活スキル，社会性スキルが低いことが示されている。

乳幼児から学齢前の自閉症スペクトラム障害児の適応行動プロフィール

　自閉症の早期発見に関心が高まるのに伴い，ASD のより年長児で検討されてきたリサーチクエスチョンの多くが今や超早期に出現する問題を検証するために，幼児また就学前の子どもで研究されるようになってきた。年長児と同様に，ASD の幼児においても，適応スキルと早期の認知との関連が報告されている。例えば，22 〜 39 カ月の ASD 児 125 人を含む研究では，Vineland-II とベイリーⅢ（それぞれ適応スキルと早期認知スキルを測るために）を用いていたところ，強い正の相関が認められ，高い認知発達スキルは高い適応スキルと関連があることが示唆された（Ray-Subramanian, Huai, & Ellis Weismer, 2011）。別の研究では，非 ASD の発達障害のある幼児と比べて，ASD の幼児では Vineland-II のすべての尺度でより遅れがあった（Paul, Loomis, & Chawarska, 2014）。ASD の有無にかかわらずこれらの幼児を年齢と発達水準でマッチングさせたとしても，適応的な受容コミュニケーションと日常生活スキルの遅れが明らかであった。

> **確認！**
> ....
> ASD の子どもでは幼児期と早期の段階でも適応機能の遅れが明らかであり，適応
> 的な社会性スキルやコミュニケーションスキルは脆弱であることがわかる。

　標準得点をみるかぎり，適応的な社会性スキルが最も弱いという典型的な「自閉症プロフィール」は幼児に一貫して認められるわけではない。例えば，

Vineland-II とベイリーⅢを用いた研究では，適応的なコミュニケーションスキルが最も低く，次に社会性スキル，日常生活スキル，一方，運動スキルが最も高い（Ray-Subramanian et al., 2011）。幼児の年齢は 24 カ月から 36 カ月の範囲であり，認知能力は平均的であった。しかし，標準得点ではなく**相当年齢**で検討すると，年少児を対象としたある研究では，Vineland-II の運動スキルが最も高く，次いで日常生活スキル，コミュニケーションスキル，そして社会性スキルという，伝統的な「自閉症プロフィール」が見られた（Yang, Paynter, & Gilmore, 2016）。

認知と適応機能の乖離の違いは ASD の年少児においてもみられてきた。ある研究では，認知障害のある ASD の幼児では認知水準よりも適応水準が高かったが，認知に問題のない幼児ではそうではなかった（Yang et al., 2016）。

適応スキルと自閉症の症状との間の強い関連が，幼児で認められている。レイ - サブラマニアンら（Ray-Subramanian et al., 2011）の研究では，ADOS の比較得点［監訳注：自閉症の重症度を示し，点数が高いほど重度］と，Vineland-II のコミュニケーションスキルおよび日常生活スキルとの間に，有意な負の相関が認められた。しかし，効果量は小さかった。ヤングら（Yang et al., 2016）もまた，自閉症の重症度と Vineland-II の相当年齢の間に強い負の相関を認めた。しかし，どちらの研究でも，年齢と IQ を調整すると，ADOS の比較得点はヴァインランド得点に，有意な影響を与えないことが示されている。

注意事項

適応行動と自閉症の重症度との間の負の相関は ASD の幼児においてよりはっきりしており，症状が重度であるほど適応機能は乏しくなる。

年少児の良好な予後にどの適応行動が寄与するかを検証する研究はほとんどされていない。ASD と非 ASD の発達障害のあるイタリアの未就学児 52 人の研究から，Vineland-II の社会性領域の下位領域「遊びと余暇」が ASD と非 ASD を弁別することが示された（Balboni, Tasso, Muratori, & Cubelli, 2016）。さらに項目によるクラスター分析をみたところ，ASD 児では遊びと模倣のス

キルが他の社会性スキルよりも低かった。3 歳以下の ASD と非 ASD の発達障害の子ども 108 人を非言語能力でマッチングさせて比較した大規模研究では，社会性領域のうち下位領域の「対人関係」と「遊びと余暇」で，20 項目中 9 項目で有意に両群を弁別できた（Ventola, Saulnier, Steinberg, Chawarska, & Klin, 2014）。これらの項目は，他者の声に反応する，初めて会う人や子どもに関心を示す，養育者に抱き上げられるのを期待するなどを含む，1 歳までにあらわれてほしい早期のマイルストーンであった。

自閉症スペクトラム障害の適応行動への人種・民族・社会経済的状態の影響

　人種，民族，社会経済的状態における ASD の違いを明らかにする文献が最近増えている。アフリカ系アメリカ人やヒスパニック系の ASD 児は，白人系や非ヒスパニック系の ASD 児よりも診断を受けるのが遅れる傾向があり，最初の評価で ASD 以外の診断を受けやすい。また，医療サービスへのアクセスがしにくかったり，メディカルホーム（包括的・継続的で個別化されたケアを提供する拠点としてホームドクターを活用すること）を得にくかったりする（Magana, Lopez, Aguinaga, & Morton, 2013; Mandell et al., 2009; Valicenti-McDermott, Hottinger, Seijo, & Shulman, 2012）。アフリカ系アメリカ人の ASD 児は白人系の ASD 児より発達や認知の遅れもみられやすい（Cuccaro et al., 2007）。

注意事項

アフリカ系アメリカ人とヒスパック系の ASD 児は診断を受けるのが遅くなりがちだったり，誤診されがちだったり，医療サービスへのアクセスがしにくかったり，白人系の ASD 児にくらべてホームドクターも得にくい。

　観察される適応行動が IQ の影響を受けることは確かであり，人種や民族による適応行動の違いを調べる際には認知水準で対象者を階層化する必要性がある。知的能力障害のない ASD のアフリカ系アメリカ人と白人系の若者

だけを対象とした研究から，アフリカ系アメリカ人は実行機能，適応行動，対人 - 情緒的機能を測定した得点が高かった。そして，アフリカ系アメリカ人の子どもの得点はすべての尺度で障害のない範疇から障害のある範疇まで存在していた（Ratto et al., 2016）。これらの知見は親の教育歴と IQ を調整したあとでも有意なままであった。

　診断の遅れや誤診，医療サービスへのアクセスのしづらさといった同様の格差はラテン系やヒスパニック系の ASD 児でもみられる（Magana et al., 2013; Parish, Magana, Rose, Timberlake, & Swaine, 2012）。最近のある研究では，診断や支援を受ける障壁を調査するために，ASD 児の大きなサンプルを英語が流暢なラテン系，英語の能力が限定的なラテン系，非ラテン系の白人の子どもで階層化した（Zuckerman et al., 2017）。その結果，英語の能力が限定的な家族で最も障壁が大きいことが示唆された。それには，治療ニーズの未達成度が高く，治療を受ける時間が少ないということが含まれていたが，経済的または日常的（つまり，費用や移動手段）障壁もありながらも，それ以上に最も認められたのは ASD についての知識を親が得ることへの障壁であった。自閉症というものへの意識に欠けていることに加え，ラテン系やヒスパニック系の ASD 児をもつ親にとっては，診断名を得ることにまつわるスティグマや親族や地域からの社会的孤立がケアを受けることへの障壁となっていることが別の研究から示された（Blanche, Diaz, Barretto, & Cermak, 2015; Ijalba, 2016）。

　社会経済的状態（SES）の要因もまたさらに事態を複雑化する。SES と障害（例：言語障害）の間に負の関連が認められるほとんどの他の障害と異なり，SES と ASD の間には正の関連がある（Durkin et al., 2010; Schopler, Andrews, & Strupp, 1979; Wing, 1980）。すなわち，自閉症は学歴が高く，収入の多い家族に，つまりより恵まれた地域に住んでいる家族内で診断されやすいのである。それゆえ，人種や民族といった観測変数による差異は実際は SES により関連があると考えられる——ただし，いくつかの研究では SES をコントロール（調整）したのちにも人種 - 民族における違いが認められたと報告している（例：Garland et al., 2005）。

確認！

....

ほとんどの他の発達障害と異なり，ASD と社会経済的状態（SES）との間には正の相関が認められる。より恵まれた家庭や地域にいる子どものほうが ASD の診断を得やすい。

ASD の分野では様々な相違についてまだ研究することが多く，人種や民族，社会経済的状態が表現型（すなわち，行動面）や遺伝子型のプロフィールに及ぼす影響についてはまさに現在進行形の疑問であろう。例えば，確定診断の正確な方法については改善の余地がある。疫学調査はアフリカ系アメリカ人やヒスパニック系の子どもの有病率が顕著に増加していることを示しているが（Chiristensen et al., 2016），少数派の状況にいる人や，誤診されたり，いまだ確定診断が受けにくいコミュニティに属している人も多くまだ存在する。

まとめ

まとめると，ASD の適応の問題に関する研究は，確定的なものにはなっていないかもしれないが膨大なものがある。特に認知障害のない群でのASD の人の適応スキルの乏しさから，実生活で役立つ機能的なスキルを強めるための介入を支援の目標にする必要性が強調される。加えて，適応行動が良好な予後と強く関連があることから，研究者は結果の指標にもっと適応行動に関する評価を用いることを検討する必要がある。20 世紀初頭にさかのぼるが，ドル（Doll）はまさしくこれらのスキルは簡単に同定でき，かつ，修正できるものであると記している。そして 8 章では，具体的に取り組むべきものとされた適応的な機能を強める介入に焦点があてられている。つまり，ASD の人が新しい適応スキルを身につけ活用できるようになるための成長に限界をおくべきではないといえる。

✎ セルフチェック ✓

1. 適応行動の「自閉症プロフィール」のスキルを挙げなさい（高低順に）。

2.【正誤問題】適応行動は時を経てもほとんど変わらないが，認知は変わりうる。

3.【正誤問題】研究により，高機能の自閉症者は適応スキルにおいてかなりの障害を表すことが示されている。

4. 認知障害のない自閉症の場合，年長者と年少者で，認知と適応スキルの間の乖離は＿＿＿＿＿＿
   a. 小さい
   b. 大きい
   c. ほとんど同じ

5. 学齢児の ASD において適応行動と自閉症の症状との間の関係に影響を与えるとされる 3 つの要因を挙げなさい。

6. 研究によると，ASD の幼児において，最も適応的機能の予測因となるものは＿＿＿＿＿＿であることが示されている。
   a. 運動スキルの水準
   b. 発語の量
   c. 年齢
   d. 発達水準

7.【正誤問題】ASD の女児の適応行動プロフィールは明らかであり，男性と比較して十分に定義されている

8. Vineland-II とベイリー III で測定される適応行動の領域のうち，ASD の幼児で他の領域に比べてより脆弱である 2 つの領域は以下のどれか。
   a. コミュニケーションスキル
   b. 日常生活スキル
   c. 社会性スキル
   d. 運動スキル

9.【正誤問題】より恵まれたコミュニティの子どもは ASD の診断を得にくく，ASD と社会経済的状態には負の相関がある。

10. アフリカ系アメリカ人とヒスパニック系の ASD 児は，白人の ASD 児よりも誤診される割合が＿＿＿＿＿＿。

a. 少ない

b. 多い

c. 同等である

【解答】**1.** 日常生活スキル，コミュニケーションスキル，社会性スキル，**2.** 誤，適応行動は変わりうるが認知は時を経てもほとんど変わらない，**3.** 正，**4.** b，**5.** 年齢，認知水準，使用された評価尺度のタイプ，**6.** d，**7.** 誤，**8.** a と c，**9.** 誤，ASD と社会経済的状態には正の相関があり，より恵まれたコミュニティの子どもは ASD の診断を得やすい，**10.** b

ADAPTIVE BEHAVIOR PROFILES IN OTHER NEURODEVELOPMENTAL DISORDERS

他の神経発達障害の適応行動プロフィール

　適応行動の障害は，ID と ASD に加えて，あらゆる神経発達障害の人に見られる。神経発達障害の人が有効なスキルを獲得し自立するための支援方法を開発するには，こういった適応行動障害について理解しておくことも重要である。本章では，適応行動について考慮すべき，一般的な神経発達障害などを取り上げる。

学習障害

　学習障害とは，学習上の困難や，読み書きや算数能力のような学業スキルを応用することに困難を抱えることを指す。このような状態だと，学習や仕事の遂行能力のみならず，日常生活にも影響を及ぼす（American Psychiatric Association, 2013）。

　学習障害においては，適応行動の弱さが，苦手とする学びの領域と関係していることが少なくない（Fagerlund et al., 2012; Leigh, 1987）。例えば，2017年のバルボニら（Balboni, Incognito, Belacchi, Bonichini, & Cubelli, 2017）の研究では，ヴァインランド適応行動尺度第 2 版（Vineland-II）のコミュニケーション領域の得点が学習障害ではない人より低かった。これは，そもそも受容言語能力ないし表出言語能力に比して書きの能力の遅れによるところが大きかった。下位領域の項目を詳細に調べると，書きの領域と，時間や日付の概念といった地域生活に関わる項目が非常に弱いことが判明した。重症度と対応する障害の間に直接的な関連性は見出されなかったため（Balboni & Ceccarani, 2003），適応行動について評価することが，学習障害が日常生活に

どのくらい影響を与えているか判断するのに役立つ可能性があることが示唆された。

ASD にもみられるように，学習障害があると歳を重ねるごとに認知機能と実際の適応に乖離が広がる。ある研究が示すには，中学生であっても適応上の水準が一貫して小学生より低かった（Leigh, 1987）。適応行動検査（Adaptive Behavior Inventory: ABI）を用いると，全体的な適応度は年齢を重ねるにつれ 94.1 から 85.4（つまり，平均域から平均域以下）へと下がってしまった（Brown & Leigh, 1986）。最も低下が著しかったのは，セルフケア，コミュニケーション，社会的スキル領域であった。

注意欠如・多動性障害（ADHD）

注意欠如・多動性障害（Attention Deficit/Hyperactivity Disorder: ADHD）は，不注意，無秩序，衝動性，多動性といった特徴を備えた児童期によくみられる精神障害である（Roizen, Blondis, Irwin, & Stein, 1994）。CDC によると，2011 年，アメリカにおける ADAD の有病率は 5 〜 17％であり，全米平均は 11％であった。不注意，無秩序，衝動性といった症状に加え，ADHD があると，児童期・学童期には自己評価，社会性，実践的な適応行動に重大な障害が生じる（Clark, Prior, & Kinsella, 2002; Crocker, Vaurio, Riley, & Mattson, 2009; Sukhodolsky et al., 2005）。社会性の障害は，ADHD の人にとって大きな課題であり（Barkley, Fischer, Edelbrock, & Smallish, 1990; Hinshaw, 1992），実際，ADHD の人は同年齢の人からのけ者にされることが多い（Erhardt & Hinshaw, 1994）。バークレイら（Barkley et al., 1990）によると，ADHD の 50 〜 80％が思春期の交友関係において上手くいっていなかった。ADHD を抱えていると，社会性の問題に加え，学習上や家族関係にも悪影響を及ぼす（American Psychiatric Association, 2013; Hinshaw, 2002）。

ADHD の診断過程や対応策について検討する際，適応行動を評価することは一般的ではないが，ADHD に関連する行動は数多くあり，適応行動上の障害につながる。例えば，過剰に話し続けたり，情報の整理や伝達，相手に合わせたコミュニケーション，他者とのやりとり，同級生からの質問に答

える，といった場面である。ADHD の子どもは，課題の途中で横道に逸れたり，課題を完遂したり指示に従うことが難しく，出来栄えも乱雑で杜撰（ずさん）だったりする（課題完遂に必要なものを失くしたりする）。結果として ADHDの子どもは年齢に即した行動がとれず，段階的な指示に従えないことに苦心し，当然ながら社会に適応しにくいのと同様に家で着替えたり身づくろいをしたり，家事手伝いをする，といったことにも影響が出てくる。

　ADHD の子どもの下位分類は，Vineland-II と Vineland-3 の標準化作業における臨床サンプルのひとつとして含まれており，尺度の総合得点の平均は統制群より低かった。日常生活尺度（Daily Living Skills）の得点は群間で一貫していたが，ADHD 群においては，各領域内の 3 つすべての下位領域を含み，コミュニケーションと社会性の領域で得点が低かった。加えて，不適応行動指標（Maladaptive Behavior Index）では臨床群の値となり，内在化と外在化の下位領域においては統制群より得点が高かった。ADHD には破壊的行動障害，つまり，行為障害や反抗挑戦性障害（ODD）が併存することが多く，悪化した社会的および精神的機能不全に加えて，外在化された症状を呈することになりかねない（Carter et al., 2000）。

　バルボニら（Balboni & colleagues, 2017）の研究によると，ADHD の子どもは，Vineland-II の適応行動総合点のみならず，コミュニケーション，日常生活スキル，社会性領域で有意に低い得点を示していた。コミュニケーション領域では，受容言語と表出言語が読み書きの下位領域より弱かった。日常生活スキルでは，身辺自立より地域生活の下位領域のほうが得点は低かった。社会性領域でも，コーピングスキルのほうが対人関係，遊びと余暇の下位領域の得点より有意に低かった。バルボニらの研究から，Vineland-II を下位領域に分割すると，以下の 4 つの領域において，ADHD の人のほうがそうではない人より有意に得点が低くなることが明らかになった。

・受容言語：理解，注意しながら聴く，指示に従う
・表出言語：他者とのやりとり，話すスキル，複雑なアイデアを表現する
・日常生活スキル：金銭管理と外食時の振る舞い
・社会性：感情の認識と表出，社会的コミュニケーション，友情，協力と
　　　　　共有，他者と一緒にゲームする，暗黙の了解を理解する，衝動

統制，秘密を守る，責任，適切なやりとり

確認！

....

ADHD の人は，そうではない人よりも，受容言語，表出言語，日常生活スキル，社会性といった面で低い適応を示す傾向にある。

---

　6 ～ 16.6 歳の ADHD の子ども 104 人を対象にした研究では，平均的な知的能力を有しているにもかかわらず，認知能力よりもヴァインランドの得点は 1 ～ 2 標準偏差（平均 27.9 ポイント）低かった（Roizen et al., 1994; Stein, Szumowski, Blondis, & Roizen, 1995）。この認知能力と適応能力の乖離は年齢とともに大きくなることから，ADHD があると，歳を重ねるごとに適応能力が同年齢の人からさらに引き離されていくといえよう。

　ADHD の人は，しばしば ID, 学習障害，強迫性障害，トゥレット症候群，言語障害といった併存症にも悩まされる。よって，何が適応行動を妨げているのか見定めることが難しい場合がある。中度の ID である人の多くには ADHD 症状もあるが，ID ではない ADHD の人は，ID ではない別の併存症を抱えていることが多い（Lindblad et al., 2013）。この 2 群において適応行動アセスメントシステム第 2 版（ABAS-II）上では差がないものの，参加者を年齢で分けると，ADHD である年長児（11 歳以上）のほうが，中度 ID の子どもや年齢の低い子どもよりも適応得点が有意に低かった。これらの結果からわかるのは，認知面において強みがある子どもにとっても適応上の困難が大きいため，認知面に障害が無かろうとも，支援の際には適応スキルを伸ばすための教育が必要だということである。

　社会に適応するための社会性スキルに同様の問題があり，認知能力と適応行動との間に著しい乖離がある ASD といった障害と比較し，ADHD では，社会性の遅れや障害の本質に注意を払う必要がある。ASD とは異なり，社会性の障害は ADHD の本質ではないものの，衝動性，多動性，および不注意が，自身が置かれている状況の理解と，結果として他者との関係性の構築と維持を理解する上で多大な影響を与えうる。さらに，攻撃性や明確な破壊

的行動の存在は，同年齢の子どもから拒絶されるといった実質的な問題を引き起こす（Ladd & Burgess, 1999）。結局，社会に適応するための介入方略は，診断名にかかわらず非常に似通っている可能性がある（例えば，社会性を高めるグループ活動，社会的規則や規範の指導，心の理論や他者視点に立った理解の促進）。しかし，介入方略が似通っているからといって，ADHD の子どもに ASD の診断を追加することに必ずしも価値があるわけではない。

強迫性障害（OCD）

　強迫性障害（Obsessive Compulsive Disorder: OCD）は，悩ましく侵入的な思考，衝動や強迫観念，および，苦痛を軽減するための強迫行為として繰り返される，明白もしくは隠れた行動を特徴とする精神神経疾患である（American Psychiatric Association, 2013）。OCD の診断基準を満たすためには，当人が抱える苦悩が著しく，日常生活を営む機能が阻害されている必要がある。OCD の有病率は思春期で 3 〜 4％と推定される（Flament et al., 1988; Zohar, 1999）。しかしながら，OCD はしばしば他の病態，特に不安，うつ，チック障害，および ADHD と同時に起こりうる。これらの併存症のいずれもが OCD の症状自体と同じくらい当人の適応状態に影響を与える可能性があるため，これを分析することは非常に困難な場合がある。

　OCD の子どもに関する研究では，日常生活における活動への不参加や不安，不適応が OCD の特徴であることを示唆している（Sukhodolsky et al., 2005）。適応上の問題は，当人の認知プロフィールから予想されるよりも大きい。それでも，OCD の子どもの併存障害が ADHD であるとき，社会に適応するためのスキルは，併存する情動調整，学校の成績，およびうつの症状と連動して大きく影響される。したがって付加的な ADHD の症状が，社会，情動，学業に悪影響を及ぼすこととなる（Geller et al., 2003; Sukhodolsky et al., 2005）。

運動障害

　児童期に発症し，適応機能に影響を及ぼす可能性のあるいくつかの運動障害がある。発達性協調運動障害，先天性代謝異常，脳性まひ，トゥレット症候群，てんかんなどである。

発達性協調運動障害（DCD）

　発達性協調運動障害（Developmental Coordination Disorder: DCD）は，ID，視覚障害，または脳性まひなど既知の神経学的状態によっては説明されない重大な運動障害を特徴とする神経発達障害である（American Psychiatric Association, 2013）。DCD は一般人口の約6％に該当するが，ID や ADHD といった他の発達障害と混同されることがよくある（Farmer, Echenne, Drouin, & Bentourkia, 2017）。運動障害は（粗大運動，微細運動ともに）当事者の学業，職業，家庭，および地域生活において多大な影響を及ぼす。当然ながら運動障害がある場合，適応的な運動スキルならびに日常生活で運動スキルを必要とする食事，着替え，入浴といった行動において影響を受ける可能性が高い（Balboni, Pedrabissi, Molteni, & Villa, 2001）。

先天性代謝異常（IEM）

　先天性代謝異常（Inborn Errors of Metabolism: IEM）は，まれな遺伝子疾患であり，精神運動遅滞，てんかん，そして（頻度は高くはないが）運動障害を引き起こす（Garcia-Cazorla et al., 2009）。運動機能に影響を及ぼすのみならず，IEM は，特に日々の生活における適応上の困難さとも関連している（Eggink et al., 2014）。さらに，これらの適応上の障害は，子どもの健康に関する生活の質にも影響する。

脳性まひ（CP）

　脳性まひ（Cerebral Palsy: CP）は，胎児期または乳児期の脳障害によって引き起こされる運動障害と考えられている（例：van Schie et al., 2013）。CP

の人の運動障害の程度は，しばしば，I（軽度の障害）からV（重度の障害）までのレベルで表される，機能分類システム（GFMCS）によって測定される。CP の適応障害に関する研究は，ID，てんかん，および感覚処理の問題など，CP にしばしば伴う状態に依拠する。例えば，CP がある子どものうち，GFMCS でいうレベル 5 の運動障害（歩行困難）で，低い認知水準，およびてんかんをも有する場合，持続的に限定された適応状態，社会的スキルを示す傾向がある。それでも，より軽度の運動障害で認知的な遅れがなければ，時間の経過とともに社会適応度に改善がみられ，標準的な水準にまで近づくことも可能である（例えば，Tan et al., 2014; van Schie et al., 2013）。適応的なコミュニケーションスキルは，ID のない CP の子どもでより強く（van Schie et al., 2013），表現力のあるコミュニケーションスキルは，両側性の痙性運動障害とは対照的に，ID なしで片側性の痙縮を持つ場合に多くみられる（Vos et al., 2014）。このように，認知，言語水準，運動能力，適応行動，および医学的併存症の包括的な評価が，CP の個人の発達の軌跡および予後を理解し，最良の支援方針を決定するために必要となる。

トゥレット症候群（TS）

トゥレット症候群（Tourette's Syndrome: TS）は運動および言語性チックの存在を特徴とする精神神経発達障害である。TS は時間の経過とともに症状の重さ，位置，頻度，および複雑さが増減する（Sukhodolsky et al., 2003）。学童期における TS の有病率は，1,000 人あたり 1 ～ 8 人である（Hornsey, Banerjee, Zeitlin, & Robertson, 2001; Swain, Scahill, Lombroso, King, & Leckman, 2007）。TS に特化した適応行動について調べた研究はほとんどないが，適応的な社会的スキルの弱さについて報告されている（Dykens et al., 1990; Meucci, Leonardi, Zibordi, & Nardocci, 2009）。併存症といった潜在的な交絡因子を制御するために，よく統制された研究が必要である。

TS には ADHD, OCD, および行為障害を含む他の神経発達障害が併発しやすい（Coffey & Park, 1997; King & Scahill, 2001; Spencer et al., 2001）。ADHD や OCD と同様に，併存症は，TS 単独よりも適応行動に影響を与える。例えば，TS のみの子どもの適応行動プロフィールを調べた研究では，ヴァインラン

ドのコミュニケーションと社会性領域の得点は統制群と変わらず，TS の子どもは，年齢に応じた課外活動に参加可能であった。しかし，TS と ADHD のある子どもの適応得点は低く，社会的な機能に悪影響を及ぼしていた（Sukhodolsky et al, 2003）。実際，TS と ADHD の併存する子どもは，ADHD だけの子どもと同じくらい適応行動が阻害され，つまり，TS の子どもの適応は，チックの症状ではなく ADHD の症状が適応に大きく影響していることを示唆している。

てんかん

　発作は，脳内に異常で過剰な，または同期的な神経活動が発生したときに起こる。てんかんは，けいれん発作が長く続くことによって定義される病気であり，その結果として生じる神経生物学的，認知的，心理的，そして社会的影響がある。てんかんの一般的な定義は 24 時間以上あけて，特にきっかけがなくとも発生する 2 つ以上の発作を指す（Dawda Ezewuzie, 2010）。発作とてんかんは一般的に ID を持つ場合に発生するが，認知障害のない場合にも発生することはある。

　いくつかの研究で，てんかん患者の適応行動プロフィールが調べられたが，結果は様々であった。例えば，IQ が 61 ～ 70 の子どもでは，全体的な適応行動得点は認知レベルを上回る平均範囲内であり，平均の適応行動総合点は 87.2 であった（de Bildt, Kraijer, Sytema, & Minderaa, 2005）。しかし，IQ が 80 を超える子どものグループでは，全体的な適応行動得点は IQ レベルを下回るほど有意に低下し，平均 64.1 であった（Buelow et al., 2012）。コミュニティ・ベースのコホートにおける縦断研究により，てんかんの子どもを暫定診断後 3 年間追跡し，適応行動の度合いが調べられた（Berg et al., 2004）。ヴァインランド適応行動尺度が研究開始時と研究期間中，年に 1 回実施された。研究のベースラインでは，適応行動得点は平均よりわずかに低かった。しかし，時の経過とともに，4 つの領域得点すべてにわたって大幅な得点減少が見られた。てんかんに関連した症候群を患っていた場合，運動および社会性の得点はてんかん症候群のない子どもよりも低かった。さらに，難治性てんかんや服薬で制御できないてんかんを抱えている場合，適応行動の得点は

ベースラインの時点でかなり低かった。てんかんの発症年齢は適応行動の全体的なレベルとは関連していなかったが，ヴァインランド適応行動尺度の日常生活スキル領域では，より早期のてんかん発症を有する群において得点が低かった。

　バーグら（Berg et al., 2004）による研究でも，てんかんの種類に基づいて適応行動に違いがあることがわかった。発作が難治性ではなかった，あるいは発作が症候群に関連していなかった場合，適応行動は継時的に総合点や領域得点が減少することはなかった。しかし，難治性発作のある子ども，または病因がわかっている発作のある子どもでは，適応行動は継時的に著しく減少した。低下は 1 年あたり 3.6 〜 12 点，または 1 年あたりの標準偏差 1 までの低下であった。これらの得点減少はすべての領域で見られ，特に日常生活スキルおよびコミュニケーションスキルが最も低下するようであった。コミュニケーション領域が最も影響を受けていたのである。適応行動は，てんかんに対する薬物療法とも関連することがわかっており，より多くの薬が使用される（つまり深刻な症状があることを示唆する）と，適応得点は低くなる（Villarreal, Riccio, Cohen, & Park, 2014）。この結果は，てんかんの服薬管理が良好な結果をもたらすのに重要であることを示唆している（Bautista, 2017）。個人の適応能力が投薬量に影響されるなら，自己管理能力も同じように悪影響を受ける可能性がある。

　この一連の研究は，適応行動がてんかん患者の認知機能とは無関係である可能性があることを示唆している。研究結果を考察すると，てんかんのある子どもは適応行動の遅れについてスクリーニングされ，継時的に繰り返し評価されながら，その変化をモニターされるべきである。自己管理能力も含め実践的に教えられるべきであり，特に，服薬管理に関するスキルが重要となる。

聴覚障害

　聾や難聴の子どもの 3 分の 1 以上が，学習障害，ADHD，ASD，運動障害，発達障害や認知発達の遅れに視覚障害といった併存障害を抱えている（例：

Daneshi & Hassanzadeh, 2007; Van Naarden, Decoufle, & Caldwell, 1999）。他の多くの臨床症状と同様に，こういった併存症状が適応機能に多大な影響を及ぼす可能性がある。ダンラップとサンズによる初期の研究では，聴覚に支障がある子どもの適応行動についてクラスター分析を行い，最も低い得点は，最も重度の難聴ではなく，むしろ複数の障害のある子どもにおいてみられることが明らかになった（Dunlap & Sands, 1990）。

　Vineland-II の参加者には，臨床群として難聴者が含まれていた。聴覚障害のある参加者は，非臨床的な統制群より適応度が低く，特にコミュニケーションと日常生活を営むスキルが社会性のスキルを下回っていた。しかしながら，聴覚障害のある参加者の適応力は，視覚障害者よりも高かった（Sparrow, Cicchetti, & Balla, 2005）。

　技術の進歩に伴い，聴覚障害の子どもの多くが人工内耳の適用対象になっている。人工内耳を用いて発達が促進されるにしても，その結果は多くの場合，併存する障害を含めた全体的な障害水準に左右される。したがって，聴覚障害児の適応行動プロフィールを理解するには，やはり併存障害についても分析する必要がある。人工内耳を用いるようになった聴覚障害の子どもを調べた研究では，併存障害のある子どもは持続的に発達はするものの，併存症のない子どもよりも遅いペースで発達することが示されている（Daneshi & Hassanzadeh, 2007; Donaldson, Heavner, & Zwolan, 2004）。特に，適応行動プロフィールからは，併存障害のある耳が聞こえない子どもは，同年代の子と比較してすべての分野で低い適応得点を示す。しかしながら人工内耳を用いるようになれば，併存症の有無にかかわらず，たとえ表出言語能力が伸びない子であっても日常生活および社会性のスキルは向上していく（Beer, Harris, Kronenberger, Holt, & Pisoni, 2012）。

視覚障害

　先天性の視覚障害はまれであり，特に中枢神経系への障害が存在する場合，研究は様々な病因によって複雑になる（Greenaway, Pring, Schepers, Isaacs, & Dale, 2017）。先天性視覚障害の有病率は，1歳の誕生日を迎える前の乳児

では 10,000 人あたり約 4 人と推定されているが，16 歳までに 10,000 人あたり約 6 人にまで上昇する（Rahi, Cable, & British Childhood Visual Impairment Study Group, 2003）。

　先天性の視覚障害の年少児では，心の理論や他者視点に立つスキルが損なわれていることが研究から示唆されている（Pijnacker, Vervloed, & Steenbergen, 2012）。こういった障害は，周囲を観察できないという状態から派生し，共同注意，身ぶり，相互注視，表情といった基本的かつ非言語的な社会的スキルを習得する機会の欠如につながる（Green, Pring, & Swettenham, 2004）。そのため先天性の視覚障害の幼児は，言語障害や，さらには ASD を発症することにもなりかねない（Hobson & Bishop, 2003）。先天的に盲目の子どもが有する自閉症との類似性が，真に ASD の特徴であるかどうかにかかわらず，社会的脆弱性——特に非言語領域——に介入できる可能性は注目に値する。

　Vineland-II の標準化には，6 〜 18 歳の視覚障害のある人が臨床群として含まれていた。しかしながら，この臨床群には，完全なる盲目の人に加えて，部分的に視力が残されている人も含まれていた。最も低い得点領域は日常生活スキル（平均得点 82.6）であったが，最も低い下位領域の得点は社会性領域内の遊びと余暇に関するもので，Ｖ評価得点は 11.5，統制群の平均値 15 と比較すると，1 標準偏差以上低かった。家事と身辺自立の下位領域が 2 番目と 3 番目に低く，それぞれ平均 11.6 と 11.9 で，視覚障害がある人の身辺自立と家事に関する課題が浮き彫りになっている。コミュニケーション領域の得点は平均的な範囲内であり，他の実践的スキルと比較すれば，受容言語スキルおよび表出言語スキルは保たれていた（Sparrow et al, 2005）。

　視聴覚に障害のある人は，特に社会や日常生活で必要とされるスキルの獲得において，適応行動上の困難を抱える。その適応行動上の強みと弱みを慎重に評価することは，当事者の自立を促進するために，親，養育者，および教師が必要な支援やプログラムを開発する際に重要となる。

言語コミュニケーション障害

　子どもの発話失行は，言語に関連する運動に影響を与える障害である。発

話失行の子どもは，運動機能に次いで，音，音節，および単語を話すことに問題がある。その結果，脳は，唇，顎，舌など，言語音を効果的に生成するために必要な身体の部分を上手く動かせない（American Speech-Language-Hearing Association ［ASHA］, 2006）。1,000人あたり1〜2人の子どもが発話失行であると推定され（Shriberg, Aram, & Kwiatkowski, 1997），女子より男子に3〜4倍多く見られる（Hall, Jordan, & Robin, 1993）。発話失行によく共起するのは，タイミングや複雑な手先の動きが求められる課題における困難といった，より一般的な運動障害から（Bradford & Dodd, 1994, 1996; Dewey, Roy, Square-Storer, & Hayden, 1988; Newmeyer et al., 2007; Teverovsky, Bickel, & Feldman, 2009），発達性協調運動障害といった，より広範な運動発達の遅れが含まれる（Visser, 2003；Zwicker, Missiuna, Harris, & Boyd, 2012）。

　発話失行の子どもの，適応行動における発達の遅れについても報告されている（Tukel, Bjorelius, Henningsson, McAllister, & Eliasson, 2015; Winters, Collett, & Myers, 2005）。適応行動アセスメントシステム第2版（ABAS-II）を使用して適応行動を調べた研究では，発話失行症の子どもの89%が，ABAS-IIの少なくともひとつの領域でいくつかの困難を抱えていたが，ABAS-IIで特定された困難の程度は，運動障害の度合いとは相関していなかった（Tukel et al., 2015）。全体的な適応プロフィールは，平均範囲の下限であった。

　言語障害の子どもにとって，音韻意識，語彙力，および統語構造における困難さが，読みにおける課題と関連している（Beitchman, Wilson, Brownlie, Walters, & Lancee, 1996）。就学前に初期の言語の遅れを特定することは，その先の学業が上手くいくかどうかに関わってくる。しかし，親の報告による言語面の評価（評価尺度やチェックリストなど）は，子どもの言語水準を過剰評価することが多い（Hall & Segarra, 2007）。しかしながら，臨床家と，親または養育者との臨床面接であれば，子どもの言語水準を正確に確認できる可能性が高い。事実，ヴァインランド適応行動尺度の面接フォームを用いたコミュニケーション標準得点の結果が，臨床評価による所見と最も強く相関することを示した研究がある（Aram, Morris, & Hall, 1993）。さらに，適応的なコミュニケーションスキルは，将来の読み，書き，算数の能力を予測することがわかっている（Hall & Segarra, 2007）。

コミュニケーション障害と適応行動に関する文献の多くは自閉症に関する分野でみられる。自閉症の子どもは読書，特に読解に苦労する（Arciuli, Stevens, Trembath, & Simpson, 2013; Kjelgaard & Tager-Flusberg, 2001）。しばしば生じる，文を読む力（通常は視覚による単語の暗記から生じる）の強みと，弱い読解力との矛盾は過読症を招く恐れがある。言語障害の子どもの研究結果と同様に（Hall & Segarra, 2007），より適応的なコミュニケーションスキルを持つことは，当事者の読書能力と相関することがわかっている（Arciuli et al., 2013）。

まとめ

本章で概説したように，適応機能に影響を与える発達障害は数多くある。これらの障害の多くが互いに重なり合っていることを考えると，適応の強みと弱みを解明することは実際に当事者の予後を分析するのに役立つが，より重要なことは，支援方法を提示できることである。場合によっては，適応スキルを示す個々のプロフィールによって，学業成績などの将来を予測することもできる。本章では，障害によってプロフィールが異なることを踏まえ，神経発達障害における適応障害の共通性を提示するとともに，こうした実践的なスキルがいかに良好な予後を左右するかを示している。

✎ セルフチェック ✔

1. Vineland-II において，学習障害のある人の特徴が最も強く現れるのはどの領域か。
　a. 粗大運動の下位領域
　b. 読み書きの下位領域
　c. 微細運動の下位領域
　d. 日常生活スキル

2. アメリカ全体における ADHD の罹患率はどれか。
　a. 5 〜 17％の範囲で平均 11％
　b. 10 〜 20％の範囲で平均 11％

c. 5 〜 10％の範囲で平均 7％
d. 5 〜 17％の範囲で平均 9％

3. 適応行動障害を引き起こす可能性がある 3 つの ADHD 症状を挙げなさい。

4. バルボニら（Balboni et al., 2017）による，ADHD 患者で有意に低かった 4 つの適応行動とは何か。

5.【正誤問題】適応行動の尺度は，併存症状に非常に影響されやすく，これらの尺度は，適応行動に何が実際に影響を与えているか理解するのに役立つ。

6. OCD と診断された人の適応行動障害のうち，どの下位領域が最も脆弱であるか。

7.【正誤問題】CP の子どもの適応行動プロフィールは，障害の水準と認知機能によって異なる。

8.【正誤問題】てんかん患者では，投薬量と適応機能水準との間に正の相関がある。

9. 次のうち，聴覚障害者の適応行動プロフィールの特徴でないものはどれか。
   a. 適応行動プロフィールを理解するには，併存する条件も分析する必要がある
   b. 併存疾患の有無にかかわらず，聴覚障害の子どもは，人工内耳をつけた後の日常生活スキルおよび社会性スキルが向上した
   c. 人工内耳で併存疾患のない聴覚障害の子どもは，併存疾患のある子どもよりも早いペースで改善した
   d. 併存疾患の有無にかかわらず，聴覚障害の子どもは，人工内耳をつけた後の日常生活スキルおよびコミュニケーションスキルが向上した

10.【正誤問題】言語の遅れやコミュニケーション障害のある子どもの親は，質問紙では正確に子どもの状態について評価できるが，適応行動を確認する臨床面接では過剰報告の偏りを示す。

【解答】1. b，2. a，3. 想定される解答として，過度の会話，情報の整理と伝達の困難，仕事上の要求に基づくコミュニケーションの困難さ，対話の困難さ，仲間からの質問への応答や杜撰な仕事ぶり，4. 受容言語，表出言語，日常生活スキル，社会性，5. 誤，併存症状は，実際に何が適応行動に影響を及ぼしているか見分けることをより困難にする，6. 併存症のある人，特に ADHD，7. 正，8. 誤，服用量の増加と適応行動障害との間には負の相関がある，9. d，10. 誤，適応行動の尺度の面接は，質問紙よりも言語の遅れやコミュニケーション障害の状態を評価しやすい

ADAPTIVE BEHAVIOR PROFILES IN
ADULTS WITH NEURODEVELOPMENTAL
DISORDERS

神経発達障害の成人の
適応行動プロフィール

　現在，アメリカにはおよそ 1,300 万人の知的能力障害の成人がいる（Wood-man, Mailick, Anderson,& Esbensen, 2014）。近年の医療と科学技術の進歩により，知的能力障害者の多くが成人期に至るまで健康な生活を送れる可能性が高まっている。実際，居住支援・就労支援に対する需要は確実に高まっており，2015 年のアメリカでは 70 万人近くの知的能力障害のある人が家庭外の施設で生活している（American Association on Intellectual and Developmental Disabilities［AAIDD］, 2017）。その 82% は，おおむね 6 人以下で共同生活を行い，大部分はグループホームによる支援体制の整った環境で暮らしている。養護施設や何らかの国営機関で，おおむね 16 人以上の人と共同生活を行っている当事者は 7 万人近く存在する。2011 年の段階では，施設に入所している知的能力障害者は 50 万人程度であった（Larson, Salmi, Smith, Anderson, & Hewitt, 2013）。しかし，施設利用者が増加しているにもかかわらず，2013 年から 2015 年にかけて，多くの州でこのような公的機関に分配する資金が減額されている（AAIDD, 2017）。2015 年に居住支援に割り当てられた資金は，実施される支援の水準により，年間 2 万 7,593 〜 21 万 110 ドルと幅があった。

注意事項

· ·

2011 年から施設に入所する知的能力障害者が増加しているにもかかわらず，多くの州でそのような公的機関に分配する資金が減額されている。

本章では，適応行動が成人期の予後に果たす役割，すなわち良好な居住・就労の獲得だけでなく，感情面・健康面での満足についても述べる。障害の種類や認知機能の水準にかかわらず，成人は日々の生活を送っていく上で求められる実践的なスキルを必要とする。このため，当事者にとっての最適な予後について考えたとき，「優れた適応能力」が障害の種類・内容の違いを超えた重要事項となるのである。

知的能力障害の成人の適応行動プロフィール

　定義上，知的能力障害の成人には何らかの適応能力の弱さがあるとされている。4章で述べたとおり，認知面に顕著な障害のある人の認知機能の高低は，適応能力の度合いと対応する傾向にある。しかし一方で，軽度・中度・あるいは境界域の知的能力障害者に関しては，認知機能とそれほど対応しておらず，特に何らかの遺伝子疾患がある場合など，適応行動プロフィールは様々に異なる。この分野の研究の多くは学齢期の当事者を対象としているが，様々な障害の当事者を成人期まで追跡した縦断研究も増えている。同年齢群の調査対象の適応プロフィールに障害の種類による違いがみられるのと同様に，継時的な調査の結果も障害の種類によって違っている。

　重度の知的能力障害は，軽度から中度の知的障害に比べると発生率が高くないということもあり，重度の成人を対象とした研究は少ない（Belva & Matson, 2013）。このことは，「当事者の居住支援を行っている施設での研究実施や，研究の同意を取りつけること，支援者や保護者と連絡を取ることが規制されているため，重度知的障害者に関する調査が困難となっている」ということを意味しているわけではない。しかし，重度の障害のある当事者にとって，基本的な適応スキル（特に日常生活スキル）は多少なりとも身につけるべき必須のスキルである。ベルヴァとマストン（Belva & Maston, 2013）の研究は，重度の知的能力障害者の適応プロフィールを調査した数少ない研究のうちのひとつである。この研究によると，ヴァインランド適応行動尺度の日常生活スキルの領域において，重度の知的能力障害の成人の得点が最も高いのは家事（例：着脱，食事，入浴）の項目で，次いで身辺自立の項目の

点数が高く，最も点数が低いのは地域生活の項目であった。地域生活の項目の点数が最も低いことから，重度の知的能力障害者の入院生活や施設入居が地域生活能力を高める練習の場を本当に提供できているのか疑問視されるところである。なおこの研究は，知的能力障害の成人当事者のうち，若年層のほうが家事および身辺自立の能力に優れているということも示唆している（Belva & Matson, 2013）。

　軽度・中度・境界域の知的能力障害者に関しては，適応プロフィールの個人差がより大きいが，これは障害の原因や併存する症状の多様さによると考えられる。重度の知的能力障害の成人の大部分は，発達の途中で「障害があること」を周囲から認識される。しかし，障害の度合いが比較的軽度である成人に関しては，軽度であるがゆえに障害の早期発見がなされなかったり，発達期に支援がなされなかったり，支援の対象と認定してもらえなかったりする場合がしばしばある。このため，軽度知的能力障害の成人の多くが，障害者として認識されず，実際は支援を受ける必要があるにもかかわらず受給資格を得ていない（Emerson, 2011）。軽度知的能力障害の成人の多くが，認知機能や適応の問題があっても社会に貢献する能力をもっていると考えると，これはとても不幸なことである。このため，できるだけ早期に適応能力を高めることが重要となる。

　知的能力障害の成人の3分の1以上は精神疾患も併存していると推定されており，そのうち最も多いのはうつ病で，障害のない成人よりもその発症率は高いと考えられている（Bhaumik, Tyrer, McGrother, & Ganghadaran, 2008; van Schrojenstein Lantman-de Valk et al., 1997）。症候学的には，うつ病の知的能力障害者も定型発達者も似たような症状を呈するとされているが，知的能力障害の成人の場合，錯乱した行動や攻撃性，特定の領域の発達の後退などの形をとって現れる（Matson et al., 1999; McBrien, 2003）。また，特筆すべきこととして，知的能力障害の成人は自身のうつ病の感情面・認知面の症状（例：悲嘆，失感情症，不安，自責，希死念慮，絶望感）を，支援を行っている第三者（支援機関の職員など）が考えるよりも多く報告しているということがある。一方で，支援者はうつ病の身体面の症状（疲労感，吐き気，食欲不振，不眠など）に焦点を当てた支援をする傾向が強い（Mileviciute & Hartley,

2015）。このため，居住支援・就労支援に携わる職員や，ヘルスケアプロバイダー，介護士，家族は，うつ病について評価する際，通常は第三者が記入する評価尺度に加えて，当事者の自己報告にも細心の注意を払う必要がある。

確認！

....

知的能力障害の成人のうつ病の症状は，定型発達者のうつ病の症状に加えて（あるいはその症状とは別に），錯乱した行動や攻撃性，特定の能力面の後退などの形をとって現れる。

知的能力障害の成人の，注意すべきその他の危険因子として，肥満がある。肥満は一般的に世界規模で増加傾向にあり，成人の3分の1以上が肥満傾向にあると指摘されている（Ng et al., 2014）。しかし，知的能力障害の成人の肥満の程度について調査した研究は少ない。肥満の増加傾向について調査したある研究では，知的能力障害者の肥満因子として次のものを挙げている。女性であること・認知機能の障害の程度がより軽度であること・ダウン症があること・より高齢であること・抗精神病薬を服用していること・運動不足・独居や家族との同居など食事の制限が厳しくない環境にいること（Ranjan, Nasser, & Fisher, 2017）。肥満率は17〜43%と推測されている。もっとも，この調査研究には限界点もあり，いまだに答えが出ていない多くの問題が残っている。だが限界があるにせよ，知的能力障害の成人およびその健康管理能力に無関心であってはならない。適切な指導を受けることさえできれば，軽度の知的能力障害者の多くが自身の持つ危険因子を把握し，それをうまく抑えることができるのである。より新しい適応機能の尺度，例えばヴァインランド適応行動尺度第3版（Sparrow, Cicchetti, & Saulnier, 2016）には，従来の健康管理やセルフケアに関する項目に加えて，健康的な食事に関する知識や行動，および運動の習慣に関する項目が含まれている。これらの重要な適応能力のどこに弱みがあるのかを特定する上で，その項目が役立つことが期待されている。

◀◀ **要点ガイド7.1**

知的能力障害の成人の肥満因子は以下のとおりである。

・女性であること

・認知機能の障害の程度がより軽度であること

・ダウン症があること

・より高齢であること

・抗精神病薬を服用していること

・運動不足

・行動制限が厳しくない環境にいること

遺伝子疾患の成人の適応行動プロフィール

5章で概観したように，遺伝子疾患にはそれぞれ異なる適応行動プロフィールがみられる。しかし，これらのプロフィールは発達に伴って変化しうるものである。これから遺伝子疾患の種類ごとの成人期の適応行動プロフィールを概観していく。

ダウン症

成人期のダウン症は，うつ病を含む併存疾患によってかなり複雑な様相を呈する（Collacott, Cooper, & McGrother, 1992; Myers & Pueschel, 1995）。そしてダウン症の成人は，とりわけ40歳をすぎた頃にアルツハイマー型認知症を発症するリスクが高い（Holland, Hon, Huppert, & Stevens, 2000）。現在，認知症の早期の兆候を特定するために，認知面のプロフィール・神経心理学的プロフィール・適応行動プロフィールおよびその他の要因についての調査を行う研究が増えている。例えば，ワーキングメモリーの障害は，パーソナリティや行動上の変化を伴う認知症の早期の兆候として特定されている（Holland et al., 2000; Nelson, Orme, Osann, & Lott, 2001）。

ダウン症の適応行動プロフィールに関する研究には様々な種類のものがある。ダウン症の成人の中でも認知症を伴う群は適応行動の点数がより低めに

なること，加齢と同様に認知症も適応能力を低下させることを見出した研究もある（Burt, Loveland, & Lewis, 1992; Cosgrave, Tyrrell, McCarron, Gill, & Lawlor, 1999）。しかし，認知症の潜在的な兆候としての適応行動を調査した他の研究では，早期に認知機能の悪化がみられたダウン症の成人と，そのような悪化がなかった成人の間で，ヴァインランドの点数に差はない（実行機能については早期悪化群の点数が大幅に低かったにもかかわらず）ことが示されている（Adams & Oliver, 2010）。また，遺伝子コード化における多型性に即してダウン症の成人を分類した研究では，カテコール -O- メチルトランスフェラーゼ群のほうがドーパミン輸送体群よりも適応スキルが低く，早期に認知症を発症するリスクがより高いことを見出した（Del Hoyo et al., 2016）。ダウン症に関して，適応上の問題が認知症を予測する指標になるかどうかはいまだに判断ができないが，ダウン症の成人が適応行動の困難を有しやすいのは確かである。さらに，確定診断されたうつ病の症状も，うつ病と適応スキルの低下との関連性の点から懸念される。なぜなら，ダウン症者の適応スキルの低さがダウン症そのものよりも精神疾患や医学的併存症に関連しているのではないかという問題を提起するからである（Maatta, Tervo-Maatta, Taanila, Kaski, & Iivanainen, 2006）。この点から，ダウン症の成人のメンタルヘルスケアを改善させていくことの必要性が強調される。

注意事項

. . . .

ダウン症者にみられる重篤な適応能力の障害は，ダウン症の症状そのものよりも，うつ病や認知症などの併存症とより密接に関係していると考えられる。

脆弱 X 症候群

　脆弱 X 症候群の人の適応スキルは，青年期に向上しはじめて成人期に安定してくることが見出されている（Smith, Hong, Greenberg, & Mailick, 2016）。他者への思いやりの強さと他責性の弱さに伴って発達する類の適応スキルの高さは，家庭環境によって規定される側面が強い。近年の研究では，脆弱 X 症候群の成人の性差についても調査されている。男性当事者が自活する上で

重要なのは，何よりも個人的スキル・家庭生活能力・コミュニケーション能力だが，一方で女性当事者の自活の可否を規定する要素は年齢の高さと対人関係のスキルだと指摘されている（Hartley et al., 2011）。

　脆弱 X 症候群の成人は，状態像として自閉症スペクトラム障害（ASD; 後述する項目の内容を参照）の成人と類似しているが，前者の成人が自活するケースはとても少なく，全体のわずか 10% と指摘されている（Hartley et al., 2011）。この症候群に伴う行動面のハンディキャップおよび医療的なハンディキャップは，親や支援者だけではなく，当事者自身にも非常に強い負担を感じさせるものである。脆弱 X 症候群の生涯にかかる費用は，男性の場合は 100 万ドル近く，女性の場合は 50 万ドル近くとなる（Chevreul et al., 2016）。加えて，もし重大な行動上の問題が生じた場合，親のストレスや不安，抑うつ状態はいっそう悪化する可能性がある（Bailey et al., 2012; Chevreul et al., 2016）。脆弱 X 症候群の子どもがより機能的で自立した大人になるには，「適応スキルの育成」が非常に重要となる。

確認！

様々な遺伝子疾患の成人の適応の弱さは，自立した大人になるための能力を阻害することが多くある。このため，生涯を通して適応スキルをみていくことが重要である。

ウィリアムズ症候群

　4章で述べたとおり，ウィリアムズ症候群の認知機能は，児童期から成人期にかけて比較的変化が乏しい。一方で，適応行動の変遷は多様であることが研究の結果から示唆されている。最新の研究では，適応的なコミュニケーションスキルと日常生活スキルの点数が低下していき，また社会性スキルも低下傾向を示すことが見出されている（Fisher, Lense, & Dykens, 2016）。しかし，そのような標準得点の低下は，これまでに身につけてきたスキルの低下や喪失ではなく，新たに習得した適応スキルのプラトー（停滞）であると仮定された。ウィリアムズ症候群の成人の適応行動プロフィールは，厳密な定

義がなされたものとは言い難いかもしれないが，認知機能および適応行動上の遅れとして観察される事柄は，今後も引き続き調査や論考の対象としていくべきであろう。

自閉症スペクトラム障害の成人の適応行動プロフィール

　他の多くの障害の成人の適応行動に関する研究が比較的少ないのとは対照的に，自閉症スペクトラム障害（ASD）の成人の適応行動についてはかなり多くの研究がなされている。ASDの適応能力に関する研究の主流は子どもを対象としたものであるが，ASDの成人を対象とした研究からは，適応の弱さは成人になっても続き，しばしば自立のための機能を大幅に阻害することが示されている。不幸なことに，ASDの成人（特に，知的能力障害には該当しない場合）を対象としたサービスについては，健康面・就労面・居住面・地域生活面のニーズに適切に対応できていない場合が多い（Shattuck, Wagner, Narendorf, Sterzing, & Hensley, 2011）。ASD成人の医療費支出は，ASD児よりもかなり高額であり（例：緊急訪問のための費用など），そしてASD成人はかかりつけ医（成人期のASDの身体的・精神的な健康の問題に対応する）と効果的なコミュニケーションを取れていないと感じている（Buescher, Cidav, Knapp, & Mandell, 2014; Mandell, 2013）。近年では，ASD者の生涯においてかかる経済的な負担は200万〜300万ドルほどに至ると見積もられており，より顕著な認知機能障害のある人よりも負担が大きいのである（Buescher et al., 2014; Ganz, 2007; Howlin, Moss, Savage, & Rutter, 2013）。

確認！

適応行動は，ASD成人の最適の予後を予測する上で，認知機能や言語機能だけで判断するよりも優れている場合が多い。

　成人期における良好な予後の最大の障壁となるもののひとつは，実用的スキルおよび自立スキルが限られていることである。学齢期のASD者と同様

に，成人期の ASD 者も生活年齢や IQ と比較して著しい適応スキルの弱さを呈する（Kraper, Kenworthy, Popal, Martin, & Wallace, 2017; Matson, Rivet, Fodstad, Dempsey, & Boisjoli, 2009; Matthews et al., 2015）。ASD 成人は，認知機能は平均的であっても，適応スキルのすべての領域で困難を抱え，適応的な社会性スキルの点数が最も低くなることも指摘されている（Kraper et al., 2017; Matthews et al., 2015）。適応スキルの下位項目——例えば，ヴァインランド適応行動尺度の項目——の点数を調べた研究では，書きの能力が最も高く，対人関係面での能力が最も低いことが見出されている（Matthews et al., 2015）。読み書き能力の点数の高さはおそらく ASD 者が子どものころから数・文字・読み書きへの親和性が高いからだと考えられる。IQ の高低にかかわらず，筆記や視覚記憶の能力は比較的高めとなる傾向がある。

　認知と適応行動の著しい乖離は，成人期の ASD 者にもみられる特徴である（Kraper et al., 2017）。この乖離は不安障害やうつ病などの精神疾患の併存をもたらす可能性があり，最も重大な懸念となる。年長の ASD 者のほうが年少の ASD 者よりも認知能力と適応行動能力の乖離が大きい傾向にあるが，これは必ずしもこれまで身につけてきた適応スキルの低下や喪失を示すものではなく，適応スキルの習得が年齢の上昇に追いついていないためだと考えられる。通常，ASD 者も年月の経過に伴って適応能力を新たに習得していくのだが，そのペースが認知面の発達よりは遅いだけである。

　しかし，成人期の適応スキルは大きく変動しないということを示唆した研究もある（例：Kraper et al., 2017）。改善を促す要因についての示唆を与えてくれるのは縦断研究である。例えば，152 人の子どもの 5 歳から 15 歳にかけての 10 年間を調査し，社会的能力やコミュニケーションスキルが向上していくこと，ただし主に認知障害のない子どもにみられる傾向であることを示した研究もある（Baghdadli et al., 2012）。認知能力や言語能力の低い子ども，発作性疾患のある子ども，自閉症の特性が強い子どもは向上がみられなかった。類似した研究としてファーリーら（Farley & colleagues, 2009）による縦断研究があり，こちらは 7 〜 32 歳の ASD 者 41 名を対象としている。この研究により，IQ と社会的能力との関連も見出されたものの，社会的能力と最も強い相関があったのは，ヴァインランドの総得点（特に，日常生活スキ

ル）であった。実際，高い知的能力を持っていながらも日常生活スキルが低めの対象者は，実践的なスキルが限られており，良好な予後は得られなかった。これは，自立した成人になることを目指して発達段階の早期から行われる支援の計画において，適応スキルを育成することの重要性を明示した最初の研究のひとつである。

　成人の ASD 者にとって自立して働くこと，生活すること，他者と関係を結ぶことが困難であることも研究によって示されている（Billstedt, Gillberg, Gillberg, & Gillberg, 2005; Eaves & Ho, 2008; Howlin, Goode, Hutton, & Rutter, 2004）。1985 年の時点ですでに，ラムゼイ，ラパポート，シーリー（Rumsey, Rapoport, Sceery）は，認知障害のない，適応的な社会性スキルの得点が比較的低めの自閉症の成人 14 名が，安定した就労や自立した生活の困難を抱えていることを報告した（Rumsey et al., 1985）。ハウリンら（Howlin & colleagues, 2004, 2013）の研究に，平均的な非言語的知能の自閉症者を対象とし，子どもから成人になるまでの 20 年以上にわたって調査を続けたという画期的なものがある。調査では，就労上の成功・自立した生活・健全な社会的関係の構築がどの程度達成できたかを成功の指標とした。最初の研究では，平均的な知能の ASD 成人のわずか 24% しか「良い／とても良い」の水準に該当する予後を得られなかった（Howlin et al., 2004）。調査開始から 20 年後には，全体の 18% しかその水準に該当する予後を得られず，年齢の上昇に伴って自立した生活が難しくなっていくことが示唆された（Howlin et al., 2013）。

　ASD 成人の機能的自立の妨げになりうるものは，適応行動の問題，認知面の問題，自閉症の特性の強さなどに限らず，しばしば多くの併存症（不安障害，うつ病，ADHD，場合によっては精神病の症状など）もそのような障壁となりうる（Hofvander et al., 2009; Saulnier& Klin, 2007）。ある研究では，ASD 成人，ASD のない知的能力障害の成人，DSM の第Ⅰ軸に該当する精神疾患を併発した ASD 成人のそれぞれの適応面・行動面の困難度が比較されている（Matson et al., 2009）。その研究では，最も深刻な困難を抱えているのは精神疾患を併発している ASD 成人で，次いで深刻なのは知的能力障害のある ASD 成人であることが示された。併存症のない知的能力障害の成人が最も高い適応スキルを有していた。ファーリーら（Farley et al., 2009）も，高

い IQ と実践的なスキルがありながら重篤な不安を抱えているために，いまだに自立が困難となっている一群について特筆しており，この不安の問題も望ましい成果の妨げとなる要因のひとつとして挙げている。その結果，職業リハビリテーションの支援を受けている ASD 成人は，障害の重さを理由に支援を打ち切られる可能性が高くなる（Lawer, Brusilovskiy, Salzer, & Mandell, 2009）。運よく支援を受けること自体は認められても，必要な支援のためには法外な費用がかかる場合も多い（Cimera & Cowan, 2009; Lawer et al., 2009）。

注意事項

....

併存症（特に不安障害，うつ病，場合によっては精神病に該当するもの）は，成人期の ASD の人および機能的自立のための能力に深刻な悪影響を及ぼす可能性がある。たとえ認知障害がなく，実践的なスキルに優れていたとしてもである。

　ここまでの内容をまとめると，高い IQ によって成人期の ASD 者の生活上の困難が軽減するとは限らないことがわかる。実用的・機能的な能力を育むことを明確に意図している教育が行われなければ，たとえ優れた知的能力があっても，十分に自立した成人になることはできないのである。さらに，知的能力にかかわらず適応機能が低い ASD 成人は，様々な併存症を有する危険性が高い（不安障害，うつ病，ADHD，さらには精神病など）。にもかかわらず，多くの教育プログラムは，成人期に備えた必要十分な支援を提供できていないのである（例：Landmark & Zhang, 2013）。ましてや，成人期以降の支援サービスはほとんどない。このため，機能的能力の低さが成人のASD の予後に与える影響について認識を高める必要がある。そうでなければ，あらゆるコミュニティに寄与しうる ASD 成人の優れた潜在能力を引き出すことはできない。

言語障害の成人

　出生後早期にみられる発語や言語面の遅れの多くは，児童期に自然と改善していくものである。しかし，成人期まで残存する言語面の障害もある。そ

のような障害が心理面・社会面にもたらす影響について，限局性の言語障害（SLI）・語用論の言語障害（PLI）・自閉症スペクトラム障害（ASD）の成人を対象とした研究がある（Whitehouse, Watt, Line, & Bishop, 2009）。最も適応的な社会生活を送れていたのは PLI の被験者で，彼らは高い水準の教育を受けて専門的な技能を発揮する仕事につく傾向がみられた。SLI の成人には，就労トレーニングと複雑な言語的やりとりを要しない就職先が必要であった。しかし，PLI 群も SLI 群も，ASD 成人よりは適応的な生活を送れる傾向が強かった。昨今では，コミュニケーションの様々な手段や機器などがあり，ほとんど，あるいはまったく話さない成人も，自己表現のための代替手段を与えてもらうのが望ましい。

受刑者の知的能力障害のアセスメント

　刑務所で服役中の人の知的能力障害の有無を判定することが必要な場合もふまえ，本章では受刑者についても言及する。連邦最高裁判所が 2002 年の**アトキンス対バージニア判決**において，知的能力障害者の処刑は違法であると判示して以降，受刑者の知的能力障害に関する問題はとりわけ論争の的となっている。このため，受刑者の IQ と適応機能を適切に評価することは極めて重要である。

　本人への検査を通して直接調べることができる IQ とは違って，受刑者の適応行動能力のアセスメントは，その受刑者の現時点での適応能力について正確に説明できる第三者がいなければ極めて困難なものとなりうる（Mc-Brien, 2003）。服役期間の長さによっては，受刑者の近しい家族や友人でも，その受刑者が現時点でどの程度の行動面の能力を有しているのかがわからない場合もある。ただし，これはそのような情報源になりうる人物が存在している場合の話であって，そもそも家族や友人ではなく刑務官がアセスメントのための回答者にならなければいけないケースも多いのである。しかし，適応機能を測定する尺度の大部分は，刑務所内でみられるような人間の行動ではなく，あくまで地域社会の中での人間の行動（例：買い物，車の運転，交通機関の利用，医療機関の利用など）を基準として作られている。このため，

規律が厳しくかなり構造化された環境である刑務所内での人間の適応機能に基づいて，その人の地域社会での適応機能まで推測することが果たして可能なのか，ということが論争の的となるのである（Macvaugh & Cunningham, 2009; Stevens & Price, 2006;Widaman & Siperstein, 2009）。もし受刑者が，刑務所内のような構造化の度合いが高い環境で何らかの適応行動を行えても，より流動的かつ複雑な実社会の環境下で同じ行動を取れるとはかぎらない。

注意事項

受刑者の適応行動を調べるのが難しい主な理由として，適切に回答できる第三者をみつけられない場合が多いから，というものがある。

　受刑者の能力について問われた者が，何らかの隠された動機により，その能力の程度について過剰報告あるいは過少報告する場合もある。例えば，「この受刑者には裁判に耐え得る責任能力がない」と主張したい証言者は，実際の適応スキルよりも低めに報告すればよいと考えるかもしれない。逆に，「この受刑者は刑務所から出ても自立した生活を送ることができる」と主張したい証言者は，実際の適応スキルよりも高めに報告しようとするかもしれない。

　この現象は，受刑者の家族や友人だけにみられるものではない。刑務官が偏った見方をしてしまうこともあり，それについても議論の対象になっている。刑務官は受刑者が現時点での機能的能力について知っているにもかかわらず，ある種の予断（すなわち，受刑者のこれまでの経歴に基づいた偏見）に基づいた判断をしてしまうこともあれば，地域社会での受刑者の様子を一切見たことがないというケースもあるだろう（Olley & Cox, 2008）。適応行動アセスメントシステム第 2 版（ABAS-2）に対する，刑務官の回答内容とその他の第三者の回答内容を比較した研究がある（Boccaccini et al., 2016）。この研究では，刑務官が受刑者の適応行動能力をかなり低く見積もっており，他の回答者群との間で大きな落差が見られた。興味深いことに，刑務官の誰もが，受刑者に関する詳しい情報（例えば，地域社会での生活スキル）を知らないにもかかわらず，受刑者によって適応能力に違いがあると推測して回

答してはいなかった。このため，法曹の専門家は，適応行動に関する刑務官の報告内容の信頼性について懸念することになる。

適応行動尺度では，自己報告でも信頼性がある程度担保されるので，第三者による回答が不要となる可能性を示唆する実証研究がある（Sparrow, Cicchetti, & Balla, 2005; Voelker et al., 1990）。しかし，自己報告式で受刑者の適応行動について調べた研究（Herrington, 2009）では，10% 以上の被験者の全検査 IQ が 69 以下だったにもかかわらず，適応行動尺度の合計点が 69 点を下回っている者は一人もいなかった。この研究の被験者の適応行動尺度の総合点の平均は，標準化された平均である 100 よりも 10 点ほど低かった。しかし，全体として認知機能から予測されるよりも高い水準で適応行動スキルが発揮されていた。下位尺度を概観すると，受刑者が最も弱いのは日常生活スキルであることがわかる。平均は 86.3 であり，これに対して「コミュニケーション」の平均は 93.2，「社会生活」の平均は 97.7 であった。そして，IQ が低めの被験者も適応行動プロフィールに関してはおおむね同程度の点数になるという結果が示された。以上のことから，受刑者の自己報告による適応行動能力の度合いは，実際よりも高めになる可能性がうかがえる。

詐病や意図的な「症状」の誇張も，自己報告式の調査に伴いがちな問題である。司法事件の研究では，受刑者は誰かから（例：家族，友人，弁護士など）教唆されれば，実際はそうでないにもかかわらず自分に ID のような障害があるかのようにふるまう場合があることが指摘されている（Feldstein, Durham, Keller, Kelebe, & Davis, 2000）。適応行動尺度の中には，そのような虚偽の申告を見出す上で役立つものもある。ある研究では，2 つの適応行動尺度の「詐病を識別する効果」の比較がなされている。ひとつは適応行動アセスメントシステム第 2 版（ABAS-II）であり，もうひとつは自立行動尺度改

訂版（SIB-R）である（Doane & Salekin, 2009）。検証の結果，SIB-R には詐病を検出する効果がある一方，ABAS-Ⅱには，それらしく装っている詐病を詐病として区別する力があまりないことが示された。このため，ABAS-Ⅱを活用するだけでは，知的能力障害が本当に存在しているかどうかを厳密に評価することは難しいと考えられる。

注意事項

受刑者の知的能力障害について評価する際，自己報告式の適応機能尺度を用いるのであれば，自分にとって都合のよい結果を出そうとして，詐病・症状の誇張あるいは矮小化を行う可能性があることに注意しなければならない。

　こうした受刑者の適応行動能力の評価の難しさをふまえた上で，受刑者の知的能力障害の有病率について，いまだに議論がなされているところである（Hellenbach, Karatzias, & Brown, 2017; Olley & Cox, 2008）。4 カ国で行われた，合計およそ 1 万 2,000 人の受刑者を対象とした調査では，受刑者の知的能力障害率は 0.5 ～ 1.5% であると推定されている（Fazel, Xenitidis, & Powell, 2008）。しかし，中度・重度の知的能力障害に該当する受刑者は少なく，大部分は軽度あるいは境界域の知的能力障害者であり，ID の診断はより困難なものとなっている（Brooke, Taylor, Gunn, & Maden, 1996; Gunn, Maden, & Swinton, 1991）。

　まとめると，受刑者の認知および適応行動を正確に評価するにはかなりの困難があり，知的能力障害の受刑者の予後には多くの懸念がある。何 10 万人もの受刑者が，出所および再犯の防止につながる適切な介入やリハビリテーションを受けられない可能性もある。

適応行動と居住や就労との関係

　知的能力障害の診断において，適応面の障害が認知面の障害とセットになっていると見なされてきた歴史的経緯をふまえると，充実した居住確保のためには適応的な生活スキルを高めていくことが不可欠だといえる。自立的な

生活スキルが弱いと，居住面や就労面でのサポート，またコミュニティケア
などの様々な領域にまたがる徹底した支援が必要になる場合が多い。さら
に，適応スキルが低い知的能力障害の成人は，部分的あるいは完全に自立し
た生活を送るのではなく，親族と同居したり，療養施設で暮らしたりする傾
向が強い（Heller, Miller, & Hsieh, 2002;Woodman et al., 2014）。対照的に，適応
スキルが高い成人は，たとえ中度の知的能力障害があっても，家庭でも職場
でも自立した行動を取れるようになる傾向が強い（Woolf, Woolf, & Oakland,
2010）。このため，知的能力障害者にとって適応行動は充実した居住環境や
安定した職業を確保できるかどうかの優れた指標になりうるのである（Su,
Lin, Wu, & Chen, 2008; Woodman et al., 2014; Woolf et al., 2010）。特に就労面に
おいては，良好な予後を予測する指標として，認知機能単独で判断するより
も正確である（Soenen, Van Berckelaer-Onnes, & Scholte, 2009）。

　適応行動の他にも，充実した居住環境を確保する上で役立つ要素は複数あ
る。家族からの支援や関与，収入が充実していること，感情面の安定，強固
な対人関係などである（Woodman et al., 2014）。例えば，家族間の不和が目
立ち，家庭の収入が少なく，他者と充実した対人関係を持つことができない
といった困難を抱えている知的能力障害の成人は，ひとつの場所に住み続け
られずに繰り返し転居する傾向にあり，結果として安定した生活を送ること
が難しくなりがちである。障害のある成人が居住環境を選ぶ機会を与えられ
て，なおかつその環境が物理的に良いものであれば，その成人の適応能力は
より高まりやすくなることを示した縦断研究もある（Heller et al., 2002）。

確認！

・・

充実した居住環境を確保することに寄与する要素としては，家族からの支援や関与，
高めの収入があること，感情面の安定，強固な対人関係などがある。

　精神疾患の併発も，神経発達障害の成人の充実した生活を妨げる主な要因
のひとつである。知的能力障害者の精神疾患の併発に関する研究は，そのよ
うな併存症の種類の多さ（例：不安障害，うつ病，ADHD，精神病，破壊的
行動障害，薬物乱用，てんかん等）も手伝って，非常に多岐にわたっている。

しかし，精神疾患が適応機能にマイナスの影響を及ぼすことは明らかだといえる（Matson et al., 2009; Smith & Matson, 2010）。このような疾患が適応行動に対して具体的にどのような影響を与えるのか，またどのタイミングでそのような作用が生じてしまうのかを特定することは，成人の予後を最適のものにする上で極めて重要である。

障害のある学齢児に関して，個別障害者教育法（IDEA, 2004）では，通常教育課程を受けることが難しい子どもがいるが，通常教育課程では教科教育に加えて社会的・適応的スキルの習得も含まれているので，それをふまえて障害のある子どものニーズを考えるべきであると述べている。この観点からすると，個別支援の対象者が受けることができる介入プログラム（例：明確に達成目標が設定されている個別指導プログラム）に，適応機能の習得も含むべきだといえる。しかし不幸にも実現できていない場合も多い。現状としては多くの学校において，生徒が校内での教育課程から「現実の世界」へと移行する段階になって初めて適応能力の育成が考慮され始めるのである。「現実の世界」とは，例えば卒業後に進む高等教育機関や職場，地域社会などである。個別障害者教育法では，そのような移行計画は生徒が 16 歳になる前に開始する必要があると明記されているが，そもそも 16 歳というのは社会で活用する実践的なスキルを教え始めるには遅すぎる段階である。そのような機能的スキルを育成する機会は，**障害の診断がされた段階**で提供されるべきである。

確認！

適応スキルは，障害の診断がされた段階から明示的に教わるべきものであり，介入プログラムの指導内容に含めておく必要がある。

教育課程の中で適応行動の習得と洗練に重きをおくにしても，学業を軽視してよいというわけではない。しかし，公立学校の経済状況からすると，生活スキルの習得に焦点を当てたカリキュラムは削減され，卒業のための必修カリキュラムのほうが優遇されがちである。このため，家族や学校の関係者は，卒業に必要な科目のかわりに特別に配慮された授業や教科教育以外を

選択することの是非を検討しなくてはならない（Bateman, 1995）。そのような状況であるからこそ，実践的なスキルの指導は早い段階から行うべきであり，入学から卒業までの全期間で継続的に実施されるのが望ましい。個別障害者教育法では，個人の強みや興味関心が適応能力・就労能力を高めていく上で役立つということが示唆されている。しかし，ASD に関しては自身の興味関心を何かに対して過剰に向けすぎると，その排他的・固執的な行動によって社会的スキルや日常生活スキルが身につかなくなってしまう場合がある。このため，ASD 者の強い興味関心を潜在的な就労能力として活かしていくためには，ASD 者が必要に応じて固執の対象からスムーズに注意を切り替えられるように，また強迫的な興味による悪影響が得意分野を磨くことの利点を上回らないように，支援計画を立てることが重要である。

注意事項

個別障害者教育法では，就労能力を高めていく上で，個人の興味関心や強みの部分を活かしていくことが重要であると示唆されている。しかし，ASD の成人の排他的・固執的な興味関心は度を越したものになりがちで，職務上の能力の発揮や安定した就労が妨げられてしまうこともある。

まとめ

　以上のことから，適応能力の弱さは認知障害にかかわらず，大部分の障害において，成人期まで持続するといえる。加えて，適応能力の弱さは居住面・就労面で予後の不良に結びつく場合が多く，さらに社会面・感情面・行動面でみられる困難によってますます悪化する可能性がある。その問題に対する支援サービスが乏しいのと同様に，そのような能力を欠く当事者が就ける仕事や確保できる居住環境も限られている。しかも，障害のある成人のニーズを十分に理解している医療従事者へのアクセスは大きなばらつきがある。これらの厳然たる統計結果から，保護者・支援者・家族・そして成人当事者自身が生涯にわたって無数の困難と立ち向かわなければならないことは

明らかである。ここから得られるメッセージがあるとすれば，個人に何らかの脆弱な部分があるとわかったら速やかに機能的・実用的なスキルの習得を生活のあらゆる側面に組み込むべきだということである。

✎ セルフチェック ✔

1. 知的能力障害の成人に併存しうる精神障害として最も多いものは何か。
   a. 不安障害
   b. うつ病
   c. 双極性障害
   d. 統合失調症

2. 【正誤問題】知的能力障害者の感情面・認知面に表れる抑うつ症状については，第三者のほうが当事者自身よりも強めに認識する傾向にある。

3. 【正誤問題】知的能力障害の成人は，典型的なうつ病の症状に加えて，攻撃性・能力面の後退・錯乱した行動などの抑うつ症状を呈する場合がある。

4. 知的能力障害の成人の肥満の危険因子を３つ挙げなさい。

5. 【正誤問題】脆弱Ｘ症候群の当事者の予後に家庭環境は影響しない。

6. ASD の成人の予後を予測する最良の指標は何か。
   a. 言語能力
   b. 認知機能
   c. 運動能力
   d. 適応行動

7. ヴァインランド適応行動尺度の下位項目のうち，ASD の成人の点数が最も高い項目／低い項目の組み合わせとして正しいものはどれか。
   a. 対人関係／微細運動
   b. 対人関係／読み書き能力
   c. 読み書き能力／対人関係
   d. 読み書き能力／受容言語

8. 受刑者の適応行動を調べる上で主な障壁となるものは何か。

　a. 調査に応じてくれる適切な第三者を見つけだすことの困難

　b. 刑務官の偏見

　c. 回答者の隠された動機

　d. a～cのすべて

9. 充実した居住環境を確保するために重要な要素を3つ挙げなさい。

10. 個人に対する支援計画に，適応スキルのトレーニングを組み込むべきタイミングはいつか。

　a. 障害の診断がなされたとき

　b. 対象者が16歳になったとき

　c. 対象者が自宅に戻ったとき

　d. 最初に就職斡旋を受けたとき

【解答】 **1.** b，**2.** 誤，知的能力障害者は第三者よりも，自身の感情面・認知面に表れる抑うつ症状を強めにあるものと認識する傾向にある，**3.** 正，**4.** 正答例は次のとおり：女性であること，認知機能の障害の程度がより軽度であること，ダウン症があること，より高齢であること，抗精神病薬を服用していること，運動不足，行動の制限が厳しくない環境にいること，**5.** 誤，他者への思いやりの強さと他責性の弱さに伴って成長する類の適応スキルの高さは，家庭環境によって規定される側面が強い，**6.** d，**7.** c，**8.** d，**9.** 正答例は次のとおり：家族からの支援や関与，高めの収入があること，感情面の安定，強固な対人関係，**10.** a

THE ROLE OF ADAPTIVE BEHAVIOR IN TREATMENT AND INTERVENTION

支援における適応行動の役割

　ここまでの章で，実践的な"実生活"スキルが弱いと，生涯を通じて日常生活を自立して送ることが難しいことを示す豊富なエビデンスを紹介してきた。したがって，生活で必要とされる年齢相応な自立スキルを身につけることが支援における重要な検討事項となる。元来これらのスキルは改善可能であるので，家庭，学校および早期介入プログラムにおいて診断もしくは症状出現の初期のできるだけ早い段階で，適応行動スキルに重点的に取り組むことは理にかなっている。

確認！

....

適応行動は改善可能であるので，支援プログラムにおける有効なターゲットである。

　教育システムにおいて，適応行動における目標は基本的に重度障害児の個別の教育支援計画（Individualized Education Program: IEP），もしくは3歳以前であれば個別の家族支援計画（Individualized Family Service Plan: IFSP）に含まれている。しかし，特に子どもの学業もしくは発達水準が定型発達水準と同等である際には，適応機能に著しい遅れや障害がある場合にも，多くのケースで適応行動は全くもしくは十分に取り上げられていない。これは，認知機能障害はなくとも適応に遅れがある子どもが，定型発達の子どものクラスで学業面では問題なく過ごしているために本来受けるべき支援を受けられていなかったり，また特定の障害に特化した支援しか受けられていないことによる。本書を通して強調されているが，神経発達障害のある人の中には，仕事，

居住，コミュニティへの参加，セルフケア，社会的能力などの領域で，成人しても自立できないケースが多い。生涯のすべての時期において，適応行動をターゲットとした支援をすることが喫緊に望まれている。

支援計画を立てる上で考えるべき要素

　適応行動に対する支援計画を検討する際に，子どもの年齢，障害，性別，学年，文化的な期待度，そして社会規範を考えることが重要である。対処する問題行動の優先順位は子どもに関わるすべての人がともに考え，合意し，従わなければならない。適応行動が自然と必要とされる場面において，関係者が一貫した対応を取ることが支援の成功につながる。例えば，微細運動障害は書字，ハサミで切ることなどの微細運動能力を要する行動を障害するだけでなく，着替え，身仕度や食事のような，日常生活スキルにも悪影響を及ぼす。しかし，微細運動障害に対する作業療法は月に1，2度程度と，著しい障害があっても最小限の介入しか行われない。これでは日常的に必要とされる適応行動に対しては十分ではない。したがって，これらの日常的適応行動は，その子どもに関わるすべての教師，専門家，養育者から継続的に指導されるべきである。

確認！

適応行動の支援は，自然な生活の流れや日課に組み込まれ，一貫した対応となるよう子どもに関わるすべての関係者が取り組むべきである。

　支援計画を検討する際には，ある不適応行動に環境要因がどの程度関わっているのか考えることも重要である。多くの場合，それぞれの障害から派生する機能障害は，当然のことながら，家族や養育者が優先的に対応する。例えば，障害のある子どもの親は，着替え，食事，入浴，片付けを，定型発達児の親に比べてより多く手伝う。このようなケースにおいては，子ども本人に対する支援の前に，ペアレントトレーニングから開始するべきである。でないと，せっかくの支援も家庭に帰れば無益になってしまう。介入した適応

行動が練習され強化されるように，その適応スキルが必要とされる環境も十分に考慮されるべきである。これは学校外で必要とされる日常的スキル，例えば入浴や家事，買い物や金銭管理などにおいて，特に重要である。適応行動を講義形式で教えても，実際場面での応用は困難であるので，特別支援教育の場面では，台所や洗濯室，お風呂，そしてお店やレストランまで，実生活を学び練習できる体験的設備が増えている。

注意事項

適応行動への支援は，決して障害のある個人に対してのみ行われるわけではない。常に環境要因を考慮し，評価し，検討されなければならない。

　文化的，社会経済的要因を考慮することも支援計画を検討する際には必要不可欠である。まずは適応の遅れが明らかになった評価に対して，これら環境要因が適切に評価されたかを確認することから始まる。例えば，ラテン系の子どもが英語の標準化された知能検査や適応行動の評価で知的障害があると診断されたなら，その結果は注意深く解釈されなければならない。検査結果が妥当であると見なされたなら，次には家庭やコミュニティの環境を検討する。例えば，教師や臨床家，もしくは評価者が特定の支援方法が適切であると考えても，その行動は文化的に適切でなかったり，その支援方法が利用不可能であるかもしれない。ゆえに，支援方法の策定にあたっては，必ず家族が関わらなければならない。

確認！

家族や保護者は支援プログラム策定に関わらないといけない。

支援で目標とする適応行動の同定

　支援の目標を決定するにあたりまず大切なのは，適応行動の評価を行い，遅れや障害を適切に同定することである。支援案は，全般的な標準得点に示

される適応領域全体，下位項目に示されるより具体的な適応領域，そして各領域の個別項目から検討される。これらの項目は，子どもが獲得しているべきでありながら，まだ獲得できていないスキルに基づき，早期介入，教育的プログラム，職業的プログラム，居宅プログラム，もしくはコミュニティプログラムのための助言に直結する明確な行動につながっている。

　現在の標準化された検査のほとんどには，コンピュータ化された採点プログラムがあり，支援のターゲットとなる領域を示す支援レポートが自動的に作成される。例えば，ヴァインランド適応行動尺度第3版（Vineland-3）には得点が低い領域に基づき，前読字スキル（pre-reading skill），トイレの自立スキルなど介入を要する行動群を特定する介入ガイダンスがある。適応行動アセスメントシステム第3版（ABAS-3）にも似たような支援プランナーがあり，項目評価に基づき助言が作成される。また，このようなプログラムを用いなくても，評価者は各子どもが必要とする支援を特定するプロフィール結果を作成，分析することができる。支援目標や目的を提案するにあたり個別の助言を作成できる市販のプログラムもあり，レポート作成や個別の教育支援計画（IEP）作成に直接的に用いることができる。例えば，適応行動介入マニュアル4–12歳（McCarney, McCain, & Bauer, 2006a）と13–18歳（McCarney, McCain, & Bauer, 2006b）は，教育者らが同定した最も一般的な適応行動の障害への支援方法の提案用に特化して開発された。これらのマニュアルは，55の適応行動の障害への支援目標，目的，そして支援に焦点を当てている。これらの支援方法は，個別の教育支援プログラム（IEP）作成に役立つ。これらは適応行動評価尺度とともに開発されたが，支援方略は標準化された検査とは独立して用いることができる。

　一度，子どもの強みや弱みのプロフィールがはっきりしたら，支援的介入を組み立てる優先順位も決まってくる。大まかに，子どもが平均よりも1標準偏差以上低い得点のある領域について，家庭，学校，職場，コミュニティなどの環境において，どの項目が最も障害を引き起こしているか検討すべきである。親，養育者，教師，セラピスト，職業トレーナー等は協働しながら着手すべき適応行動の優先順位を考える。そして一度に多くの点に着手せず，ターゲットを絞って介入するべきである。著しい問題を抱える子どもにとっ

て，コンピュータで自動的に作成される問題行動のリストはプレッシャーとなり，一度に多くの行動に取り組んでも良い結果にはつながりにくい。

注意事項

一度に指摘する適応行動は数を絞るべきである。遅れのある行動のすべてに対処しようとしても，問題改善に役立たない。急がば回れで，必要な適応行動は，ひとつの行動が改善してからまたいつでも支援プログラムに付け加えることができる。

　長期間フォローされている子どもの場合には，支援のターゲット領域を特定するのに，経過観察も良い方法である。多くの標準化された検査には，継時的な検査における測定基準の変化を自動的に追跡できる。継時的変化は，全体，領域，下位領域，そして項目ごとにも評価でき，支援の経過で獲得された，もしくは低下した適応行動を特定できる。項目ごとの評価は特に重要である。なぜなら，継時的な標準得点の変化は必ずしも状態の改善や悪化を示すわけではないからである。例えば，個人の標準得点が1年の間に下がったとしても，定型発達のペースには満たないながらも，適応行動は改善していることもある。継時的な検査の変化を測定する成長評価尺度（Growth Scale Values: GSV; 例えば，Vineland-3）を示す検査もある。GSVは粗点とともに点数が上下し，絶対的評価の指標となる。

注意事項

継時的な標準得点の低下は，必ずしもスキルの低下や喪失を示唆するわけではない。新しいスキルを身につけてはいても，定型発達に比べてペースがゆっくりであることが考えられる。ゆえに，成長評価尺度（GSV）の変化の評価や，年齢相当の点数換算のほうがより正確な発達を評価できる可能性がある。

　支援方法の策定にあたり，データをどのように収集するか決めることも重要である。個別の教育支援計画において適応行動をあまりに広く定義してしまっていては，正確に評価することができず，障害のある子どもやその支援者にとって有害である。例えば，会話の項目を正しく評価されなかった事例

を考えてみよう。支援チームは会話が介入の優先事項であると決定し、「ジョニーは会話スキルの上達を目標とする」と設定したとする。しかし、これでは目標が曖昧すぎて正確に評価できず、また時系列の評価が明確でない。行動の進捗を評価できるように、「ジョニーは毎日2回、自分から友だちと会話を始めることができる」という目標のほうが適切である。数カ月のうちに進捗がみられなければ、支援目標は再検討し、必要であれば修正されるべきである。個別の教育支援計画が一定期間いかなる進捗をも示さない場合、特に支援目標が何年も持ち越されている場合には、その支援プログラムには待ったをかけるべきである。障害にかかわらず、子どもの機能水準に合った適切な支援が行われていれば、すべての子どもにおいて改善がみられるはずである。

注意事項

・・

一定期間改善を示さない支援プログラムは再検討が必要である。改善のためには支援目標もしくは評価基準が修正されなければならないことが考えられる。適応行動においてはどの子どもも成長が見込めるのである。

　適応行動の習得も正確に定義されなければならない。例えば、支援目標に設定する行動の元々の頻度はどの程度であろうか。もしもその行動が**ときどき**みられるのであれば、どのような状況下では成功し、逆にどのような状況では失敗するのか、また最終的な成功目標はどの程度なのか、100％の成功なのかいくぶん少なくてもよいのか。例えば、トイレトレーニングにおいては、しばしば目標は100％となる。しかし、相手に口を挟まずに話すという目標においては、個別の必要性に応じて80％程度となるかもしれない。一度、目標頻度を策定したら、支援チームは支援達成の時間、相手、状況評価の指標を決めることができる。例えば、「ジョニーは毎日2回、自分から友だちと会話を始めることができる。これを毎日5日連続で、3人違う人と、3つの違う状況において行う」という目標設定ができる。

確認！

支援目標となる適応行動は，明確に定義され，測定可能であり，継時的評価がなされなければならない。

　最後に，支援的介入においてどの行動を目標とするか決定する際には，子どもの生活において意義があり，機能的であるものを選定することが肝要である。適応行動が意義深くなるように，自然と獲得できる状況で教示し，すでに知っている語彙や子どもの実際の環境の写真を用いるなど，実践的かつなじみのある方法を用いるとよい。人は意義が明確でわかりやすく，見返りのあるスキルをより獲得し維持する。例えば，鉛筆と紙を用いるよりも，具体物を使って数の概念を教えたり，料理を通じて割合を教えたり，好きなものをお店で購入する際にお釣りの数え方を教えるとよい。

確認！

個人の得意な能力を用い，日々の生活に重要なスキルが，教える際に優先順位の高いスキルである。

　教えるスキルの優先順位を検討する際に，個人の日々の生活において機能的であることも重要である。例えば，微細運動障害および書字障害をきたすウィリアムズ症候群の場合は，書いたり書き写したりするスキルを練習するよりも，コンピュータやキーボード，計算機，そして録音のしかたを学ぶことのほうが子どもの本来の能力の発揮につながり，より実用的で有効なアプローチである。同様に，より年齢層が高い事例で職場に適応する必要がある場合には，職業スキルだけでなく，対人コミュニケーションや意思疎通など実務的に必要なスキルの習得に努めるべきである。

適応行動支援のエビデンスベイストプラクティス

　多くの神経発達障害において，適応行動を評価するのは標準的だと考えられているが，支援方法の効果判定に用いられることはまだ少ない。しかし，介入研究でその効果を評価すると，定型発達に見合った成長はみられていなくても，支援ターゲットを定めることで新しい機能的なスキルを身につけられていることが多い。

　適応行動支援の研究においては，歴史的に知的能力障害の人の職業や居住の場における日常的スキルや実用的スキルのような特定のスキルを考察してきた。例えば，これらに限らないが，適切な食事行動（O'Brien, Bugle, & Azrin, 1972;Wilson, Reid, Phillips, & Burgio, 1984），歩行時の安全（Page, Iwata, & Neef, 1976），単独での外出・歩行（Gruber, Reeser, & Reid, 1979），買物・レストランでのオーダー方法（Haring, Kennedy, Adams, & Pitts-Conway, 1987），釣り銭計算などの金銭感覚（Lowe & Cuvo, 1976; Miller, Cuvo, & Borakove, 1977）などの介入が効果的であると証明されている。

　しかし，神経発達障害のある人の予後を評価する上で適応行動に焦点が当てられるようになり，多くの支援法で評価される広範なスキルにまで研究の幅が広がってきている。次の項では具体的な方法論を概観し，障害において

特定の適応行動に取り組む有効性の研究を紹介する。しかし，適応行動の支援のすべてに般化される唯一の方法があるわけではないことは注意を要する。発達障害の人に対する介入はすべて，各人のニーズに応じて個別化されるべきである。

確認！

支援プログラムの作成や方法論の検討の際に，すべての人に効果的な唯一の方法があるわけではない。対応する個人のニーズに応じて介入方法を個別化することが重要である。

応用行動分析（ABA）

　応用行動分析（Applied Behavior Analysis: ABA）は適応行動を教えるにあたり，非常に有効な方法である。ABA は，行動は反復と強化により形成され教えることができる，というオペラント条件づけ理論に基づいている。介入を要するスキルが同定されたら，複雑なタスクをより細分化するためにタスク分析を行う（Haring & Kennedy, 1988）。そして類似した行動を強化することにより適応行動を形成していく。行動形成に似た連鎖法は ABA の手続きのひとつで，どのタスクをまず教えるか判断し，そして一つひとつの段階を関連づけた上で，子どもがタスクを遂行するのを助ける。子どもが自らやろうという内的動機づけのないスキルを教えるのに，強化子がしばしば有効である。

　適応行動を対象として，多くの介入研究では ABA が用いられている。そして ABA が自閉症スペクトラム障害（ASD）のエビデンスのある支援法のひとつであることから，多くの研究が ASD の分野でなされている。初期の研究では，1 対 1，もしくは少人数グループで反復を用いてスキル獲得を目指す ABA の一種である不連続試行法（Discrete Trial Therapy: DTT）を用いており，IQ や適応行動を改善するのに有効であると示されている（例：Lovaas, 1981; McEachin, Smith, & Lovaas, 1993）。介入対象に ASD の幼児も含まれるようになり，研究では早期集中行動介入（Early Intensive Behavioral Interventions: EIBI）を対象とするようになった。EIBI を行った ASD の未就学児を対象にした研究では，ヴァインランドで評価した適応的日常生活スキルは，コントロール群よりも EIBI 介入群でより改善していた。標準得点は時を経て低下はしたが，ゆっくりとスキル獲得を行うことで改善は継続した（Magiati, Charman, & Howlin, 2007）。

　最適な予後の研究，すなわち乳児期に ASD の診断がされ，その後，症状が非常に弱くなるか消失するかして，診断がつかなくなった子どもの研究で経過がよかった事例では，早期行動療法を受けていることが報告されている（Fein et al., 2013; Sutera et al., 2007）。これらの最適な予後の研究で，子どもは自閉症の症状が改善した上に，認知および適応スキルが平均内にあることが報告されている。ASD においては，認知機能のみでは最適な予後を予測できないことはよく知られているが，子どもがそれぞれ日常生活に活かせる年齢相応の適応スキルを獲得していたということは，非常に期待のできる結果である。さらに，対象児は同年齢の定型発達児のクラスに完全に適応していた。今後は，これらの子どもが大人になるまで経過を追い，これらのスキルが長年経過しても維持されることを確認しなければならない。

　ASD の標的問題行動に対し，ABA とともに薬物療法を用いることでも適応スキルの改善が見られる。4 〜 13 歳の深刻な問題行動のある ASD の子どもにおける，リスペリドンとマニュアル化されたペアレントトレーニングの効果を比較した臨床試験では，両群で社会性領域が改善し，ヴァインランド適応行動総合点が改善したが，最も良い結果となったのは両方の支援を 24 週間行った群であった（Scahill et al., 2012）。同様のマニュアル化されたペアレントトレーニングが，ASD と問題行動のある未就学児を対象に実施された研究では，ヴァインランドにおいて日常生活スキルの改善が，薬物療法がなくても認められた（Scahill et al., 2016）。こちらの研究では，16 週間の 1 モジュールで適応行動をターゲットとしている。これは介入プログラムで適応スキルに直接的に取り組めば，たった 4 カ月で改善が見込まれることを強調している。

確認！

. . . .

介入プログラムで適応行動を直接的な支援目標とすれば，たった4カ月で改善が見込まれる！

　早期のABA研究に対する主な批判は，効果を出すのに必要な介入頻度の多さや，般化の限界，獲得したスキルの維持の難しさに対するものであった（Koegel,1995）。このため，介入頻度を上げ，また般化できるように，親が介入方法を実行できるようにトレーニングする方法が取り組まれてきた。ASDの子どもを支援するABAプログラムのペアレントトレーニングの包括的なレビューでは，個別療法，グループ療法，マニュアル，カリキュラム，ビデオや実況トレーニングなど，様々な方法のペアレントトレーニングが支援効果を高めることができると示している。ABAの介入が奏功する理由としては，予測可能性とルーティンの使用が挙げられる。適応行動が習慣化され自動的なものとなれば，個人が必要に応じて適用することが容易になる。さらに，新奇場面や予測困難な場面で不安になりやすい場合は，その日の明確な予定がわかっているほうが行動を制御しやすい。ゆえに，予測性を高めるために，写真や絵，文字など視覚的な手がかりによる視覚的なスケジュール表を用いることは非常に有用である。例えば，脆弱X症候群の成人では，予測が容易な規則性があり，ペースがゆっくりで，少人数とのコミュニケーションしか要しない職業が，最も成果を見出しやすかった（Dykens et al., 2000）。このような基本的な方針を理解しておくことが適応スキルを教えるにあたり，非常に効果的である。

確認！

. . . .

人は構造化された規則的な環境で行動をよく練習できる際に，最もスキルを習得できる。このような場合では，生活の自然な流れの中でより自動的に，より容易に学習できる。

自然な発達的行動介入（NDBI）

　自然な発達的行動介入（Naturalistic Developmental Behavioral Interventions: NDBI）のような発達的そして行動的取り組みを融合した介入も適応行動を教えるにあたり有効である。NDBI は，介入が幼児期，もしくは乳児期から必要になる ASD や神経発達障害において，ますます用いられるようになっている。NDBI は，子どもの興味や動機づけに基づいて，より子ども主導の活動を行う（より大人主導の ABA の反対である）。NDBI の中でもよく知られているのは，自然な環境で自然な強化子を用いて ABA 手法を含む機軸反応訓練（Pivotal Response Training: PRT）（Koegel, Koegel, Yoshen, & McNerney, 1999），自然な文脈の中で体系的な行動教示を行うインシデンタル・ティーチング（McGee, Morrier, & Daly, 1999），幼児療育に用いられる行動および発達介入を融合した包括的早期介入モデルであるアーリー・スタート・デンバー・モデル（Early Start Denver Model: ESDM）（Dawson et al., 2010），共同注意と双方向性の遊びに特化した JASPER（Joint Attention, Symbolic Play, Engagement, and Regulation: 共同注意，象徴的遊び，関わり合い，制御）（Kasari, Freeman, & Paparella, 2006），乳幼児に自然な日常生活の中で対人コミュニケーションスキルを強化するための交流型支援を親に教示するコーチング方法である早期の社会的相互反応（Early Social Interaction: ESI）（Wetherby et al., 2014）などがある。

　NCBI の多くの研究において適応機能に改善がみられている。ESDM においては，就学前の ASD 児において適応および発達スキルの改善がみられ，これらの改善は 2 年間の経過観察においても維持された（Estes et al., 2015）。ASD のある幼児が自然な日常生活の中での日課や活動に自発的に取り組めるよう，親に交流型支援をコーチングする ESI を週に少なくとも 25 時間行うと，コミュニケーション，社会性，日常生活スキルの有意な改善が 9 カ月のプログラム実施後にみられた（Wetherby et al., 2014）。これらの早期介入研究はこの分野において比較的新しいことを考えると，今後，適応行動の改善がどのように維持されるのか，子どもが 10 代，成人になるまで長期的な経過観察を行っていくことが重要である。

　ABA と同様に，きちんと統制された NDBI の介入試験への批判には，コ

ミュニティ・ベースのプログラムに再現できないことと，もし再現できたとしても財政的に成り立たないということがある。ある準実験的研究では，2〜3歳の ASD の子どもを対象に 8 カ月間の包括的な幼児プログラムの効果を検証した（Stahmer, Akshoomoff, & Cunningham, 2011）。このプログラムでは PRT をはじめ，いくつかの NDBI を用いたが，プログラムの終了時にヴァインランドでコミュニケーション，日常生活スキル，社会性において有意な改善を示した。発達スキルの改善もみられた。プログラムを完了した時点で，102 人の子どものうち 31％で定型発達と同様の機能を示していたことは，特に重要である。

確認！

今後，コミュニティでの再現性や経済効率性においてさらなる改善が必要ではあるが，NDBI の研究では適応行動のすべての領域において望ましい結果がみられている。

対人コミュニケーションのアプローチ

　対人コミュニケーションと相互作用のスキルを強化する支援的アプローチは，適応行動を強化し，不適応行動や問題行動を減弱することにも効果的である（National Research Council, 2001）。言語発達が非常に少ない，もしくは発語のない子どもに，機能的なコミュニケーションスキルを教えることも，行動制御において非常に重要である。子どもが言葉，ジェスチャーもしくは何らかの他の手段で自己表現をできないと，叩いたり叫んだり，噛んだり，怒ったり自傷行為などの問題行動で自己表現をするようになってしまう。この意味で，**行動はコミュニケーションそのものなのである**。それにかわる機能的なコミュニケーションスキルを教えないかぎり，これらの問題行動をなくしたり減弱させる行動療法には効果がない。そして，言語やコミュニケーションに障害のある人のニーズを満たす多くの代替的，補助的コミュニケーション方法がある。手話の利用やジェスチャー，音声出力，タブレット，アプリ，補助デバイスなどである。これらの代替的，補助的方法を用い

ても，言語発達を妨げることはない。逆に機能的なコミュニケーションを増やすことは，コーピング，行動制御，ソーシャルスキルなどの他の適応領域を助長する。

ABAやNDBIにかぎらず，機能的対人コミュニケーションや相互作用スキルに特化した介入はどんどん増えている。対人コミュニケーションや相互作用に問題のある子どもに介入する際には，下記の要点が効果的であると知られている（Woods & Wetherby, 2003）。

(1) 対人相互作用が偶発的に始まるきっかけを引き出せるように，環境調整する。

(2) 子どもの好きなものや活動を動機に用いるなど，生活の中で意義のある自然な強化子を利用する。

(3) より良い反応を引き出すために，子どもの好きなものを出し控えたり待たせたりする手法を用いる。

(4) 逆模倣，すなわち子どもの反応はすぐに真似をして，子どもを引きつける。

◀ 要点ガイド8.2

対人コミュニケーションに問題のある子どもに介入プログラムを検討する際には，下記の方法が効果的である。
・対人相互作用の偶発的なきっかけを引き出すために，環境調整を行う
・自然な強化子を用いる
・時間遅延や出し控えの手法を用いる
・逆模倣を用いる

神経発達障害の子どもの支援において，ピアトレーニングの有効性も知られてきている。特定のソーシャルスキルを教えるために，1：1もしくは少人数グループに定型発達児を入れるリバースインクルージョンや，インクルージョン環境でピアと学ぶ環境を作ったり，対人状況を学ぶためにピアをバディ，すなわち仲間として用いたり，ソーシャルスキルのグループや特定のニーズのある集団にスキルを学ぶ手助けをするピアを組み入れる，な

どの方法がある。ピアトレーニングは，多くの適応行動を強化するのに有効であると示されている（例：Garfinkle & Schwartz, 2002; Pierce & Schreibman, 1997a, 1997b。ピアが一緒に連携する子どもとその障害をよく理解できるように十分に経験を積めば，ピアが介入することでもっと効果的な介入ができる（Barron & Foot, 1991; Campbell, Ferguson, Herzinger, Jackson, & Marino, 2004; Kamps et al., 2002）。

　対人コミュニケーション，感情制御，交流型支援（Social communication, Emotional regulation, and Transactional supports）の頭文字を用いた SCERTS モデルは，ASD とコミュニケーション障害のある子どもへの学校ベースの介入であるが，当然この概念は他の障害のある子どもにも適用できる（Prizant, Wetherby, Rubin, Laurent, & Rydell, 2006）。SCERTS の効果に関する研究の一環として，学齢期の ASD 児を対象に教室での積極的関与を評価した結果，ASD の子どもは教室で積極的に活動しておらず，安定した状態で過ごせた時間は半分以下であったことが示されている（Sparapani, Morgan, Reinhardt, Schatschneider, & Wetherby, 2016）。そこで 129 の学級で 197 人の ASD 児を対象に自閉症トレーニングモジュールと比較して，教室での SCERTS 介入（Classroom SCERTS Intervention: CSI）の効果を評価したクラスター無作為化試験が行われた。結果，CSI は教室での積極的関与を増やすのに有意に効果的であり，適応行動，ソーシャルスキル，実行機能の改善も認められた（Morgan et al., 投稿準備中）。

市販品

　適応行動改善を目的とした市販品は数多くあるが，それらの効果を判定する科学的な研究はあまりされていない。しかし，適応行動は日々の生活に必要不可欠であるので，着替えができない子どもに着替えを教えるなどの一般常識から生まれた実践的な手法は，多くの子どもにとってエビデンスのある科学的手法と同じくらい有用となりえる。しかし，スキルを教える際にはどのような手法が効果的，もしくは効果的でないのかしっかりと認識し，必要であれば修正しなければならない。繰り返すが，個別化したアプローチが重

要である。

　例えば，神経発達障害の子どものみならず多くの定型発達児においても，トイレトレーニングは一般的な介入を要する適応行動である。トイレの自立が非常に困難で，ABA に含まれるような集中的な手法を必要とする子どももいる。しかし一方で，家庭や保育園，幼稚園などで行われている一般的なトイレトレーニングの方法も，子どもによってはその手法にかかわらず効果的になりえる。例えば，粘り強く頻繁にトイレに誘導したり，ご褒美シートもしくは強化チャート，視覚化されたスケジュールを使うなどである。

　同様に，睡眠や問題行動，対人コミュニケーションや相互作用など幅広い適応行動を対象とした市販の本やプログラムも効果的である（例：*Sleep Better!,*" Durand, 2014, *"Solving Behavior Problems in Autism*", Hodgdon, 1999, The Social Express, www.thesocialexpress.com; Model Me Kids, www.modelmekids.com）。カメラや携帯，タブレットを用いたビデオモデリングもソーシャルスキルや機能的なコミュニケーションスキル，会話のスキル，そして遊びのスキルを改善するのに有効であると証明されている（Bellini & Akulian, 2007）。

　実践的なスキルを対象とした市販の包括的なプログラムもある。例えば，*"Adaptive Living Skills Curriculum"*（『適応的生活スキルカリキュラム』; Bruininks, Morreau, Gilman, & Anderson, 1991）は，性的なことも含めた日常的な身支度，居住も含めた家庭生活，社会的相互作用，旅行，金銭管理も含めたコミュニティ生活，雇用スキルなどの分野で幼年期から 40 代までを対象に適応スキルを包括的に扱ったものである。このカリキュラムでは達成水準で評価可能なトレーニングの目的と目標を示し，スキルを教えるのに適した自然な環境や手法も提案してくれている。同様に 1997 年にベイカーとブライトマンによって書かれた *"Steps to Independence"* ガイドブックは，すでに 4 版

が出版されている（Baker & Brightman, 2004）。3歳から青年期の子どもを対象としたもので，可能なかぎり自立した生活を送るための生活スキルを教えることを目的としており，保護者向けに書かれている。［監訳注：プレスクール，学校などに行く］準備，身辺自立，トイレトレーニング，遊び，セルフケア，家庭生活，情報収集という7つの分野におけるスキルをわかりやすく教える方法を示している。さらに，機能的行動分析手法を用いた，問題行動の制御の仕方に関する情報も示している。

まとめ

　問題行動に対応する唯一の支援方法はないが，神経発達障害の人の適応行動の問題に効果的であるエビデンスのある手法や市販の手法はどんどん増えている。適応行動を特定したら，介入の対象となる行動を関係者で共有し，一貫した対応をとりながら，般化され継時的に維持されるようにすべきである。適応行動が体系的に扱われれば，子どもの自立につながる機能的コミュニケーション，社会的相互作用や遊び，行動制御とコーピング，セルフケア，安全，コミュニティや職業上のスキルにおいて比較的短期間に改善が見られることを研究結果は示している。これは，適応行動が改善可能であり，様々な障害に共通して最適な予後を決定づけるものだからである。

✎ セルフチェック ✔

1. **適応行動に著しい問題のある高機能の子どもに適切なプランはどれか。**
   a. 認知機能の発達を支援し，適応スキルも次第に伸びてくるだろうと想定する
   b. 適応行動を標的とした介入を行う
   c. その子どもは学業的には定型発達児と同程度であるため，何もしない
   d. 発達に遅れのある子どものいる支援学級に移る

2. **【正誤問題】**例えば，微細運動の発達のような適応行動の介入を行う際，切ったり書いたりといった，個人が問題を感じた場面のみを扱えばよい。

3. 適応行動の支援には誰が関わるべきか。
   a. 理学療法士，言語療法士，作業療法士などのセラピスト
   b. 親
   c. 教師
   d. 上記全員

4. 適応行動の支援を考える際に，なぜ包括的な環境を検討し，家族や養育者も関わることが重要なのか。

5. 適応行動のレポートにおいて「支援を必要とする適応行動の領域」の操作的な定義は何か。

6.【正誤問題】定型発達児においては複数の適応行動が同時に出現するので，支援目標とする際も複数の適応行動に同時に対処するべきである。

7. 介入する適応行動を決める際に検討する6つの事項を挙げなさい。

8.【正誤問題】適応行動の検査は，しばしば介入の効果判定に用いられる。

9. 応用行動分析（ABA）における手法で，下記のうち間違っているものはどれか。
   a. シェーピング（行動形成）
   b. チェイニング（連鎖化）
   c. ベイティング
   d. 強化

10. 自然な発達的行動介入（NDBI）の3つの手法を挙げなさい。

【解答】**1.** b，**2.** 誤，適応行動は日常生活内の自然な環境にて扱われるべきであり，切ったり書いたりのみならず，着替えや身支度なども含むべきである，**3.** d，**4.** スキルはすべての状況で般化されるべきであり，学校や家庭，コミュニティなど複数の場面で扱われる必要があるため。そのスキルは，その子どもの暮らす文化においても適切で受け入れられるものでなければならない，**5.** その子どもが平均よりも1標準偏差以上下回る領域，**6.** 誤，適応行動は一つひとつ扱われるべきであり，一度に複数の適応行動を扱うと改善がみられないと考えられる，**7.** 適応行動に適した手法を選ぶ，子どもの強みと弱みを分析する，適切で般化しやすい目標設定のためにすべての関係者と協働する，改善を評価し目標変更が必要であるかを検討する，操作的に目標行動を特定する，目標行動が意義があり機能的であることを確認する，**8.** 誤，適応行動の検査は診断的評価において最も用いられる，**9.** c，**10.** PRT，インシデンタル・ティーチング，ESDM，JASPER，ESIなど

9章

CASE SAMPLES

事　例

　以下の事例を通して，適応行動尺度の結果をどのように解釈するのか，適応スキルを向上させるためにはどうしたらよいのかについて例示していく。これらは仮想事例であるが，適応行動に関連しうる様々な障害の実例に基づいてる。事例中で推奨されている支援方略は対象者の年齢や機能水準に基づいているが，臨床家は常に，対象者とその人独自の状況に合わせて個別化した支援方略を検討していく必要があることを心に留めておくべきである。

　本章で提示される3つの事例は，それぞれ3つの異なる条件で適応行動がどのように影響を受けるかについて説明する。

・知的能力障害の子ども

・平均的な認知機能をもつ自閉症スペクトラム障害（ASD）の子ども

・注意欠如・多動性障害の子ども

　また，ここで適応機能に関する様々な尺度を通したプロフィールについて考える方法を示す。事例の中では，ヴァインランド適応行動尺度第2版（Vineland-II）と適応行動アセスメントシステム第3版（ABAS-3）の事例を取り上げるが，尺度自体よりもその得点プロフィールやそれをどのように解釈するのかに注目することが重要である。これらの事例は包括的ではないが，代わりに適応プロフィールを通して特定の診断情報に関連する強みと弱みを収集するのに十分な情報を提供する。

事例 1：知的能力障害の子ども

名前：ジョニー・ジョーンズ

年齢：13 歳 2 カ月

診断：知的能力障害

実施したテスト：ウェクスラー式知能検査第 4 版（WISC-IV），ヴァインラ
　　ンド適応行動尺度第 2 版（Vineland-II）

結果

認知的評価

　ジョニーの知的スキルはウェクスラー式知能検査第 4 版（WISC-IV）を用
いて測定された。WISC-IVは全体的な知的機能の尺度と，4 つの下位領域の
指標得点で結果が表される。ジョニーの全検査 IQ および指標得点の結果を
以下に示す（標準得点の平均は 100 で，標準偏差は 15 である）。

指標	合成得点	信頼区間（90%）	パーセンタイル順位	記述分類
言語理解	55	52–63	＜ 1	軽度の障害
知覚推理	67	63–76	1	軽度の障害
ワーキングメモリー	59	56–69	＜ 1	軽度の障害
処理速度	78	73–88	7	境界水準
全検査	**56**	**53–61**	**＜ 1**	**軽度の障害**

　ジョニーの WISC-IVの結果からは認知能力のプロフィールが示されており，
全検査 IQ が 56 という結果は軽度の知的能力障害の範囲に入る。彼の指標
得点は軽度の障害から境界水準の範囲にまで及び，最も高い指標得点と最
も低い指標得点の間には 23 点の差がみられた。ジョニーの指標得点間には
有意な差がみられ，全検査 IQ はばらつきの大きい得点の平均を示している
ため，全検査 IQ の解釈には注意が必要であると考えられた。ジョニーの言
語理解の得点は 55 であり，これは言語的推論能力における軽度の障害の範
囲内であるとみなされる。ジョニーの知覚推理の得点は 67 であり，これは

非言語的推論と視覚的空間処理の領域において軽度の障害の範囲内であると
みなされる。ワーキングメモリーの得点は 59 であり，これもまた軽度の障
害の範囲であるとみなされる。ジョニーの処理速度の指標得点は 78 であり，
これは境界水準の範囲であると考えられる。このプロフィールからは，非言
語的推論能力が相対的な強みであること，特に処理速度能力が本人の中で相
対的な強みであるということが読み取れる。

適応行動評価

　ヴァインランド適応行動尺度第 2 版（Vineland-II）に必要な情報について
母親が回答した。Vineland-II は，日常生活に必要な身辺自立スキルや周りの
人とつながりを維持するために必要な日々の活動などの適応行動に関する個
別式のアセスメントツールである。適応行動は，子どもがその行動をするこ
とができる**能力があるか**どうかではなく，自分で（他者からの促しや手助け
なしで）その行動を**実際にしているか**どうかに注目している。これは，非常
に構造化された状況下でその能力や潜在能力を測定する認知検査や言語検査
とは対照的である。Vineland-II は，コミュニケーション領域・日常生活スキ
ル領域・社会性領域・運動スキル領域の 4 つの領域から構成されている（た
だし，運動スキル領域は 6 歳以上の子どもには適応されない）。また，適応
行動総合点も算出され，100 を平均とし，標準偏差が 15 となるよう標準化
された得点となっている。V 評価点は 15 を平均とし，標準偏差は 3 となっ
ている。ジョニーの今回の Vineland-II の結果を以下に示す。

　ジョニーの母親との Vineland-II の面接から，適応行動総合点は 64 であり
1 パーセンタイルに位置づけられ，同年齢の標準化サンプルと比較して低い
範囲に分類された。母親の報告によると，ジョニーにはコミュニケーション，
日常生活スキル，社会性の領域で遅れが見られた。しかし，適応スキルのい
くつかの領域では，彼の認知水準から予測される水準を若干上回る結果とな
っていることに注意が必要である。このことから，彼は機能的で実践的なス
キルを学習し，日常生活に応用していることが示唆される。

　コミュニケーション領域では，ジョニーの標準得点 65 は同年代と比較し
て低い範囲に位置づけられる。受容言語に関して，ジョニーは少なくとも

下位領域／領域	標準得点／ V評価点	相当年齢 （年−月）	パーセンタイル 順位	適応水準
受容言語	9	3−5		低い
表出言語	8	2−9		低い
読み書き	9	6−11		低い
コミュニケーション	65		1	低い
身辺自立	9	5−2		低い
家事	12	8−0		やや低い
地域生活	6	3−2		低い
日常生活スキル	66		1	低い
対人関係	8	2−11		低い
遊びと余暇	9	5−3		低い
コーピングスキル	8	2−5		低い
社会性	58		1	低い
適応行動総合点	64		1	低い

30分間，人の話を聞くことは難しいが，ストーリーのあるお話を聞くことはできる。表出言語では，彼はときどき簡単な文で日常的な経験を話すことはできるが，ストーリーを詳しく話すことはまだない。読み書きについては，彼は簡単な物語を読むことはできるが，短い文章でもまだ書くことは難しい。

　日常生活スキル領域において，自宅でいくつかの部屋の掃除をしたり，電子レンジを使用したり，衣服を片付けるなど，やや低い範囲ではあるがジョニーの中では家事スキルが比較的強みとして表れている。対照的に，彼は地域生活において求められるスキルが比較的に弱いと考えられる。彼はまだお金や時計の機能を理解することが難しい段階である。

　社会性領域においては，ジョニーは対人関係，遊びと余暇，コーピングスキルの3つの下位領域において同様の結果を示している。彼は言われなくても交代をすることができ，「どうぞ」「ありがとう」と簡単なやりとりをすることができ，ときには親しい大人と世間話をすることもできる。自分の感情を言葉で表現したり，大人が付き添って日中に友だちと遊びに出かけることはまだない。

適応行動支援の例

適応行動アセスメントの結果に基づくジョニーの支援プログラムとして，以下の適応機能領域にアプローチをしていく必要がある。

・**コミュニケーションスキルの向上**　ジョニーが話を聞くことができる時間を少しずつ増やしていく。まず，博物館でのお話し会など，彼にとって興味深い講義に連れていってあげるとよいだろう。視覚支援を用いることによって，より講義に参加する意味を見出しやすくなる。表出言語については，ジョニーがストーリーを再構築できるように手助けする。視覚支援を用いることで，彼が順序を理解したり，体験を整理したりしやすくなるだろう。読み書きについては，ペンと紙またはコンピューターを使用して，文章を書きやすくしてあげられるとよい。イライラしてしまわないように，まずは文章を口に出してから，それを書き出していけるとよいだろう。

・**日常生活スキルの向上**　ジョニーにお金の目的とそれがいつ使われるのかについて教えていく。買い物に行くとき，彼自身にレジでお金を渡させて，支払いの仕組みについて伝える。お店では同じ製品の異なるブランドを調べてみて，価格の違いについて話し合うのもよいだろう。これらの目的は，お金についてより明確にし，その価値を理解し始められるようにすることである。価値が理解できたら，様々な硬貨と紙幣について，その価値を教えていく。時間の理解については，アナログ時計の理解が難しいようなら，デジタル時計を使用する。15分や1時間など，時間に合わせてその概念を言葉で伝えていくとよいだろう。

・**社会性スキルの向上**　ジョニーに様々な状況で感情を表現する方法を教えていく。ソーシャルスキルと感情面の発達を目的とするソーシャルスキルグループに参加することも役立つだろう。また，レストランや映画など，家の外に遊びに行くこともよいだろう。

事例2：自閉症スペクトラム障害の子ども

名前：ジェーン・スミス

年齢：9歳0カ月

診断：自閉症スペクトラム障害

実施したテスト：ウェクスラー式知能検査第4版（WISC-IV），ヴァインランド適応行動尺度第2版（Vineland-II）

結果

認知的評価

　ジェーンの知的スキルはウェクスラー式知能検査第4版（WISC-IV）を用いて測定された。WISC-IVは全体的な知的機能の尺度と，4つの下位領域の指標得点で結果が表される。ジェーンの全検査IQおよび指標得点の結果を以下に示す（標準得点の平均は100で，標準偏差は15である）。

指標	合成得点	信頼区間 （90%）	パーセンタイル 順位	記述分類
言語理解	93	88–99	32	平均
知覚推理	92	86–99	30	平均
ワーキングメモリー	80	75–88	9	平均の下
処理速度	78	73–88	7	境界水準
全検査	83	79–88	13	平均の下

　ジェーンのWISC-IVの結果は，全検査IQ83という平均の下の範囲に位置づけられる結果となった。言語理解および知覚推理の指標得点は平均の範囲に入り，平均の下の範囲であったワーキングメモリーや境界水準である処理速度の指標得点よりも有意に高かった。これらの違いから，彼女の全検査IQには大きなばらつきがみられると考えられるため，結果の解釈には注意が必要である。

適応行動評価

　ヴァインランド適応行動尺度第 2 版（Vineland-Ⅱ）に必要な情報について
母親が回答した。Vineland-Ⅱは，日常生活に必要な身辺自立スキルや周りの
人とつながりを維持するために必要な日々の活動などの適応行動に関する個
別式のアセスメントツールである。適応行動は，子どもがその行動をするこ
とができる**能力があるか**どうかではなく，自分で（他者からの促しや手助け
なしで）その行動を**実際にしているか**どうかに注目している。Vineland-Ⅱは,
コミュニケーション領域・日常生活スキル領域・社会性領域・運動スキル領
域の 4 つの領域から構成されている（ただし，運動スキル領域は 6 歳以上の
子どもには適応されない）。また，適応行動総合点も算出され，100 を平均
とし，標準偏差が 15 となるよう標準化された得点となっている。Ｖ評価点
は 15 を平均とし，標準偏差は 3 となっている。ジェーンの今回の Vineland-
Ⅱの結果を以下に示す。

下位領域／領域	標準得点／ Ｖ評価点	相当年齢 （年－月）	パーセンタイル 順位	適応水準
受容言語	11	3–11		やや低い
表出言語	9	3–11		低い
読み書き	12	7–10		やや低い
コミュニケーション	**75**		**5**	**やや低い**
身辺自立	10	4–11		やや低い
家事	11	5–5		やや低い
地域生活	9	6–0		低い
日常生活スキル	**71**		**3**	**やや低い**
対人関係	7	1–1		低い
遊びと余暇	7	2–1		低い
コーピングスキル	7	0–10		低い
社会性	**57**		**＜1**	**低い**
適応行動総合点	**67**		**67**	**低い**

　Vineland-Ⅱの結果から，ジェーンの適応行動総合点は 67 であり，これは
同年齢の中で低い範囲に位置づけられる。各領域の間にはばらつきがみられ
るため，適応行動総合点の解釈は慎重にならなければならない。Vineland-Ⅱ
でのジェーンの標準得点は彼女の年齢と認知能力から予測される値よりも低

いことに注意が必要である。このことから，彼女が自分の適応行動スキルを
ひとりで日常場面やルーティンとして活かすことに難しさを抱えていること
が示唆される。

　ジェーンのコミュニケーション領域の標準得点は 75 であり，同年齢の中
ではやや低い範囲に含まれる。表出言語は受容言語と読み書きよりも低い結
果となっている。受容言語に関して，他のものに気が散っていなかったり活
動にのめりこみすぎていなければ，ジェーンは人の指示を聞くことができる。
母親の報告では，ジェーンは本を読んでもらうのが好きで，20 〜 30 分ほど
の間，聞くことができるようである。彼女はノンフィクションが好きで，読
んだものや聞いたことを文字どおり受け取る傾向があるようである。そのた
め，母親はジェーンがいじめられていても自分で気づくことができないので
はないかと心配をしている。ジェーンの読解力も同年齢の子どもと同等では
ない。

　表出言語に関しては，ジェーンはときどき代名詞を混同したり，不規則な
動詞や動詞時制で間違えてしまうことがある。ジェーンは簡単なストーリー
の基本的な部分について説明をすることはできるが，経験の重要でない側面
や部分に焦点を当てすぎてしまうこともある。彼女は歌詞や彼女が面白いと
思うものを繰り返したりもする。読み書きについては，ジェーンは簡単な文
章を読むことができるが，書くことは難しい。アルファベットをブロック体
で書くことはできるが，筆記体を使うことは難しい。

　日常生活スキル領域の標準得点は 71 で，やや低い範囲に位置づけられる。
身辺自立に関しては，ジェーンはシャワーを浴びて服を着たり，ボタンやス
ナップをうまくつけることができる。ジッパーの下をはめたり，靴ひもを結
ぶのには，まだ手助けが必要なときもある。歯磨きや髪を乾かすのには手助
けが必要である。家事に関しては，彼女は掃除や料理など自分が楽しい家事
は手伝おうとするが，ときどき嫌がることもある。地域生活については，ジ
ェーンはお金に対する基本的な理解はできているが，あるものは他のものよ
り値段が高いということは理解できていないようである。時間の概念は理解
できており，デジタル時計を読むことができ，アナログ時計についても今勉
強をしているところである。安全意識については，ジェーンは自分の周囲に

気を配ることはあまりないようである。彼女は道を渡るときに，左右の確認をしなかったり，その他の交通ルールを忘れてしまうこともある。そのため，母親はジェーンから目が離せないようである。ジェーンは母親に強く依存しており，ときにはとても不安そうにすることもある。最近まで彼女は両親と一緒に寝ていたが，今は明かりをつけて自分の部屋で寝ることができるようになっている。

　ジェーンの社会性領域の標準得点は 57 と低く，同年齢と比較して低い範囲に位置づけられると同時に，自身の他の適応行動領域の評価点を下回る結果となった。対人関係では，ジェーンは他の子どもたちとの遊びに興味を示しているが，一緒に遊ぶことはほとんどない。他の人からは失礼にあたるような行動をしてしまうこともあるが，そのことに彼女自身は気づいていないようである。彼女から他の人を喜ばせようとしたり，気づかいをすることはあまりない。彼女から他の子どもにかかわりを求めることはなく，他の人から挨拶をされたり声をかけられても反応しないこともある。母親が彼女の行動に制限をつけたときには，彼女は「もうおしまいだ」「孤児院に連れていって」などと大げさな反応をすることがある。遊びと余暇に関しては，鬼ごっこのように彼女が参加できそうな活発な遊びでも，他の子と協力をしたりするのは難しい。彼女は他のゲームのルールを守ったり，順番を交代したりすることも難しいようである。簡単なボードゲームなら楽しむことができる，勝手にルールを変更しようとしてしまうこともある。コーピングスキルもまた弱い領域である。彼女の行動は両親にとって常に挑発的であり，9歳の子どもに期待されるような変化や課題に対応することは難しい。母親によると彼女は短い導火線を持っているようで，反抗的になったり，他の人に手を出したり，自分自身を噛んでしまうこともある。

自閉症スペクトラム障害を対象とした教育プログラムと適応行動支援の例

・**教育プログラム**　ジェーンに対して，自閉症スペクトラム障害のある子どもを対象とした介入プログラムに参加することを推奨する。彼女の堅実な認知的スキルのレパートリーを考えると，社会性および適応行動を主な目的とした教育プログラムが適していると考えられる。具体的には，自閉症

スペクトラム障害に対する関わりおよび知識を備えている専門家による対人コミュニケーション，やりとり，行動調整，適応行動に焦点を当てた介入を受けられるとよい。また，サポートをしっかりと受けられる環境の中で定型発達の友だちとの関わりを促し，学んだスキルを実際に練習できる機会を作っていくことも非常に重要である。そのため，ジェーンの教育プログラムは，彼女が定形発達の友だちと一緒にいる，構造化された支援のある学校環境の中で実行できるとよいだろう。

・**適応スキルの向上**　ジェーンの適応スキルは，同年齢の仲間と比べて遅れている。研究から，適応機能は，認知機能単独よりも，学校，仕事，地域生活での達成により関わっていることが明らかになっているため，このような適応スキルの遅れに対してきちんとした介入をすることを強く推奨する。支援者は，ジェーンに対する介入プランを立て，両親が彼女の成長を理解できるよう手助けをしていけるとよいだろう。

・適応行動アセスメントの結果に基づいて，以下の適応領域に対して介入プログラムを通して直接アプローチしていく必要がある。

　・**日常生活スキルの向上**　靴ひもを結ぶ，適切に服を着る，歯や髪を磨くことを教え，ジェーンの身辺自立スキルを高めていく。求められることを明確に伝え，（本人のモチベーションに合わせて調整しながら）適度に声かけをしつつ，家庭での日常的な動作のルーティンを確立していけるとよいだろう。

　・**安全意識の向上**　ジェーンの安全意識に関する介入計画としては，外出中の安全を確保するための具体的なルールを書き出す。ジェーンにそれぞれのルールを教え，それが必要になるときを考えて繰り返し練習し，うまくできたときには適切な強化を行う。

　・**コーピングスキルの向上**　苛立ちや怒り，その他の複雑で不快な感情に対処するためのスキルを教えていく。感情や行動を調整する方法を具体的に伝え，それを実際に練習する機会を作っていく必要がある。しかし，ジェーンがこれらのスキルを学ぶ意欲がなければ，習得することは難しい。そのためまずは，かんしゃくや拒否的態度も含む，噛んだり叩いたりするような攻撃的な行動についての機能的アセスメントをすることが

望ましい。

事例 3：ADHD の子ども

名前：ジェニファー・プラット
年齢：6 歳 9 カ月
診断：ADHD
実施したテスト：DAS-Ⅱ，Conners 3，ABAS-3

結果

認知的評価

ジェニファーは認知機能をアセスメントするために DAS-Ⅱ（Differential Ability Scales, Second Edition: 能力判別検査 第 2 版）を受けた。このテストは，言語推理・非言語推理・空間推理という 3 つの領域で認知機能を測ることができる。さらに，GCA（General Conceptual Ability: 一般総合能力）の値も結果として出てくる。結果の値は，平均 100 および標準偏差 15 で報告される。下位検査の結果は，T 値として報告され，平均 50 および標準偏差 10 で報告される。DAS-II のジェニファーの結果は以下のとおりである。

	標準スコア	T 値	パーセンタイル	95％信頼区間	年齢相当
言語推理	**147**		**99.9**	**133-151**	
言語		90	>99.9		>8 歳 10 カ月
単語理解		64	92		>8 歳 10 カ月
非言語推理	**127**		**96**	**114-133**	
写真の類似		71	98		>8 歳 10 カ月
行列		60	84		8 歳 10 カ月
空間推理	**109**		**73**	**102-115**	
模様		50	50		6 歳 10 カ月
組立模倣		61	86		>8 歳 10 カ月
GCA	**134**		**99**	**126-139**	

DAS-II の結果において，GCA 値では 134 が 99 パーセンタイルであり，これはジェニファーの全体的な認知機能が同年齢の子どもと比較して非常に高

いことを示している。彼女の言語および非言語推論領域の結果は，空間推理領域の結果よりもかなり高かった。したがって，全体的な GCA の値は彼女の能力のすべてを表しているのではなく，各領域の値に焦点を当てるほうが有益である。詳しくは次に説明する。

注意，多動性，衝動性のアセスメント

Conners 3（Conners Third Edition）は，ジェニファーの母親や担任の先生が回答した。Conners 3 は子どもの不注意，多動性やその他の問題に関する行動を把握するために使用される。結果は T 値で報告され，平均 50 の標準偏差 10 である。65 を超えると高いが，70 より高い値は同年齢の子どもと比較しても非常に高くなる。ジェニファーの結果は以下のとおりである。

内容	保護者の T 値／解釈	教師の T 値／解釈
不注意	83／非常に高い	62／標準
多動性／衝動性	68／高い	61／標準
学習の問題	73／非常に高い	67／高い
実行機能	87／非常に高い	59／標準
挑戦性／攻撃性	60／標準	46／標準
友人関係	43／標準	44／標準
症状スケール	保護者の T 値／解釈	教師の T 値／解釈
ADHD 不注意	84／非常に高い	64／標準
ADHD 多動性−衝動性	67／高い	62／標準
素行症	45／標準	46／標準
反抗挑発症	75／非常に高い	52／標準

Conners 3 でのジェニファーの母親の評価は，不注意，学習の問題，実行機能，ADHD 不注意，ADHD 多動性−衝動性および反抗挑発症で高い，あるいは非常に高いであった。教師の評価では，非常に高い範囲内のものはなかったが，学習の問題は高いという評価になった。

さらに，ジェニファーの母親は，彼女の問題が学習の問題に影響すること，さらに，家庭場面やときには社会的場面でも影響を与えることを指摘した。

適応行動評価

ジェニファーの母親は，家庭，学校，コミュニティ，またはその他の環境

でのジェニファーの適応行動に関する情報を提供するために，ABAS-3（Adaptive Behavior Assessment System, Third Edition: 適応行動アセスメントシステム第3版）を実施した。ABAS-3 は対象年齢 5 〜 21 歳で親や主な養育者が回答する。ABAS-3 は，概念的スキル，実用的スキル，社会的スキルの 3 つの広い領域での適応行動と，平均 100 および標準偏差 15 の標準得点を持つ GAC（一般適応総合点）による全体的な適応機能を測定することができる。10 個の適応スキル領域の結果が，平均 10 および標準偏差 3 として報告される。ジェニファーの ABAS-3 の結果は以下のとおりである。

スキルの区別／領域	標準化されたスコア	信頼区間（95%）	パーセンタイル	適応水準
コミュニケーション	7			平均以下
機能的	8			平均的
自立性	6			平均以下
概念的	83	77-89	13	平均以下
余暇	9			平均的
社会性	6			平均以下
社会的	86	80-92	18	平均以下
コミュニティ利用	7			平均以下
家庭生活	6			平均以下
健康と安全	9			平均以下
セルフケア	8			平均的
実用的	85	79-91	16	平均以下
GAC	83	79-87	13	平均以下

　ABAS-3 でのジェニファーの得点は 83 であり，彼女の年齢の適応水準では平均以下であった。ジェニファーの優れた認知機能からすると，彼女の適応スキルは低いことに注意が必要である。ジェニファーの概念的スキルは，平均以下の範囲に分類された。コミュニケーションにおいては，ジェニファーは両親に自分の好きな活動についてはっきりと正しい文法で話すことはできるが，他の人の話を邪魔することと長時間人の話を聞くということについては苦労している。機能的スキルは平均の範囲に分類された。彼女は読み書きを始めており，時間を伝えることができるが，読んだものに関する簡単な質問にも答えることはできない。自立性スキルは苦手な領域である。彼女は一

人で活動することができず，非常に落ち着きがなく，感情を傷つけられたり邪魔されたりしたときに，自己コントロールすることが困難である。

　ジェニファーの社会的スキルは平均以下の範囲に分類される。彼女の余暇スキルは得意な領域であり，平均的な範囲にある。彼女は様々な活動に参加し，交代したり他の人を遊びに誘ったりすることができる。ただし，社会的スキルは苦手であり，平均以下の範囲に分類された。彼女は決まった友人と過ごすことが多いが，衝動性と感情のコントロールが苦手なため，常に安定した関係性とはいえない。

　ジェニファーの実用的スキルは平均以下の範囲にあるが，この領域内のスキルは平均以下から平均の範囲内にある。彼女がまだ達成できていないコミュニティ利用スキルはいくつかある。道路を横断するときに左右を確認することを忘れたり，食事を一人で食べることができなかったり，公共の場でトイレをみつけることができない。家庭生活スキルも弱点である。彼女の衝動性から，家を混乱させ，頻繁に食べ物や飲み物をこぼし，衣服や寝室を散らかすことがある。健康と安全のスキルは平均的である。車に乗るときはシートベルトを締めることができ，はさみや危険な物に注意し，熱い食べ物を食べるときも気をつけることができる。セルフケアスキルも平均的である。自分で服を着たり，入浴したりすることができる。また，彼女はトイレトレーニングを受けている。

　以上をまとめると，ジェニファーの適応能力は様々であり，特に機能的スキル，余暇スキル，健康と安全のスキル，セルフケアスキルは強みである。しかし，苦手な領域も数多くある。ジェニファーが日常生活において自分のスキルを適用できるよう支援することが重要である。

適応行動支援の例

　適応行動評価の結果に基づくと，ジェニファーの適応スキルは同年齢の子どもと比べて遅れていることが示唆された。適応機能は，認知機能単独と比較すると，学校や職場，コミュニティでの成功をより正確に予測するということが，いくつかの研究で示されているため，これらの遅れに対処するための支援方法を考えることが重要であるといえる。行動療法家はジェニファー

の支援計画を作成し，両親が彼女の成長を理解できるよう支援することができる。

- **概念的スキルの向上**　ジェニファーの会話能力を向上させる。話す順番がいつ来るかを把握するために視覚的な合図が必要になる場合がある。赤と緑の信号などの明確な合図を使用して「黙る」と「話す」を示すことで，彼女が会話をする適切なタイミングを理解することを支援できる。

- **機能的スキルの向上**　彼女が読んだものについて話すことに取り組むことも重要である。支援方法としては，短い段落を読んだ後に彼女の理解度をチェックすることが挙げられる。理解度チェックをパターン化し，最初は，すべての段落の後で，読んだ内容を話してもらう。スキルが伸びてくれば，各章の終わりに理解度チェックを行えばよい。

- **自立性スキルの強化**　ジェニファーは，自立的に活動し感情をコントロールすることが非常に困難である。課題をする時間と一人の時間を増やすためにどのような方法と報酬を与えるかを考える必要がある。彼女の行動が教室を混乱させる場合，これらの行動により特化してどう対処していくかを考えていかなければならない。

- **社会的スキルの向上**　ジェニファーにとって衝動性の次に問題となるのが友人関係である。ソーシャルスキルのグループやランチのグループは，彼女が仲間と適切に関わる方法や彼女の行動が友人関係をいかに難しくしているかを学ぶ上で，とても役立つ。

- **実用的スキルの向上**　ジェニファーの衝動性は，安全性の重大な問題にもつながっている。彼女が道路を横断する前にスピードを落とすことは，ケガをしないようにするために重要なことである。彼女に持ち物を置くための明確なスペースを示すことも有効だろう。例えば，お皿とコップの置く場所が描かれたランチョンマットを使用することで，コップを倒すことがなくなるかもしれない。飲食店で自分の食事を注文できるようになるには，まずメニューの選択肢が限られているファストフード店で練習することが有効だ。

まとめ

　適応行動評価の結果についての報告書を作成する際には，以下のことに注意すべきである。

・結果の正確さに関して何らかの疑いがみられる場合は，妥当性についての報告をしなければならない。多くの尺度にはある程度の推定や推測を許す余地があるが，もしある回答者においてそれがあまりに多くみられる場合，その結果は有効とはいえない。よって，これらについても記述しておく必要がある。

・総合点，評価点や領域得点の概要を示す。

・領域得点に大きなばらつきがある場合は，適応行動総合点の解釈において注意を書き加える。総合点では，非常にばらつきのある得点も平均化され，意味をなさなくなってしまうからである。

・強みと弱みの重要かつ相対的な領域を特定する。繰り返しになるが，領域得点に大きなばらつきがある場合は，適応行動総合点の解釈には配慮が必要である。

・適応得点と年齢および認知得点を比較し，これらが釣り合っているかどうかを比較する。釣り合っていない場合は，考えられることを詳しく説明する。例えば，適応能力が年齢や認知能力を大幅に下回っている場合，自分が持っているスキルを，日常生活に適用することに苦労しているという証拠である。つまり，適応行動を実行する能力はあるが，生活で必要とされるときに使えないということである。適応能力が年齢相当よりも高い場合，適応能力は理想的には年齢（または精神年齢）に相応する必要があるため，これも懸念される可能性がある。

・下位領域の結果を説明するときは，対象児者の自立した行動で，以前は自立していなかった行動の例をあげるべきである（ニーズに最も関連する行動に焦点を当てる）。上限での行動にこうした行動がない場合，その人の能力を超えている行動に焦点を当てる必要はない。

・長期間，定期的に同じ検査を使用している場合，以前の結果と比較すると

よい。改善している点や停滞している点について詳しく説明し，特に以前に習得したスキルが失われている点について焦点化して説明する。

・複数の回答者（例：親と教師）がいる場合，評価者間で調査結果を比較し，存在する不一致について説明をする必要がある。多くの場合，行動は状況によって異なることに注意が必要である。そのため，例えば自宅でみられる行動が学校ではみられないからといって，どちらかの回答者が間違っているということではない。多くの場合，これらの違いを説明する理由がある（例えば，学校には他よりも一貫性があったり、自宅には慣れていたりする，など）。

・結果を使用して，個人のニーズに最も適切な適応行動の支援計画を作成する。これらの支援計画は，適応行動評価だけでなく，評価のすべての側面から作成されるべきである。

引用文献

1章

American Association on Mental Retardation. (1992). *Mental retardation: Definition, classification, and systems of support* (9th ed.). Washington, DC: Author.［茂木俊彦監訳（1999）. 精神遅滞——定義・分類・サポートシステム. 学苑社］

American Association on Mental Retardation. (2002). *Mental retardation: Definition, classification, and systems of supports; Workbook*. Washington, DC: Author.

American Psychiatric Association (APA). (1952). *Diagnostic and statistical manual of mental disorders*. Washington, DC: Author.

American Psychiatric Association (APA). (1968). *Diagnostic and statistical manual of mental disorders* (2nd ed.). Washington, DC: Author.

American Psychiatric Association (APA). (1980). *Diagnostic and statistical manual of mental disorders* (3rd ed.). Washington, DC: Author.

American Psychiatric Association (APA). (1987). *Diagnostic and statistical manual of mental disorders* (3rd ed., rev.). Washington, DC: Author.［高橋三郎訳（1988）. DSM-III-R 精神障害の診断・統計マニュアル. 医学書院］

American Psychiatric Association (APA). (1994). *Diagnostic and statistical manual of mental disorders* (4th ed.). Washington, DC: Author.［高橋三郎・大野裕・染矢俊幸訳（1996）. DSM-IV精神疾患の診断・統計マニュアル. 医学書院］

American Psychiatric Association (APA). (2000). *Diagnostic and statistical manual of mental disorders* (4th ed., text rev.). Washington, DC: Author.［高橋三郎・大野裕・染矢俊幸訳（2002）. DSM-IV-TR 精神疾患の診断・統計マニュアル. 医学書院］

American Psychiatric Association (APA). (2013). *Diagnostic and statistical manual of mental disorders* (5th ed.) Arlington, VA: Author.［日本精神神経学会監修（2014）. DSM-5 精神疾患の診断・統計マニュアル. 医学書院］

Brockley, J. A. (1999). History of mental retardation: An essay review. *History of Psychology*, *2*(1), 25–36.

Bruininks, R. H., Woodcock, R. W., Weatherman, R. F., & Hill, B. K. (1985). *Scales of independent behavior*. Allen, TX: DLM Teaching Resources.

Doll, E. A. (1917). *Clinical studies in feeble-mindedness*. Boston, MA: The Gorham Press. Doll, E. A. (1936). Idiot, imbecile, and moron. *Journal of Applied Psychology*, *20*(4), 427–437. http://doi.org/10.1037/h0056577

Doll, E. A. (1941). The essentials of an inclusive concept of mental deficiency. *American Journal of Mental Deficiency*, *46* , 214–219.

Doll, E. A. (1953). *The measurement of social competence: A manual for the Vineland Social Maturity Scale*. Minneapolis, MN: Educational Test Bureau.

Gelb, S. A. (1999). Spilled religion: The tragedy of Henry H. Goddard. *Mental Retardation*, *37*(3), 240–243. http://doi.org/10.1352/0047–6765

Goddard, H. H. (1908). The Binet and Simon Tests of Intellectual Capacity. *Training School*, 5, 3–9.

Goddard, H. H. (1912). *The Kallikak family: A study in the heredity of feeble-mindedness*. New York,

NY: Macmillan.

Goddard, H. H. (1914). *Feeble-mindedness: Its causes and consequences*. New York, NY: Macmillan.

Grossman, H. J. (1973). *Manual on terminology in mental retardation*. Washington, DC: American Association on Mental Deficiency.

Grossman, H. J. (1977). *Manual on terminology in mental retardation*. Washington, DC: American Association on Mental Deficiency.

Grossman, H. J. (1983). *Classification in mental retardation*. Washington, DC: American Association on Mental Deficiency.

Harrison, P. L., & Oakland, T. (2000). *Adaptive behavior assessment system*. San Antonio, TX: The Psychological Corporation.

Harrison, P. L., & Oakland, T. (2003). *Adaptive behavior assessment system* (2nd ed.). San Antonio, TX: Pearson.

Heber, R. (1959). A manual on terminology and classification in mental retardation. *American Journal of Mental Deficiency, Suppl 64*(2), 1-111.

Heber, R. A. (1961). *A manual on terminology and classification in mental retardation: Monograph supplement to the American Journal of Mental Deficiency* (2nd ed.). Springfield, IL: American Association on Mental Deficiency.

Luckasson, R., Coulter, D., Polloway, E. A., Reiss, S., Schalock, R. L., Snell, M. E., ... & Stark, J. A. (1992). *Mental retardation: Definition, classification, and systems of supports*. Washington, DC: American Association on Mental Retardation.

Nihira, K., Foster, R., Shellhaas, M., & Leland, H. (1974). *AAMD adaptive behavior scale*. Washington, DC: Author.

Reilly, P. R. (1987). Involuntary sterilization in the United States: A surgical solution. *The Quarterly Review of Biology, 62*(2), 153-70.

Reschly, D. J., Myers, T. G., Hartel, C. R., & National Research Council. (2002). *Mental retardation: Determining eligibility for social security benefits*. Washington, DC: National Academies Press.

Richards, S. B., Brady, M. P., & Taylor, R. L. (2015). Definition and classification of cognitive/intellectual disabilities. *Cognitive and intellectual disabilities: Historical perspectives, current practices, and future directions* (2nd ed., pp. 38-62). New York, NY: Routledge.

Schalock, R. L., Borthwick-Duffy, S. A., Bradley, V. J., Buntinx, W. H. E., Coulter, D. L., Craig, E. M., ... & Yeager, M. H. (2010). *Intellectual disability: Definition, classification, and systems of supports* (11th ed.). Washington, DC: American Association on Intellectual and Developmental Disabilities.［太田俊己・金子健・原仁・湯汲英史・沼田千妤子訳（2012）. 知的障害 ——定義、分類および支援体系 第 11 版. 日本発達障害連盟］

Sparrow, S. S., Balla, D., & Cicchetti, D. V. (1984). *Vineland adaptive behavior scales* (Expanded). Circle Pines, MN: American Guidance Service.

Sparrow, S. S., Cicchetti, D. V., & Saulnier, C. A. (2016). *Vineland adaptive behavior scales* (3rd ed.). Bloomington, MN: NCS Pearson.

Zenderland, L. (2001). *Measuring Minds: Henry Herbert Goddard and the Origins of American Intelligence Testing*. Cambridge University Press.

2章

Adams, G. L. (2000). *CTAB-R and NABC-R technical manual* . Seattle, WA: Educational Achievement

Systems.

Boyle, C. A., Yeargin-Allsopp, M., Doernberg, N. S., Holmgreen, P., Murphy, C. C., & Schendel, D. E. (1996). Prevalence of selected developmental disabilities in children 3–10 years of age: The metropolitan Atlanta developmental disabilities surveillance program, 1991. *Morbidity and Mortality Weekly Report, 45*(2), 1–14.

Bruininks, R. H., Woodcock, R. W., Weatherman, R. F., & Hill, B. K. (1996). *SIB-R: Scales of independent behavior* (rev.) Chicago, IL: Riverside Publishing.

Bryant, B. R., Bryant, D. P., & Chamberlain, S. (1999). Examination of gender and race factors in the assessment of adaptive behavior. In R. L. Schalock & D. L. Braddock (Eds.), *Adaptive behavior and its measurement: Implications for the field of mental retardation* (pp. 141–160). Washington, DC: American Association on Mental Retardation.

Craig, E. M., & Tasse, M. J. (1999). Cultural and demographic group comparisons in adaptive behavior. In R. L. Schalock & D. L. Braddock (Eds.), *Adaptive behavior and its measurement: Implications for the field of mental retardation* (pp. 119–140). Washington, DC: American Association on Mental Retardation.

Doll, E. A. (1953). *The measurement of social competence: A manual for the Vineland Social Maturity Scale*. Minneapolis, MN: Educational Test Bureau.

Doucette, J., & Freedman, R. (1980). *Progress tests for the developmentally disabled: An evaluation*. Cambridge, MA: Abt Books.

Harrison, P., & Oakland, T. (2003). *Adaptive behavior assessment system* (2nd ed.). San Antonio, TX: Pearson.

Hutton, J. B., Dubes, R., & Muir, S. (1992). Assessment practices of school psychologists: Ten years later. *School Psychology Review, 21*(2), 271–284.

Jacobson, J. W., & Mulick, J. A. (1996). *Manual of diagnosis and professional practice in mental retardation*. Washington, DC: American Psychological Association.

Kamphaus, R. W. (1987). Conceptual and psychometric issues in the assessment of adaptive behavior. *Journal of Special Education, 21*(1), 27–35.

National Research Council. (2002). *Mental retardation*. Washington, DC: National Academies Press.

Neisser, U., Boodoo, G., Bouchard, T. J., Boykin, A. W., Brody, N., Cici, S. J., ... & Urbina, S. (1996). Intelligence: Knowns and unknowns. *American Psychologist, 51*(2), 77–101.

Ochoa, S. H., Powell, M. P., & Robles-Pina, R. (1996). School psychologists' assessment practices with bilingual and limited-English-proficient students. *Journal of Psychoeducational Assessment, 14* (3), 250–275.

Sparrow, S. S., Balla, D., & Cicchetti, D. V. (1984). *Vineland adaptive behavior scales* (Expanded). Circle Pines, MN: American Guidance Service.

Sparrow, S. S., Cicchetti, D. V., & Balla, D. A. (2005). *Vineland adaptive behavior scales* (2nd ed.). San Antonio, TX: Pearson. ［辻井正次・村上隆監修（2014）. Vineland-II 適応行動尺度日本版. 日本文化科学社］

Sparrow, S. S., Cicchetti, D. V., & Saulnier, C. A. (2016). *Vineland adaptive behavior scales* (3rd ed.). Bloomington, MN: NCS Pearson.

Spreat, S. (1999). Psychometric standards for adaptive behavior assessment. In R. L. Schalock (Ed.), *Adaptive behavior and its measurement: Implications for the field of mental retardation* (pp. 103–108). Washington, DC: American Association on Mental Retardation.

Stinnett, T. A., Havey, J. M., & Oehler-Stinnett, J. (1994). Current test usage by practicing school psychologists: A national survey. *Journal of Psychoeducational Assessment*, *12*(4), 331–350.

Thompson, F. R., McGrew, K. S., & Bruininks, R. H. (1999). Adaptive and maladaptive behavior: Functional and structural characteristics. In R. L. Schalock (Ed.), *Adaptive behavior and its measurement: Implications for the field of mental retardation* (pp. 15–42). Washington, DC: American Association on Mental Retardation.

Watkins, C. E., Campbell, V. L., Nieberding, R., & Hallmark, R. (1995). Contemporary prac-tice of psychological assessment by clinical psychologists. *Professional Psychology: Research and Practice*, *26* (1), 54–60.

3章

American Psychiatric Association [APA]. (2000). *Diagnostic and statistical manual of mental disorders* (4th ed., text rev.). Washington, DC: Author.［高橋三郎・大野裕・染矢俊幸訳（2002）. DSM-Ⅳ-TR 精神疾患の診断・統計マニュアル. 医学書院］

American Psychiatric Association [APA]. (2013). *Diagnostic and statistical manual of mental disorders* (5th ed.). Arlington, VA: Author.［日本精神神経学会監修（2014）. DSM-5 精神疾患の診断・統計マニュアル. 医学書院］

Bayley, N. (2006). *Bayley scales of infant and toddler development* (3rd ed.). San Antonio, TX: Harcourt Assessment.

Bruininks, R. H., Woodcock, R. W., Weatherman, R. F., & Hill, B. K. (1996). *SIB-R: Scales of independent behavior-Revised* . Chicago, IL: Houghton Mifflin Harcourt Publishing.

Doll, E. A. (1953). *The measurement of social competence: A manual for the Vineland Social Maturity Scale*. Minneapolis, MN: Educational Test Bureau.

Givens, T., & Ward, C. L. (1982). Stability of the AAMD Adaptive Behavior Scale, Public School Version. *Psychology in the Schools*, *19*(2), 166–169.

Harrison, P. L., & Oakland, T. (2000). *Adaptive behavior assessment system*. San Antonio, TX: The Psychological Corporation.

Harrison, P., & Oakland, T. (2003). *Adaptive behavior assessment system* (2nd ed.). San Antonio, TX: Pearson.

Harrison, P., & Oakland, T. (2015). *Adaptive behavior assessment system* (3rd ed.). Torrance, CA: Western Psychological Services.

Heber, R. (1959). A manual on terminology and classification in mental retardation. *American Journal of Mental Deficiency, Suppl 64*(2), 1–111.

Lambert, N. (1981). *AAMD adaptive behavior scale, school edition: Diagnostic and technical manual* . Monterey, CA: Publishers Test Service.

Lambert, N., Nihira, K., & Leland, H. (1993). *AAMR adaptive behavior scale-school* (2nd ed.). Austin, TX: PRO-ED.

Lambert, N., Windmiller, M., Cole, L., & Figueroa, R. (1975). *Manual: AAMD adaptive behavior scale, public school version (1974 revision)*. Washington, DC: American Association on Mental Deficiency.

McCarney, S. B., & Arthaud, T. J. (2006). *Adaptive behavior evaluation scale* (2nd ed., rev). Columbia, MO: Hawthorne Educational Services.

McCarney, S. B., & House, S. N. (2017). *Adaptive behavior evaluation scale* (3rd ed.). Columbia, MO:

Hawthorne Educational Services.

Newborg, J. (2016). *Battelle developmental inventory: Normative update* (2nd ed.). Boston, MA: Houghton Mifflin Harcourt.

Nihira, K., Leland, H., & Lambert, N. M. (1993). *ABS-RC:2: AAMR adaptive behavior scale: Residential and community*. Austin, TX: American Association on Mental Retardation.

Sattler, J. M. (2002). *Assessment of children: Behavioral and clinical applications*. San Diego, CA: Author.

Schalock, R. L., Borthwick-Duffy, S. A. Bradley, V. J., Buntinx, W. H. E., Coulter, D. L., Craig, E. M., Gomez, S. C., ... & Yeager, M. H. (2010). *Intellectual disability: Definition, classification, and systems of support* (11th ed.). Washington, DC: American Association on Intellectual and Developmental Disabilities.［太田俊己・金子健・原仁・湯汲英史・沼田千妤子訳 (2012). 知的障害──定義, 分類および支援体系 第 11 版. 日本発達障害連盟］

Sparrow, S. S., Balla, D. A., & Cicchetti, D. V. (1985). *The Vineland adaptive behavior scales: Classroom edition*. Circle Pines, MN: American Guidance Service.

Sparrow, S. S., Balla, D., & Cicchetti, D. V. (1984). *Vineland adaptive behavior scales* (Expanded). Circle Pines, MN: American Guidance Service.

Sparrow, S. S., Cicchetti, D. V., & Balla, D. A. (2005a). *Vineland adaptive behavior scales: Teacher rating form manual* (2nd ed.). San Antonio, TX: NCS Pearson.［辻井正次・村上隆監修 (2014). Vineland-II 適応行動尺度日本版マニュアル. 日本文化科学社］

Sparrow, S. S., Cicchetti, D. V., & Balla, D. A. (2005b). *Vineland adaptive behavior scales* (2nd ed.). San Antonio, TX: Pearson.［辻井正次・村上隆監修 (2014). Vineland-II 適応行動尺度日本版. 日本文化科学社］

Sparrow, S. S., Cicchetti, D. V., & Balla, D. A. (2008). *Vineland adaptive behavior scales: Expanded interview form manual* (2nd ed.). San Antonio, TX: NCS Pearson.

Sparrow, S. S., Cicchetti, D. V., & Saulnier, C. A. (2016). *Vineland adaptive behavior scales* (3rd ed.). Bloomington, MN: NCS Pearson.

Stinnett, T. A. (1997). Book review: AAMR Adaptive Behavior Scale-School (2nd ed.). *Journal of Psychoeducational Assessment, 15*(4), 361–372. http://doi.org/10.1177/ 073428299701500409

Stinnett, T. A., Fuqua, D. R., & Coombs, W. T. (1999). Construct validity of the AAMR Adaptive Behavior Scale-School:2. *School Psychology Review, 28*(1), 31–43.

Tassé, M. J., Schalock, R. L., Balboni, G., Bersani, H., Borthwick-Duffy, S. A.,& Spreat, S. (2018). *Diagnostic adaptive behavior scale: User's manual* . Washington, DC: American Association on Intellectual and Developmental Disabilities.

Tassé, M. J., Schalock, R. L., Balboni, G., Spreat, S., & Navas, P. (2016). Validity and reliability of the Diagnostic Adaptive Behavior Scale. *Journal of Intellectual Disability Research, 60*, 80–88.

Tsujii, M., Murakami, T., Kuroda, M., Ito, H., Someki, F., & Hagiwara, T. (2015). *The Japanese Vineland Adaptive Behavior Scales* (2nd ed.). Tokyo, Japan: Nihon Bunka Kagakusha.［辻井正次・村上隆監修 (2014). Vineland-II 適応行動尺度日本版. 日本文化科学社］

4章

Abbeduto, L., & McDuffie, A. (2010). Genetic syndromes associated with intellectual disabilities. *Handbook of medical neuropsychology: Applications of cognitive neuroscience* (pp. 193–221). New York, NY: Springer.

American Psychiatric Association. (2013). *Diagnostic and statistical manual of mental disorders* (5th ed.). Arlington, VA: Author. ［日本精神神経学会監修（2014）. DSM-5 精神疾患の診断・統計マニュアル. 医学書院］

Annaz, D., Hill, C. M., Ashworth, A., Holley, S., & Karmiloff-Smith, A. (2011). Characterisation of sleep problems in children with Williams syndrome. *Research in Developmental Disabilities, 32,* 164–169.

Australian Institute of Health and Welfare. (2007). *Disability support services 2004–2005 CSTDA NMDS service user data*. Canberra, Australia: Author.

Axelsson, E. L., Hill, C. M., Sadeh, A., & Dimitrou, D. (2013). Sleep problems and language development in toddlers with Williams syndrome. *Research in Developmental Disabilities, 34,* 3988–3996.

Bailey, D. B., Mesibov, G. B., Hatton, D. D., Clark, R. D., Roberts, J. E., & Mayhew, L. (1998). Autistic behavior in young boys with fragile X syndrome. *Journal of Autism and Developmental Disorders, 28*(6), 499–508.

Bayley, N. (1969). *Bayley scales of infant development*. New York, NY: Harcourt Assessment.

Bellugi, U., Lichtenberger, L., Mills, D., Galaburda, A., & Korenberg, J. R. (1999). Bridging cognition, the brain and molecular genetics: Evidence from Williams syndrome. *Trends in Neuroscience, 22,* 197–207.

Beuren, A. J., Aptiz, J., & Harmjanz, D. (1962). Supravalvular aortic stenosis in association with mental retardation and a certain facial appearance. *Circulation, 26*, 1235–1240.

Boer, H., Holland, A., Whittington, J., Butler, J., Webb, T., & Clarke, D. (2002). Psychotic illness in people with Prader-Willi syndrome due to chromosome 15 maternal uniparental disomy. *The Lancet, 359*(9301), 135–136.

Brawn, G., & Porter, M. (2014). Adaptive functioning in Williams syndrome and its relation to demographic variables and family environment. *Research in Developmental Disabilities, 35,* 3606–3623.

Buckley, S., Broadley, I., MacDonald, J., & Laws, G. (1995). Long-term maintenance of memory skills taught to children with Down syndrome. *Down Syndrome Research and Practice, 3*(3), 103–109.

Buiting, K., Saitoh, S., Gross, S., Dittrich, B., Schwartz, S., Nicholls, R. D., & Horsthemke, B. (1995). Inherited microdeletions in the Angelman and Prader-Willi syndromes define an imprinting centre on human chromosome 15. *Nature Genetics, 9*(4), 395–400.

Carpentieri, S., & Morgan, S. B. (1996). Adaptive and intellectual functioning in autistic and nonautistic retarded children. *Journal of Autism and Developmental Disorders, 26* (6), 611–620.

Chapman, R. S., & Hesketh, L. J. (2001). Language, cognition, and short-term memory in individuals with Down syndrome. *Down's Syndrome, Research and Practice: The Journal of the Sarah Duffen Centre, 7*(1), 1–7.

Clayton-Smith, J., & Pembrey, M. E. (1992). Angelman syndrome. *Journal of Medical Genetics, 29*(6), 412–415.

Coe, D. A., Matson, J. L., Russell, D. W., Slifer, K. J., Capone, G. T., Baglio, C., & Stallings, S. (1999). Behavior problems of children with Down syndrome and life events. *Journal of Autism and Developmental Disorders, 29*(2), 149–156.

Cohen, I. L., Vietze, P. M., Sudhalter, V., Jenkins, E. C., & Brown, W. T. (1989). Parent-child dyadic gaze patterns in fragile X males and in non-fragile X males with autistic disorder. *Journal of Child*

Psychology and Psychiatry, and Allied Disciplines, *30*(6), 845–856.

Colley, A. F., Leversha, M. A., Voullaire, L. E., & Rogers, J. G. (1990). Five cases demonstrating the distinctive behavioral features of chromosome deletion 17 (p11.2) (Smith-Magenis syndrome). *Journal of Paediatrics and Child Health, 26* , 17–21.

Connolly, J. A. (1978). Intelligence levels of Down syndrome children. *American Journal of Mental Deficiency*, *83*, 183–196.

Cowley, A., Holt, G., Bouras, N., Sturmey, P., Newton, J. T., & Costello, H. (2004). Descriptive psychopathology in people with mental retardation. *The Journal of Nervous and Mental Disease*, *192*, 232–237.

Crocker, N., Vaurio, L., Riley, E. P., & Mattson, S. N. (2009). Comparison of adaptive behavior in children with heavy prenatal alcohol exposure or attention-deficit hyperactivity disorder. *Alcoholism: Clinical and Experimental Research*, *33*(11), 2015–2023.

Davies, M., Udwin, O., & Howlin, P. (1998). Adults with Williams syndrome: Preliminary study of social, emotional, and behavioural difficulties. *British Journal of Psychiatry*, *172*, 273–276.

Davis, A. S. (2008). Children with Down syndrome: Implications for assessment and intervention in the school. *School Psychology Quarterly*, *23*(2), 271–281.

Denmark, J. L., Feldman, M. A., & Holden, J. J. (2003). Behavioral relationship between autism and fragile X syndrome. *American Journal of Mental Retardation*, *108*(5), 314–326.

Dimitropoulos, A., Ho, A. Y., Klaiman, C., Koenig, K., & Schultz, R. T. (2009). A comparison of behavioral and emotional characteristics in children with autism, Prader-Willi syndrome, and Williams syndrome. *Journal of Mental Health Research in Intellectual Dis-abilities*, *2*(3), 220–243.

Di Nuovo, S., & Buono, S. (2011). Behavioral phenotypes of genetic syndromes with intellectual disability: Comparison of adaptive profiles. *Psychiatry Research*, *189*(3), 440–445.

Dykens, E. M. (1995). Measuring behavioral phenotypes: Provocation from the "new genetics." *American Journal of Mental Retardation*, *99*, 522–532.

Dykens, E. M. (1999). Direct effects of genetic mental retardation syndromes: Maladaptive behavior and psychopathology. *International Review of Research in Mental Retardation*, *22*, 1–26.

Dykens, E. M., & Hodapp, R. M. (2001). Research in mental retardation: Toward an etiologic approach. *Journal of Child Psychology and Psychiatry*, *42*, 49–71.

Dykens, E. M., Hodapp, R. M., & Evans, D. W. (2006). Profiles and development of adaptive behavior in children with Down syndrome. *Down's Syndrome, Research and Practice: The Journal of the Sarah Duffen Centre*, *9*(3), 45–50.

Dykens, E. M., Hodapp, R. M., & Finucane, B. M. (2000). *Genetics and mental retardation syndromes: A new look at behavior and interventions*. Baltimore, MD: Brookes.

Dykens, E. M., Hodapp, R. M., Ort, S. I., & Leckman, J. F. (1993). Trajectory of adaptive behavior in males with fragile X syndrome. *Journal of Autism and Developmental Disorders*, *23*(1), 135–145.

Dykens, E. M., Hodapp, R. M., Walsh, K., & Nash, L. J. (1992). Adaptive and maladaptive behavior in Prader-Willi syndrome. *Journal of the American Academy of Child and Adolescent Psychiatry*, *31*(6), 1131–1136.

Dykens, E. M., & Kasari, C. (1997). Maladaptive behavior in children with Prader-Willi syndrome, Down syndrome, and nonspecific mental retardation. *American Journal on Mental Retardation*, *102*(3), 228.

Dykens, E. M., Lee, E., & Roof, E. (2011). Prader-Willi syndrome and autism spectrum disorders: An evolving story. *Journal of Neurodevelopmental Disorders*, *3*(3), 225–237.

Dykens, E., Ort, S., Cohen, I., Finucane, B., Spiridigliozzi, G., Lachiewicz, A., ... & O'Connor, R. (1996). Trajectories and profiles of adaptive behavior in males with fragile X syndrome: Multicenter studies. *Journal of Autism and Developmental Disorders*, *26* (3), 287–301.

Dykens, E. M., & Roof, E. (2008). Behavior in Prader-Willi syndrome: Relationship to genetic subtypes and age. *Journal of Child Psychology and Psychiatry*, *49*(9), 1001–1008.

Dykens, E. M., Roof, E., & Hunt-Hawkins, H. (2017). Cognitive and adaptive advantages of growth hormone treatment in children with Prader-Willi syndrome. *Journal of Child Psychology and Psychiatry*, *58*(1), 64–74.

Elison, S., Stinton, C., & Howlin, P. (2010). Health and social outcomes in adults with Williams syndrome: Findings from cross-sectional and longitudinal cohorts. *Research in Developmental Disabilities*, *31*(2), 587–599.

Ewart, A. K., Morris, C. A., Atkinson, D., Jin, W., Sternes, K., Spallone, P., ... & Keating, M. T. (1993). Hemizygosity at the elastin locus in a developmental disorder, Williams syndrome. *Nature Genetics*, *5*, 11–16.

Fagerlund, A., Autti-Ramo, I., Kalland, M., Santtila, P., Hoyme, E. H., Mattson, S. N., & Korkman, M. (2012). Adaptive behavior in children and adolescents with fetal alcohol spectrum disorders: A comparison with specific learning disability and typical develop-ment. *European Child & Adolescent Psychiatry*, *21*, 221–231.

Feinstein, C., & Reiss, A. L. (1998). Autism: The point of view from fragile X studies. *Journal of Autism and Developmental Disorders*, *28*(5), 393–405.

Fernell, E., & Ek, U. (2010). Borderline intellectual functioning in children and adolescents—insufficiently recognized difficulties. *Act Paediatrica*, *99*, 748–753.

Fidler, D. J., Hepburn, S., & Rogers, S. (2006). Early learning and adaptive behaviour in toddlers with Down syndrome: Evidence for an emerging behavioural phenotype? *Down's Syndrome, Research and Practice: The Journal of the Sarah Duffen Centre*, *9*(3), 37–44.

Fidler, D., Most, D., & Philofsky, A. (2009). The Down syndrome behavioural phenotype: Taking a developmental approach. *Down Syndrome Research and Practice*, *12*(3), 37–44.

Finucane, B. M., Lusk, L., Arkilo, D., Chamberlain, S., Devinsky, O., Dindot, S., ... & Cook, E. H. (1993). 15q duplication syndrome and related disorders. *GeneReviews(®)*. University of Washington, Seattle.

Fisch, G. S., Carpenter, N., Holden, J. J., Howard-Peebles, P. N., Maddalena, A., Borghgraef, M., ... & Fryns, J. P. (1999). Longitudinal changes in cognitive and adap-tive behavior in fragile X females: A prospective multicenter analysis. *American Journal of Medical Genetics*, *83*(4), 308–312.

Fisch, G. S., Carpenter, N., Howard-Peebles, P. N., Holden, J. J. A., Tarleton, J., Simensen, R., & Battaglia, A. (2012). Developmental trajectories in syndromes with intellectual disability, with a focus on Wolf-Hirschhorn and its cognitive-behavioral profile. *American Journal on Intellectual and Developmental Disabilities*, *117* (2), 167–179.

Fisch, G. S., Simensen, R. J., & Schroer, R. J. (2002). Longitudinal changes in cognitive and adaptive behavior scores in children and adolescents with the fragile X mutation or autism. *Journal of Autism and Developmental Disorders*, *32*(2), 107–114.

Fisher, M. H., Lense, M. D., & Dykens, E. M. (2016). Longitudinal trajectories of intellectual and adaptive functioning in adolescents and adults with Williams syndrome. *Journal of Intellectual*

Disability Research, *60*(10), 920–932.

Fjørtoft, T., Grunewaldt, K. H., Løhaugen, G. C. C., Mørkved, S., Skranes, J., & Evensen, K. A. I. (2015). Adaptive behavior in 10–11 year old children born preterm with a very low birth weight (VLBW). *European Journal of Paediatric Neurology*, *19*(2), 162–169.

Flint, J., & Yule, W. (1994). Behavioral phenotypes. In M. Rutter, E. Taylor, & L. Hersov (Eds.), *Child and adolescent psychiatry* (pp. 666–687). Oxford, UK: Blackwell Scientific.

Freund, L. S., Peebles, C. D., Aylward, E., & Reiss, A. L. (1995). Preliminary report on cognitive and adaptive behaviors of preschool-aged males with fragile X. *Developmental Brain Dysfunction*, *8*, 242–251.

Fu, T. J., Lincoln, A. J., Bellugi, U., & Searcy, Y. M. (2015). The association of intelligence, visual-motor functioning, and personality characteristics with adaptive behavior in individuals with Williams syndrome. *American Journal on Intellectual and Developmental Disabilities*, *120*(4), 273–288.

Gibson, D. (1978). *Down's syndrome: The psychology of mongolism*. Cambridge, UK: Cambridge University Press.

Glass, H. C., Costarino, A. T., Stayer, S. A., Brett, C. M., Cladis, F., & Davis, P. J. (2015). Outcomes for extremely premature infants. *Anesthesia and Analgesia*, *120*(6), 1337–1351.

Greenberg, F., Guzzetta, V., de Oca-Luna, R. M., Magenis, R. E., Smith, A. C. M., Richter, S. F., ... & Lupski, J. R. (1991). Molecular analysis of the Smith-Magenis syndrome: A possible continguous-gene syndrome associated with del(17) (p11.2). *American Journal of Human Genetics*, *4*, 1207–1218.

Greer, M. K., Brown, F. R. I., Pai, G., Choudry, S. H., & Klein, A. J. (1997). Cognitive, adaptive, and behavioral characteristics of Williams syndrome. *American Journal of Medical Genetics*, *74*, 521–525.

Grieco, J., Pulsifer, M., Seligsohn, K., Skotko, B., & Schwartz, A. (2015). Down syndrome: Cognitive and behavioral functioning across the lifespan. *American Journal of Medical Genetics Part C: Seminars in Medical Genetics*, *169*(2), 135–149.

Griffith, G. M., Hastings, R. P., Nash, S., & Hill, C. (2010). Using matched groups to explore child behavior problems and maternal well-being in children with Down syndrome and autism. *Journal of Autism and Developmental Disorders*, *40*(5), 610–619.

Grossman, H. J. (1983). *Classification in mental retardation*. Washington, DC: American Assocation on Mental Deficiency.

Hack, M., Taylor, H. G., Drotar, D., Schluchter, M., Cartar, L., Andreias, L., ... & Klein, N. (2005). Chronic conditions, functional limitations, and special health care needs of school-aged children born with extremely-low-birth-weight in the 1990s. *JAMA*, *294*(3), 318.

Hagerman, R. J., & Jackson, A. W. (1985). Autism or fragile X syndrome? *Journal of the American Academy of Child Psychiatry*, *24*(2), 239–240.

Hahn, L. J., Brady, N. C., Warren, S. F., & Fleming, K. K. (2015). Do children with fragile X syndrome show declines or plateaus in adaptive behavior? *American Journal on Intellectual and Developmental Disabilities*, *120*(5), 412–432.

Harries, J., Guscia, R., Nettelbeck, T., & Kirby, N. (2009). Impact of additional disabilities on adaptive behavior and support profiles for people with intellectual disabilities. *American Journal on Intellectual and Developmental Disabilities*, *114*(4), 237–253.

Harrison, P., & Oakland, T. (2003). *Adaptive behavior assessment system* (2nd ed.). San Antonio, TX: Pearson.

Hatton, D. D., Wheeler, A. C., Skinner, M. L., Bailey, D. B., Sullivan, K. M., Roberts, J. E., ... & Clark, R. D. (2003). Adaptive behavior in children with fragile X syndrome. *American Journal of Mental Retardation, 108*(6), 373–390.

Hodapp, R. M. (1997). Direct and indirect behavioral effects of different genetic disorders of mental retardation. *American Journal of Mental Retardation, 102,* 67–79.

Hodapp, R. M. (2006). Total versus partial specificity in the behaviour of persons with Down syndrome. In J. Rondal & J. Perera (Eds.), *Down syndrome: Neurobehavioral specificity.* Hoboken, NJ: Wiley.

Howe, T. H., Sheu, C. F., Hsu, Y.W., Wang, T. N., & Wang, L. W. (2016). Predicting neurodevelopmental outcomes at preschool age for children with very low birth weight. *Research in Developmental Disabilities, 48,* 231–241.

Howlin, P., Elison, S., Udwin, O., & Stinton, C. (2010). Cognitive, linguistic and adaptive functioning in Williams syndrome: Trajectories from early to middle adulthood. *Journal of Applied Research in Intellectual Disabilities, 23*(4), 322–336.

Jobling, A. (1998). Motor development in school-aged children with Down syndrome: A longitudinal perspective. *International Journal of Disability, Development and Education, 45*(3), 283–293.

Kalberg, W. O., Provost, B., Tollison, S. J., Tabachnick, B. G., Robinson, L. K., Eugene Hoyme, H., ... & May, P. A. (2006). Comparison of motor delays in young children with fetal alcohol syndrome to those with prenatal alcohol exposure and with no prenatal alco-hol exposure. *Alcoholism: Clinical and Experimental Research, 30*(12), 2037–2045.

Kaufmann, W. E., Cortell, R., Kau, A. S., Bukelis, I., Tierney, E., Gray, R. M., ... & Stanard, P. (2004). Autism spectrum disorder in fragile X syndrome: Communication, social interaction, and specific behaviors. *American Journal of Medical Genetics Part A, 129A*(3), 225–234.

Key, A. P., Jones, D., & Dykens, E. M. (2013). Social and emotional processing in Prader-Willi syndrome: Genetic subtype differences. *Journal of Neurodevelopmental Disorders, 5*(1), 7.

King, B. H., Toth, K. E., Hodapp, R. M., & Dykens, E. M. (2009). Intellectual disability. In B. J. Sadock, V. A. Sadock, & P. Ruiz (Eds.), *Comprehensive textbook of psychiatry* (pp. 3444–3474). Philadelphia, PA: Lippincott Williams & Wilkins.

Klaiman, C., Quintin, E.-M., Jo, B., Lightbody, A. A., Hazlett, H. C., Piven, J., ... & Reiss, A. L. (2014). Longitudinal profiles of adaptive behavior in fragile X syndrome. *Pediatrics, 134*(2), 315–324.

Kover, S. T., Pierpont, E. I., Kim, J.-S., Brown, W. T., & Abbeduto, L. (2013). A neurodevelopmental perspective on the acquisition of nonverbal cognitive skills in adolescents with fragile X syndrome. *Developmental Neuropsychology, 38*(7), 445–460.

Lauteslager, P., Vermeer, A., Helders, P., & Mazer, B. (1998). Disturbances in the motor behaviour of children with Down's syndrome: The need for a theoretical framework. *Physiotherapy, 84*(1), 5–13.

Leonard, H., & Wen, X. (2002). The epidemiology of mental retardation: Challenges and opportunities in the new millenium. *Mental Retardation and Developmental Disabilities Research Reviews, 8,* 1117–1134.

Loveland, K. A., & Kelley, M. L. (1991). Development of adaptive behavior in preschoolers with autism or Down syndrome. *American Journal of Mental Retardation, 96* (1), 13–20.

Madduri, N., Peters, S. U., Voigt, R. G., Llorente, A. M., Lupski, J. R., & Potocki, L. (2006). Cognitive and adaptive behavior profiles in Smith-Magenis syndrome. *Journal of Developmental & Behavioral Pediatrics*, *27* (3), 188–192.

Maloney, E. S., & Larrivee, L. S. (2007). Limitations of age-equivalence scores in reporting results of norm-referenced tests. *Contemporary Issues in Communication Sciences and Disor-ders*, *34*, 86–93.

Marchal, J. P., Maurice-Stam, H., Houtzager, B. A., Rutgers van Rozenburg-Marres, S. L., Oostrom, K. J., Grootenhuis, M. A., & van Trotsenburg, A. S. P. (2016). Growing up with Down syndrome: Development from 6 months to 10.7 years. *Research in Developmental Disabilities*, *59*, 437–450.

Mascari, M. J., Gottlieb, W., Rogan, P. K., Butler, M. G., Waller, D. A., Armour, J. A. L., ... & Nicholls, R. D. (1992). The frequency of uniparental disomy in Prader-Willi syndrome. *New England Journal of Medicine*, *326* (24), 1599–1607.

Maulik, P. K., Mascarenhas, M. N., Mathers, C. D., Dua, T., & Saxena, S. (2011). Prevalence of intellectual disability: A meta-analysis of population-based studies. *Research in Developmental Disabilities*, *32*(2), 419–436.

Mazzocco, M. M., & Holden, J. A. (1996). Neuropsychological profiles of three sisters homozygious for the fragile X mutation. *American Journal of Medical Genetics*, *64*, 323–328.

McKenzie, K., Milton, M., Smith, G., & Ouellette-Kuntz, H. (2016). Systematic review of the prevalence and incidence of intellectual disabilities: Current trends and issues. *Current Developmental Disorders Reports*, *3*, 104–115.

Mervis, C. B., & Bertrand, J. (1997). Developmental relations between cognition and language: Evidence from Williams syndrome. In L. B. Adamson & M. A. Romski (Eds.), *Communication and language acquisition: Discoveries from atypical development* (pp. 75–106). Baltimore, MD: Brookes.

Mervis, C. B., & John, A. E. (2010). Cognitive and behavioral characteristics of children with Williams syndrome: Implications for intervention approaches. *American Journal of Medical Genetics Part C: Seminar in Medical Genetics*, *2*, 229–248.

Mervis, C. B., & Klein-Tasman, B. P. (2000). Williams syndrome: Cognition, personality, and adaptive behavior. *Mental Retardation Developmental Disabilities Research Review*, *6* , 148–158.

Mervis, C. B., & Klein-Tasman, B. P. (2004). Methodological issues in group-matching designs: Alpha levels for control variable comparisons and measurement characteristics of control and target variables. *Journal of Autism and Developmental Disorders*, *34*(1), 7–17.

Mervis, C. B., Klein-Tasman, B. P., & Mastin, M. E. (2001). Adaptive behavior of 4-through 8-year-old children with Williams syndrome. *American Journal on Mental Retardation*, *106* (1), 82.

Mervis, C. B., & Pitts, C. H. (2015). Children with Williams syndrome: Developmental trajectories for intellectual abilities, vocabulary abilities, and adaptive behavior. *American Journal of Medical Genetics Part C: Seminar in Medical Genetics*, *169*(2), 158–171.

Meyers, C. E., Nihira, K., & Zetlin, A. (1979). *The measurement of adaptive behavior*. In N. R. Ellis (Ed.), *Handbook of mental deficiency. Psychological theory and research* (2nd ed.). Hillsdale, NJ: Erlbaum.

Miny, P., Basaran, S., Kuwertz, E., Holzgreve, W., Pawlowitzki, I.-H., Claussen, U., ... & Courchesne, E. (1986). Inv dup (15): Prenatal diagnosis and postnatal follow-up. *Prenatal Diagnosis*, *6* (4), 303–306.

Mircher, C., Toulas, J., Cieuta-Walti, C., Marey, I., Conte, M., González Briceño, L., ... & Ravel, A.

(2017). Anthropometric charts and congenital anomalies in newborns with Down syndrome. *American Journal of Medical Genetics Part A, 173*(8), 2166–2175.

Morris, C. A. (2006). The dysmorphology, genetics, and natural history of Williams-Beuren syndrome. In C. A. Morris, H. M. Lenhoff, & P. P. Wang (Eds.), *Williams-Beuren syndrome: Research, evaluation, and treatment* (pp. 3–17). Baltimore, MD: Johns Hopkins University Press.

Morris, C. A. (2010). Introduction: Williams syndrome. *American Journal of Medical Genetics Part C: Seminar in Medical Genetics, 154C ,* 203–208.

Murphy, C. C., Yeargin-Allsopp, M., Decoufle, P., & Drews, C. D. (1995). The adminstrative prevalence of mental retardation in 10-year-old children in metropolitan Atlanta. *American Journal of Public Health, 85,* 319–323.

Myers, B. A., & Pueschel, S. M. (1991). Psychiatric disorders in persons with Down syndrome. *The Journal of Nervous and Mental Disease, 179*(10), 609–613.

National Research Council: Reschly, D.J., Myers, T.G., & Hartel, C.R. (Eds.) (2002). *Mental retardation: Determining eligibility for social security benefits.* Washington, DC: National Academies Press.

Nicholls, R. D., Knoll, J. H. M., Butler, M. G., Karam, S., & Lalande, M. (1989). Genetic imprinting suggested by maternal heterodisomy in non-deletion Prader-Willi syndrome. *Nature, 342*(6247), 281–285.

Patterson, T., Rapsey, C. M., & Glue, P. (2013). Systematic review of cognitive development across childhood in Down syndrome: Implications for treatment interventions. *Journal of Intellectual Disability Research, 57* (4), 390–392.

Philofsky, A., Hepburn, S. L., Hayes, A., Hagerman, R. J., & Rogers, S. J. (2004). Linguistic and cognitive functioning and autism symptoms in young children with fragile X syn-drome. *American Journal on Mental Retardation, 109*(3), 208–218.

Piek, J., Dawson, L., Smith, L., & Gasson, N. (2008). The role of early fine and gross motor development on later motor and cogntiive ability. *Human Movement Science, 2*(5), 668–684.

Prader, A., Labhart, A., & Willi, A. (1956). Ein syndrom von aidositas, kleinwuchs, kryptorchismus und oligophrenie nach myotonieartigm zustand im neugeborenenalter [A syndrome of obesity, hypogonadism, and learning disability, with hypotonia during the neonatal period]. *Schweizerische Medizinische Wochenschrift, 86 ,* 1260–1261.

Reiss, A. L., Freund, L., Abrams, M. T., Boehm, C., & Kazazian, H. (1993). Neurobehavioral effects of the fragile X premutation in adult women: A controlled study. *American Journal of Human Genetics, 52,* 884–894.

Reschly, D., Grimes, J., & Ross-Reynolds, J. (1981). *Report: State norms for IQ, adaptive behavior, and sociocultural status: Implications for nonbiased assessment.* Des Moines, IA: Iowa State Department of Public Instruction.

Richards, S. B., Brady, M. P., & Taylor, R. L. (2015). Definition and classification of cognitive/ intellectual disabilities. *Cognitive and intellectual disabilities: Historical perspectives, current practices, and future directions* (2nd ed., pp. 38–62). New York, NY: Routledge.

Robinson, W. P., Bottani, A., Xie, Y. G., Balakrishman, J., Binkert, F., Mächler, M., ... & Schinzel, A. (1991). Molecular, cytogenetic, and clinical investigations of Prader-Willi syndrome patients. *American Journal of Human Genetics, 49*(6), 1219–1234.

Rondal, J., Perera, J., & Nadel, L. (1999). *Down syndrome: A review of current knowledge.* Hoboken,

NJ: Wiley.

Rosenbaum, P., Saigal, S., Szatmari, P., & Hoult, L. (1995). Vineland Adaptive Behavior Scales as a summary of functional outcome of extremely low-birthweight children. *Developmental Medicine and Child Neurology, 37* (7), 577–586.

Rush, K. S., Bowman, L. G., Eidman, S. L., Toole, L. M., & Mortenson, B. P. (2004). Assessing psychopathology in individuals with developmental disabilities. *Behavior Modification, 28*, 621–637.

Saitoh, S., Buiting, K., Cassidy, S. B., Conroy, J. M., Driscoll, D. J., Gabriel, J. M., ... & Nicholas, R. D. (1997). Clinical spectrum and molecular diagnosis of Angelman and Prader-Willi syndrome imprinting mutation patients. *American Journal of Medical Genetics, 68*, 195–206.

Silverman, W. (2007). Down syndrome: Cognitive phenotype. *Mental Retardation and Developmental Disabilities Research Reviews, 13*(3), 228–236.

Simon, E. W., & Finucane, B. M. (1996). Facial emotion identification in males with fragile X syndrome. *American Journal of Medical Genetics, 67* (1), 77–80.

Smith, J. C. (2001). Angelman syndrome: Evolution of the phenotype in adolescents and adults. *Developmental Medicine and Child Neurology, 43*(7), 476–480.

Soenen, S., Van Berckelaer-Onnes, I., & Scholte, E. (2009). Patterns of intellectual, adaptive and behavioral functioning in individuals with mild mental retardation. *Research in Developmental Disabilities, 30*(3), 433–444.

Sparrow, S. S., Balla, D., & Cicchetti, D. V. (1984). *Vineland adaptive behavior scales* (Expanded). Circle Pines, MN: American Guidance Service.

Summers, J. A., & Feldman, M. A. (1999). Distinctive pattern of behavioral functioning in Angelman syndrome. *American Journal on Mental Retardation, 104*(4), 376.

Taylor, R., & Partenio, I. (1983). *Florida norms for the SOMPA*. Tallahassee, FL: Bureau of Education for Exceptional Students.

Tremblay, K. N., Richer, L., Lachance, L., & Côté, A. (2010). Psychopathological manifestations of children with intellectual disabilities according to their cognitive and adaptive behavior profile. *Research in Developmental Disabilities, 31*(1), 57–69.

Tsao, R., & Kindelberger, C. (2009). Variability of cognitive development in children with Down syndrome: Relevance of good reasons for using the cluster procedure. *Research in Developmental Disabilities, 30*(3), 426–432.

Turk, J., & Cornish, K. (1998). Face recognition and emotion perception in boys with fragile X syndrome. *Journal of Intellectual Disability Research, 42*(Pt 6), 490–499.

Turner, G., Webb, T., Wake, S., & Robinson, H. (1996). Prevalence of fragile X syndrome. *American Journal of Medical Genetics, 64*, 197.

Valencia, R. R., & Suzuki, L. A. (2001). *Intelligence testing and minority students: Foundations, performance factors and assessment issues*. Thousand Oaks, CA: Sage.

Van Duijn, G., Dijkxhoorn, Y., Scholte, E. M., & Van Berckelaer-Onnes, I. A. (2010). The development of adaptive skills in young people with Down syndrome. *Journal of Intellectual Disability Research, 54*(11), 943–954.

van Isterdael, C. E. D., Stilma, J. S., Bezemer, P. D., & Tijmes, N. T. (2006). 6220 institutionalised people with intellectual disability referred for visual assessment between 1993 and 2003: Overview and trends. *British Journal of Ophthamology, 90*, 1297–1303.

Verkerk, A. J., Pieretti, M., Sutcliffe, J. S., Fu, Y. H., Kuhi, D. P., Pizzuit, A., ... & Warren, S. T. (1991). Identification of a gene (FMR-1) containing a CHGG repeat coincident with a breakpoint cluster region exhibiting length variation in fragile X syndrome. *Cell*, *65*, 905‒914.

Vicari, S. (2006). Motor development and neuropsychological patterns in persons with Down syndrome. *Behavior Genetics*, *36* (3), 355‒364.

Vig, S., & Jedrysek, E. (1995). Adaptive behavior of young urban children with developmental disabilities. *Mental Retardation*, *33*(2), 90‒98.

Volman, M. J. M., Visser, J. J. W., & Lensvelt-Mulders, G. J. L. M. (2007). Functional status in 5-to 7-year-old children with Down syndrome in relation to motor ability and perfor-mance mental ability. *Disability and Rehabilitation*, *29*(1), 25‒31.

Wadell, P. M., Hagerman, R. J., & Hessl, D. R. (2013). Fragile X syndrome: Psychiatric mani-festations, assessment and emerging therapies. *Current Psychiatry Reviews*, *9*(1), 53‒58.

Ware, A. L., Glass, L., Crocker, N., Deweese, B. N., Coles, C. D., Kable, J. A., ... & CIFASD. (2014). Effects of prenatal alcohol exposure and ADHD on adaptive functioning. *Alcoholism: Clinical and Experimental Research*, *38*(5), 1439‒1447.

Warren, S. F., Brady, N., Fleming, K. K., & Hahn, L. J. (2017). The longitudinal effects of parenting on adaptive behavior in children with fragile X syndrome. *Journal of Autism and Developmental Disorders*, *47* (3), 768‒784.

Weeland, M. M., Nijhof, K. S., Otten, R., Vermaes, I. P. R., & Buitelaar, J. K. (2017). Beck's cognitive theory and the response style theory of depression in adolescents with and with-out mild to borderline intellectual disability. *Research in Developmental Disabilities*, *69*, 39‒48.

Whittington, J., Holland, A., Webb, T., Butler, J., Clarke, D., & Boer, H. (2004). Academic underachievement by people with Prader-Willi syndrome. *Journal of Intellectual Disability Research*, *48*(2), 188‒200.

Williams, J. C., Barrett-Boyes, B. G., & Lowe, J. B. (1961). Supravalvular aortic stenosis. *Circulation*, *24*, 1311‒1318.

5章

Anderson, D. K., Oti, R. S., Lord, C., & Welch, K. (2009). Patterns of growth in adaptive social abilities among children with autism spectrum disorders. *Journal of Abnormal Child Psychology*, *37* (7), 1019‒1034.

Bal, V. H., Kim, S.-H., Cheong, D., & Lord, C. (2015). Daily living skills in individuals with autism spectrum disorder from 2 to 21 years of age. *Autism: The International Journal of Research and Practice*, *19*(7), 774‒784.

Balboni, G., Tasso, A., Muratori, F., & Cubelli, R. (2016). The Vineland-II in preschool children with autism spectrum disorders: An item content category analysis. *Journal of Autism and Developmental Disorders*, *46* (1), 42‒52.

Blanche, E. I., Diaz, J., Barretto, T., & Cermak, S. A. (2015). Caregiving experiences of Latino families with children with autism spectrum disorder. *The American Journal of Occupational Therapy*, *69*(5), 1‒11.

Carter, A., Volkmar, F. R., Sparrow, S. S., Wang, J. J., Lord, C., Dawson, G., ... & Schopler, E. (1998). The Vineland Adaptive Behavior Scales: Supplementary norms for individuals with autism. *Journal of Autism and Developmental Disorders*, *28*(4), 287‒302.

Christensen, D. L., Baio, J., Braun, K. V. N., Bilder, D., Charles, J., Constantino, J. N., ... & Yeargin-Allsopp, M. (2016). Prevalence and characteristics of autism spectrum disorder among children aged 8 years: Autism and developmental disabilities monitoring network, 11 sites, United States, 2012. *MMWR Surveillance Summaries*, *65*(3), 1–23.

Cuccaro, M. L., Brinkley, J., Abramson, R. K., Hall, A., Wright, H. H., Hussman, J. P., ... & Pericak-Vance, M. A. (2007). Autism in African American families: Clinical-phenotypic findings. *American Journal of Medical Genetics Part B: Neuropsychiatric Genetics*, *144B*(8), 1022–1026.

Durkin, M. S., Maenner, M. J., Meaney, J., Levy, S. E., DiGuiseppi, C., Nicholas, J. S., ... & Schieve, L. A. (2010). Socioeconomic inequality in the prevalence of autism spectrum disorder: Evidence from a U.S. cross-sectional study. *PLOS ONE* , *5*(7), e11551.

Fenton, G., D'Ardia, C., Valente, D., Del Vecchio, I., Fabrizi, A., & Bernabei, P. (2003). Vineland Adaptive Behavior profiles in children with autism and moderate to severe developmental delay. *Autism: The International Journal of Research and Practice*, *7*(3), 269–287. Frazier, T. W., Georgiades, S., Bishop, S. L., & Hardan, A. Y. (2014). Behavioral and cognitive characteristics of females and males with autism in the Simons Simplex Collection. *Journal of the American Academy of Child and Adolescent Psychiatry*, *53*(3), 329–340.

Freeman, B. J., Del'Homme, M., Guthrie, D., & Zhang, F. (1999). Vineland Adaptive Behavior Scale scores as a function of age and initial IQ in 210 autistic children. *Journal of Autism and Developmental Disorders*, *29*(5), 379–384.

Frost, K. M., Hong, N., & Lord, C. (2017). Correlates of adaptive functioning in minimally verbal children with autism spectrum disorder. *American Journal on Intellectual and Developmental Disabilities*, *122*(1), 1–10.

Garland, A. F., Lau, A. S., Yeh, M., McCabe, K. M., Hough, R. L., & Landsverk, J. A. (2005). Racial and ethnic differences in utilization of mental health services among high-risk youths. *American Journal of Psychiatry*, *162*(7), 1336–1343.

Gotham, K., Pickles, A., & Lord, C. (2012). Trajectories of autism severity in children using standardized ADOS scores. *Pediatrics*, *130*(5), e1278-e1284.

Ijalba, E. (2016). Hispanic immigrant mothers of young children with autism spectrum disorders: How do they understand and cope with autism? *American Journal of Speech-Language Pathology*, *25*(2), 200–213.

Kanne, S. M., Gerber, A. J., Quirmbach, L. M., Sparrow, S. S., Cicchetti, D. V,& Saulnier, C. A. (2011). The role of adaptive behavior in autism spectrum disorders: Implications for functional outcome. *Journal of Autism and Developmental Disorders*, *41*(8), 1007–1018.

Kenworthy, L., Case, L., Harms, M. B., Martin, A., & Wallace, G. L. (2010). Adaptive behavior ratings correlate with symptomatology and IQ among individuals with high-functioning autism spectrum disorders. *Journal of Autism and Developmental Dis-orders*, *40*(4), 416–423.

Klin, A., Saulnier, C. A., Sparrow, S. S., Cicchetti, D. V, Volkmar, F. R., & Lord, C. (2007). Social and communication abilities and disabilities in higher functioning individuals with autism spectrum disorders: The Vineland and the ADOS. *Journal of Autism and Develop-mental Disorders*, *37* (4), 748–759.

Liss, M., Harel, B., Fein, D., Allen, D., Dunn, M., Feinstein, C., ... & Rapin, I. (2001). Predictors and correlates of adaptive functioning in children with developmental disorders. *Journal of Autism and Developmental Disorders*, *31*(2), 219–230.

187

Liss, M., Saulnier, C., Fein, D., & Kinsbourne, M. (2006). Sensory and attention abnormalities in autistic spectrum disorders. *Autism: The International Journal of Research and Practice, 10*(2), 155–172.

Lord, C., & Schopler, E. (1985). Differences in sex ratios in autism as a function of measured intelligence. *Journal of Autism and Developmental Disorders, 15*(2), 185–193.

Loveland, K. A., & Kelley, M. L. (1991). Development of adaptive behavior in preschoolers with autism or Down syndrome. *American Journal of Mental Retardation, 96* (1), 13–20.

Magaña, S., Lopez, K., Aguinaga, A., & Morton, H. (2013). Access to diagnosis and treatment services among Latino children with autism spectrum disorders. *Intellectual and Developmental Disabilities, 51*(3), 141–153.

Mandell, D. S., Wiggins, L. D., Carpenter, L. A., Daniels, J., DiGuiseppi, C., Durkin, M. S., ... & Kirby, R. S. (2009). Racial/ethnic disparities in the identification of children with autism spectrum disorders. *American Journal of Public Health, 99*(3), 493–498.

Mandic-Maravic, V., Pejovic-Milovancevic, M., Mitkovic-Voncina, M., Kostic, M., Aleksic-Hil, O., Radosavljev-Kircanski, J., ... & Lecic-Tosevski, D. (2015). Sex differences in autism spectrum disorders: Does sex moderate the pathway from clinical symptoms to adaptive behavior? *Scientific Reports, 5*(1), 10418.

Mandy, W., Chilvers, R., Chowdhury, U., Salter, G., Seigal, A., & Skuse, D. (2012). Sex differences in autism spectrum disorder: Evidence from a large sample of children and adolescents. *Journal of Autism and Developmental Disorders, 42*(7), 1304–1313.

Parish, S., Magaña, S., Rose, R., Timberlake, M., & Swaine, J. G. (2012). Health care of Latino children with autism and other developmental disabilities: Quality of provider interaction mediates utilization. *American Journal on Intellectual and Developmental Disabilities, 117* (4), 304–315.

Paul, R., Loomis, R., & Chawarska, K. (2014). Adaptive behavior in toddlers under two with autism spectrum disorders. *Journal of Autism and Developmental Disorders, 44*(2), 264–270.

Paul, R., Miles, S., Cicchetti, D., Sparrow, S., Klin, A., Volkmar, F., ... & Booker, S. (2004). Adaptive behavior in autism and pervasive developmental disorder-not otherwise speci-fied: Microanalysis of scores on the Vineland Adaptive Behavior Scales. *Journal of Autism and Developmental Disorders, 34*(2), 223–228.

Perry, A., Flanagan, H. E., Dunn Geier, J., & Freeman, N. L. (2009). Brief report: The Vineland Adaptive Behavior Scales in young children with autism spectrum disorders at different cognitive levels. *Journal of Autism and Developmental Disorders, 39*(7), 1066–1078.

Ratto, A. B., Anthony, B. J., Kenworthy, L., Armour, A. C., Dudley, K., & Anthony, L. G. (2016). Are non-intellectually disabled Black youth with ASD less impaired on parent report than their White peers? *Journal of Autism and Developmental Disorders, 46* (3), 773–781.

Ray-Subramanian, C. E., Huai, N., & Ellis Weismer, S. (2011). Brief report: Adaptive behavior and cognitive skills for toddlers on the autism spectrum. *Journal of Autism and Develop-mental Disorders, 41*(5), 679–684.

Rogers, S. J., Hepburn, S., & Wehner, E. (2003). Parent reports of sensory symptoms in toddlers with autism and those with other developmental disorders. *Journal of Autism and Developmental Disorders, 33*(6), 631–642.

Saulnier, C. A., & Klin, A. (2007). Brief report: Social and communication abilities and disabilities in higher functioning individuals with autism and Asperger syndrome. *Journal of Autism and*

Developmental Disorders, *37* (4), 788–793.

Schatz, J., & Hamdan-Allen, G. (1995). Effects of age and IQ on adaptive behavior domains for children with autism. *Journal of Autism and Developmental Disorders*, *25*(1), 51–60.

Schopler, E., Andrews, C. E., & Strupp, K. (1979). Do autistic children come from upper-middle-class parents? *Journal of Autism and Developmental Disorders*, *9*(2), 139–152.

Szatmari, P., Bryson, S. E., Boyle, M. H., Streiner, D. L., & Duku, E. (2003). Predictors of outcome among high functioning children with autism and Asperger syndrome. *Journal of Child Psychology and Psychiatry, and Allied Disciplines*, *44*(4), 520–528.

Szatmari, P., Liu, X.-Q., Goldberg, J., Zwaigenbaum, L., Paterson, A. D., Woodbury-Smith, M., ... & Thompson, A. (2012). Sex differences in repetitive stereotyped behaviors in autism: Implications for genetic liability. *American Journal of Medical Genetics Part B: Neuropsychiatric Genetics*, *159B*(1), 5–12.

Tomanik, S. S., Pearson, D. A., Loveland, K. A., Lane, D. M., & Bryant Shaw, J. (2007). Improving the reliability of autism diagnoses: Examining the utility of adaptive behavior. *Journal of Autism and Developmental Disorders*, *37* (5), 921–928.

Valicenti-McDermott, M., Hottinger, K., Seijo, R., & Shulman, L. (2012). Age at diagnosis of autism spectrum disorders. *The Journal of Pediatrics*, *161*(3), 554–556.

Ventola, P. E., Saulnier, C. A., Steinberg, E., Chawarska, K., & Klin, A. (2014). Early-emerging social adaptive skills in toddlers with autism spectrum disorders: An item analysis. *Journal of Autism and Developmental Disorders*, *44*(2), 283–293.

Volkmar, F. R., Carter, A., Sparrow, S. S., & Cicchetti, D. V. (1993). Quantifying social development in autism. *Journal of the American Academy of Child and Adolescent Psychiatry*, *32*(3), 627–632.

Volkmar, F. R., Sparrow, S. S., Goudreau, D., Cicchetti, D. V, Paul, R., & Cohen, D. J. (1987). Social deficits in autism: An operational approach using the Vineland Adaptive Behavior Scales. *Journal of the American Academy of Child and Adolescent Psychiatry*, *26* (2), 156–161.

Volkmar, F. R., Szatmari, P., & Sparrow, S. S. (1993). Sex differences in pervasive developmental disorders. *Journal of Autism and Developmental Disorders*, *23*(4), 579–591.

Wells, K., Condillac, R. A., Perry, A., & Factor, D. C. (2009). Comparison of three adaptive behaviour measures in autism in relation to cognitive level and severity of autism. *Journal on Developmental Disabilities*, *15*(3), 55–63.

White, E. I., Wallace, G. L., Bascom, J., Armour, A. C., Register-Brown, K., Popal, H. S., ... & Kenworthy, L. (2017). Sex differences in parent-reported executive functioning and adaptive behavior in children and young adults with autism spectrum disorder. *Autism Research*, *10*(10), 1653–1662.

Wing, L. (1980). Childhood autism and social class: A question of selection? *The British Journal of Psychiatry: The Journal of Mental Science*, *137* , 410–417.

Yang, S., Paynter, J. M., & Gilmore, L. (2016). Vineland Adaptive Behavior Scales II: Profile of young children with autism spectrum disorder. *Journal of Autism and Developmental Disorders*, *46* (1), 64–73. http://doi.org/10.1007/s10803-015-2543-1

Zuckerman, K. E., Lindly, O. J., Reyes, N. M., Chavez, A. E., Macias, K., Smith, K. N., & Reynolds, A. (2017). Disparities in diagnosis and treatment of autism in Latino and non-Latino White families. *Pediatrics*, *139*(5), e20163010.

6章

American Psychiatric Association. (2013). *Diagnostic and statistical manual of mental disorders*. (5th edition) Arlington, VA: Author.［日本精神神経学会監修（2014）. DSM-5 精神疾患の診断・統計マニュアル. 医学書院］

American Speech-Language-Hearing Association (ASHA). (2006). *Guidelines for speech language pathologists in diagnosis, assessment, and treatment of autism spectrum disorders across the life span*. Rockville, MD: Author.

Aram, D. M., Morris, R., & Hall, N. E. (1993). Clinical and research congruence in identifying children with specific language impairment. *Journal of Speech and Hearing Research*, *36* (3), 580–591.

Arciuli, J., Stevens, K., Trembath, D., & Simpson, I. C. (2013). The relationship between parent report of adaptive behavior and direct assessment of reading ability in children with autism spectrum disorder. *Journal of Speech, Language, and Hearing Research*, *56* (6), 1837–1844.

Balboni, G., & Ceccarani, P. (2003). Sensorimotor disorder: Assessment of disability. In B. G. Cook, M. Tankersley, & T. J. Landrum (Eds.), *Advances in learning and behavioral disabilities* (Vol. 16, pp. 191–204). West Yorkshire, UK: Emerald Group Publishing Limited.

Balboni, G., Incognito, O., Belacchi, C., Bonichini, S., & Cubelli, R. (2017). Vineland-II Adaptive Behavior profile of children with attention-deficit/hyperactivity disorder or specific learning disorders. *Research in Developmental Disabilities*, *61*, 55–65.

Balboni, G., Pedrabissi, L., Molteni, M., & Villa, S. (2001). Discriminant validity of the Vineland Scales: Score profiles of individuals with mental retardation and a specific disorder. *American Journal of Mental Retardation*, *106* (2), 162–172.

Barkley, R. A., Fischer, M., Edelbrock, C. S., & Smallish, L. (1990). The adolescent outcome of hyperactive children diagnosed by research criteria: I. An 8-year prospective follow-up study. *Journal of the American Academy of Child & Adolescent Psychiatry*, *29*(4), 546–557.

Bautista, R. E. D. (2017). Understanding the self-management skills of persons with epilepsy. *Epilepsy & Behavior*, *69*, 7–11.

Beer, J., Harris, M. S., Kronenberger, W. G., Holt, R. F., & Pisoni, D. B. (2012). Auditory skills, language development, and adaptive behavior of children with cochlear implants and additional disabilities. *International Journal of Audiology*, *51*(6), 491–498.

Beitchman, J. H., Wilson, B., Brownlie, E. B., Walters, H., & Lancee, W. (1996). Long-term consistency in speech/language profiles: I. Developmental and academic outcomes. *Journal of the American Academy of Child & Adolescent Psychiatry*, *35*(6), 804–814.

Berg, A. T., Smith, S. N., Frobish, D., Beckerman, B., Levy, S. R., Testa, F. M., & Shinnar, S. (2004). Longitudinal assessment of adaptive behavior in infants and young children with newly diagnosed epilepsy: Influences of etiology, syndrome, and seizure control. *Pediatrics*, *114*(3).

Bradford, A., & Dodd, B. (1994). The motor planning abilities of phonologically disordered children. *European Journal of Disorders of Communication*, *29*(4), 349–369.

Bradford, A., & Dodd, B. (1996). Do all speech disordered children have motor deficits? *Clinical Linguistics & Phonetics*, *10*, 77–101.

Brown, L., & Leigh, J. (1986). *Adaptive behavior inventory*. Austin, TX: PRO-ED.

Buelow, J. M., Perkins, S. M., Johnson, C. S., Byars, A. W., Fastenau, P. S., Dunn, D. W., & Austin, J. K. (2012). Adaptive functioning in children with epilepsy and learning prob-lems. *Journal of Child*

Neurology, 27 (10), 1241–1249.

Carter, A. S., O'Donnell, D. A., Schultz, R. T., Scahill, L., Leckman, J. F., & Pauls, D. L. (2000). Social and emotional adjustment in children affected with Gilles de la Tourette's syndrome: Associations with ADHD and family functioning. *Journal of Child Psychology and Psychiatry, and Allied Disciplines*, 41(2), 215–223.

Clark, C., Prior, M., & Kinsella, G. (2002). The relationship between executive function abilities, adaptive behaviour, and academic achievement in children with externalising behaviour problems. *Journal of Child Psychology and Psychiatry*, 43(6), 785–796.

Coffey, B. J., & Park, K. S. (1997). Behavioral and emotional aspects of Tourette syndrome. *Neurologic Clinics*, 15(2), 277–289.

Crocker, N., Vaurio, L., Riley, E. P., & Mattson, S. N. (2009). Comparison of adaptive behavior in children with heavy prenatal alcohol exposure or attention-deficit hyperactivity disorder. *Alcoholism: Clinical and Experimental Research*, 33(11), 2015–2023.

Daneshi, A., & Hassanzadeh, S. (2007). Cochlear implantation in prelingually deaf persons with additional disability. *The Journal of Laryngology & Otology*, 121(7), 635–638.

Dawda, Y., & Ezewuzie, N. (2010). Epilepsy: Clinical features and diagnosis. *Clinical Pharmacist*, 2, 86–88.

de Bildt, A., Kraijer, D., Sytema, S., & Minderaa, R. (2005). The psychometric properties of the Vineland Adaptive Behavior Scales in children and adolescents with mental retardation. *Journal of Autism and Developmental Disorders*, 35(1), 53–62.

Dewey, D., Roy, E. A., Square-Storer, P. A., & Hayden, D. (1988). Limb and oral praxic abilities of children with verbal sequencing deficits. *Developmental Medicine and Child Neurology*, 30, 743–751.

Donaldson, A. I., Heavner, K. S., & Zwolan, T. A. (2004). Measuring progress in children with autism spectrum disorder who have cochlear implants. *Archives of Otolaryngology-Head & Neck Surgery*, 130(5), 666.

Dunlap, W. R., & Sands, D. I. (1990). Classification of the hearing impaired for independent living using the Vineland Adaptive Behavior Scale. *American Annals of the Deaf*, 135(5), 384–388.

Dykens, E., Leckman, J., Riddle, M., Hardin, M., Schwartz, S., & Cohen, D. (1990). Intellectual, academic, and adaptive functioning of Tourette syndrome children with and without attention deficit disorder. *Journal of Abnormal Child Psychology*, 18(6), 607–615.

Eggink, H., Kuiper, A., Peall, K. J., Contarino, M. F., Bosch, A. M., Post, B., ... & de Koning, T. J. (2014). Rare inborn errors of metabolism with movement disorders: A case study to evaluate the impact upon quality of life and adaptive functioning. *Orphanet Journal of Rare Diseases*, 9(1), 177.

Erhardt, D., & Hinshaw, S. P. (1994). Initial sociometric impressions of attention-deficit hyperactivity disorder and comparison boys: Predictions from social behaviors and from nonbehavioral variables. *Journal of Consulting and Clinical Psychology*, 62(4), 833–842.

Fagerlund, A., Autti-Ramo, I., Kalland, M., Santtila, P., Hoyme, E. H., Mattson, S. N., & Korkman, M. (2012). Adaptive behavior in children and adolescents with fetal alcohol spectrum disorders: A comparison with specific learning disability and typical develop-ment. *European Child & Adolescent Psychiatry*, 21, 221–231.

Farmer, M., Echenne, B., Drouin, R., & Bentourkia, M. H. (2017). Insights in developmental coordination disorder. *Current Pediatric Reviews, 13.*

Flament, M. F., Whitaker, A., Rapoport, J. L., Davies, M., Berg, C. Z., Kalikow, K., ... & Shaffer, D. (1988). Obsessive compulsive disorder in adolescence: An epidemiological study. *Journal of the American Academy of Child & Adolescent Psychiatry, 27* (6), 764–771.

García-Cazorla, A., Wolf, N. I., Serrano, M., Pérez-Dueñas, B., Pineda, M., Campistol, J., ... & Hoffmann, G. F. (2009). Inborn errors of metabolism and motor disturbances in children. *Journal of Inherited Metabolic Disease, 32*(5), 618–629.

Geller, D. A., Coffey, B., Faraone, S., Hagermoser, L., Zaman, N. K., Farrell, C. L., ... & Biederman, J. (2003). Does comorbid attention-deficit/hyperactivity disorder impact the clinical expression of pediatric obsessive-compulsive disorder? *CNS Spectrums, 8*(4), 259–264.

Green, S., Pring, L., & Swettenham, J. (2004). An investigation of first-order false belief understanding of children with congenital profound visual impairment. *British Journal of Developmental Psychology, 22,* 1–17.

Greenaway, R., Pring, L., Schepers, A., Isaacs, D. P., & Dale, N. J. (2017). Neuropsychological presentation and adaptive skills in high-functioning adolescents with visual impairment: A preliminary investigation. *Applied Neuropsychology. Child , 6* (2), 145–157.

Hall, N. E., & Segarra, V. R. (2007). Predicting academic performance in children with language impairment: The role of parent report. *Journal of Communication Disorders, 40*(1), 82–95.

Hall, P. K., Jordan, L., & Robin, D. (1993). *Developmental apraxia of speech: Theory and clinical practice.* Austin, TX: PRO-ED.

Hinshaw, S. P. (1992). Academic underachievement, attention deficits, and aggression: Comorbidity and implications for intervention. *Journal of Consulting and Clinical Psychology, 60*(6), 893–903.

Hinshaw, S. P. (2002). Intervention research, theoretical mechanisms, and causal processes related to externalizing behavior patterns. *Development and Psychopathology, 14*(4), 789–818.

Hobson, R. P., & Bishop, M. (2003). The pathogenesis of autism: Insights from congenital blindness. *Philosophical Transactions of the Royal Society of London Series B: Biological Sciences, 358*(1430), 335–344.

Hornsey, H., Banerjee, S., Zeitlin, H., & Robertson, M. (2001). The prevalence of Tourette syndrome in 13–14-year-olds in mainstream schools. *Journal of Child Psychology and Psychiatry, and Allied Disciplines, 42*(8), 1035–1039.

King, R. A., & Scahill, L. (2001). Emotional and behavioral difficulties associated with Tourette syndrome. *Advances in Neurology, 85,* 79–88.

Kjelgaard, M. M., & Tager-Flusberg, H. (2001). An investigation of language impairment in autism: Implications for genetic subgroups. *Language and Cognitive Processes, 16* (2–3), 287–308.

Ladd, G. W., & Burgess, K. B. (1999). Charting the relationship trajectories of aggressive, withdrawn, and aggressive/withdrawn children during early grade school. *Child Development, 70*(4), 910–929.

Leigh, J. (1987). Adaptive behavior of children with learning disabilities. *Journal of Learning Disabilities, 20*(9), 557–562.

Lindblad, I., Svensson, L., Landgren, M., Nasic, S., Tideman, E., Gillberg, C., & Fernell, E. (2013). Mild intellectual disability and ADHD: A comparative study of school-age children's adaptive abilities. *Acta Paediatrica, 102*(10), 1027–1031.

Meucci, P., Leonardi, M., Zibordi, F., & Nardocci, N. (2009). Measuring participation in children with Gilles de la Tourette syndrome: A pilot study with ICF-CY. *Disability and Rehabilitation*, *31*(Sup1), S116-S120. http://doi.org/10.3109/09638280903317773

Newmeyer, A. J., Grether, S., Grasha, C., White, J., Akers, R., Aylward, C., ... & deGrauw, T. (2007). Fine motor function and oral-motor imitation skills in preschool-age children with speech-sound disorders. *Clinical Pediatrics*, *46*(7), 604-611.

Pijnacker, J., Vervloed, M. P. J., & Steenbergen, B. (2012). Pragmatic abilities in children with congenital visual impairment: An exploration of non-literal language and advanced theory of mind understanding. *Journal of Autism and Developmental Disorders*, *42*(11), 2440-2449.

Rahi, J. S., Cable, N., & British Childhood Visual Impairment Study Group. (2003). Severe visual impairment and blindness in children in the UK. *Lancet*, *362*(9393), 1359-1365.

Roizen, N. J., Blondis, T. A., Irwin, M., & Stein, M. (1994). Adaptive functioning in children with attention-deficit hyperactivity disorder. *Archives of Pediatrics & Adolescent Medicine*, *148*(11), 1137-1142.

Shriberg, L. D., Aram, D. M., & Kwiatkowski, J. (1997). Developmental apraxia of speech: I. Descriptive and theoretical perspectives. *Journal of Speech, Language, and Hearing Research*, *40*(2), 273-285.

Sparrow, S. S., Cicchetti, D. V., & Balla, D. A. (2005). *Vineland adaptive behavior scales* (2nd ed.). Circle Pines, MN: American Guidance Service. ［辻井正次・村上隆監修 (2014). Vineland-II 適応行動尺度日本版. 日本文化科学社］

Spencer, T., Biederman, J., Coffey, B., Geller, D., Faraone, S., & Wilens, T. (2001). Tourette disorder and ADHD. *Advances in Neurology*, *85*, 57-77.

Stein, M. A., Szumowski, E., Blondis, T. A., & Roizen, N. J. (1995). Adaptive skills dysfunction in ADD and ADHD children. *Journal of Child Psychology and Psychiatry, and Allied Disciplines*, *36*(4), 663-670.

Sukhodolsky, D. G., do Rosario-Campos, M. C., Scahill, L., Katsovich, L., Pauls, D. L., Peterson, B. S., ... & Leckman, J. F. (2005). Adaptive, emotional, and family functioning of children with obsessive-compulsive disorder and comorbid attention deficit hyperactiv-ity disorder. *American Journal of Psychiatry*, *162*(6), 1125-1132.

Sukhodolsky, D. G., Scahill, L., Zhang, H., Peterson, B. S., King, R. A., Lombroso, P. J., ... & Leckman, J. F. (2003). Disruptive behavior in children with Tourette's syndrome: Association with ADHD comorbidity, tic severity, and functional impairment. *Journal of the American Academy of Child and Adolescent Psychiatry*, *42*(1), 98-105.

Swain, J. E., Scahill, L., Lombroso, P. J., King, R. A., & Leckman, J. F. (2007). Tourette syndrome and tic disorders: A decade of progress. *Journal of the American Academy of Child & Adolescent Psychiatry*, *46*(8), 947-968.

Tan, S. S., Wiegerink, D. J. H. G., Vos, R. C., Smits, D. W., Voorman, J. M., Twisk, J. W. R., ... PERRIN+ Study Group. (2014). Developmental trajectories of social participation in individuals with cerebral palsy: A multicentre longitudinal study. *Developmental Medicine & Child Neurology*, *56*(4), 370-377.

Teverovsky, E. G., Bickel, J. O., & Feldman, H. M. (2009). Functional characteristics of children diagnosed with childhood apraxia of speech. *Disability and Rehabilitation*, *31*(2), 94-102.

Tükel, S., Björelius, H., Henningsson, G., McAllister, A., & Eliasson, A. C. (2015). Motor functions and adaptive behaviour in children with childhood apraxia of speech. *International Journal of*

Speech-Language Pathology, *17* (5), 470–480.

Van Naarden, K., Decouflé, P., & Caldwell, K. (1999). Prevalence and characteristics of children with serious hearing impairment in metropolitan Atlanta, 1991–1993. *Pediatrics*, *103*(3), 570–575.

van Schie, P. E. M., Siebes, R. C., Dallmeijer, A. J., Schuengel, C., Smits, D.-W., Gorter, J. W., & Becher, J. G. (2013). Development of social functioning and communication in school-aged (5–9 years) children with cerebral palsy. *Research in Developmental Disabilities*, *34*(12), 4485–4494. http://doi.org/10.1016/j.ridd.2013.09.033

Villarreal, N. W., Riccio, C. A., Cohen, M. J., & Park, Y. (2014). Adaptive skills and somatization in children with epilepsy. *Epilepsy Research and Treatment*, *2014*, 856735.

Visser, J. (2003). Developmental coordination disorder: A review of research on subtypes and comorbidities. *Human Movement Science*, *22*(4–5), 479–493.

Vos, R. C., Dallmeijer, A. J., Verhoef, M., van Schie, P. E. M., Voorman, J. M., Wiegerink, D. J. H. G., ... & PERRIN+ Study Group. (2014). Developmental trajectories of receptive and expressive communication in children and young adults with cerebral palsy. *Developmental Medicine and Child Neurology*, *56* (10), 951–959.

Winters, N. C., Collett, B. R., & Myers, K. M. (2005). Ten-year review of rating scales, VII: Scales assessing functional impairment. *Journal of the American Academy of Child and Adolescent Psychiatry*, *44*(4), 309–338.

Zohar, A. H. (1999). The epidemiology of obsessive-compulsive disorder in children and adolescents. *Child and Adolescent Psychiatric Clinics of North America*, *8*(3), 445–460.

Zwicker, J. G., Missiuna, C., Harris, S. R., & Boyd, L. A. (2012). Developmental coordination disorder: A review and update. *European Journal of Paediatric Neurology*, *16* (6), 573–581.

7章

Adams, D., & Oliver, C. (2010). The relationship between acquired impairments of executive function and behaviour change in adults with Down syndrome. *Journal of Intellectual Disability Research*, *54*(5), 393–405.

American Association on Intellectual and Developmental Disabilities (AAIDD). (2017). *State of the states in intellectual and developmental disabilities*. Washington, DC: Author.

Baghdadli, A., Assouline, B., Sonié, S., Pernon, E., Darrou, C., Michelon, C., ... & Pry, R. (2012). Developmental trajectories of adaptive behaviors from early childhood to adolescence in a cohort of 152 children with autism spectrum disorders. *Journal of Autism and Developmental Disorders*, *42*(7), 1314–1325.

Bailey, D. B., Raspa, M., Bishop, E., Mitra, D., Martin, S., Wheeler, A., & Sacco, P. (2012). Health and economic consequences of fragile X syndrome for caregivers. *Journal of Developmental & Behavioral Pediatrics*, *33*(9), 705–712.

Bateman, B. D. (1995). *Writing individualized education programs (IEPs) for success*. Wrights Law. Learning Disabilities Association. Retrieved from http://wrightslaw.com/info/iep.success.bateman. htm

Belva, B. C., & Matson, J. L. (2013). An examination of specific daily living skills deficits in adults with profound intellectual disabilities. *Research in Developmental Disabilities*, *34*(1), 596–604.

Bhaumik, S., Tyrer, F. C., McGrother, C., & Ganghadaran, S. K. (2008). Psychiatric service use and psychiatric disorders in adults with intellectual disability. *Journal of Intellectual Disability Research*,

52(11), 986–995.

Billstedt, E., Gillberg, I. C., Gillberg, C., & Gillberg, C. (2005). Autism after adolescence: Population-based 13-to 22-year follow-up study of 120 individuals with autism diagnosed in childhood. *Journal of Autism and Developmental Disorders*, *35*(3), 351–360.

Boccaccini, M. T., Kan, L. Y., Rufino, K. A., Noland, R. M., Young-Lundquist, B. A., & Canales, E. (2016). Correspondence between correctional staff and offender ratings of adaptive behavior. *Psychological Assessment*, *28*(12), 1608–1615.

Brooke, D., Taylor, C., Gunn, J., & Maden, A. (1996). Point prevalence of mental disorder in unconvicted male prisoners in England and Wales. *British Medical Journal* , *313*, 1524–1527.

Buescher, A. V. S., Cidav, Z., Knapp, M., & Mandell, D. S. (2014). Costs of autism spectrum disorders in the United Kingdom and the United States. *JAMA Pediatrics*, *168*(8), 721.

Burt, D. B., Loveland, K. A., & Lewis, K. R. (1992). Depression and the onset of dementia in adults with mental retardation. *American Journal of Mental Retardation*, *96* (5), 502–511.

Chevreul, K., Gandré, C., Brigham, K. B., López-Bastida, J., Linertová, R., Oliva-Moreno, J., ... & BURQOL-RD Research Network. (2016). Social/economic costs and health-related quality of life in patients with fragile X syndrome in Europe. *The European Journal of Health Economic: Health Economics in Prevention and Care*, *17* (S1), 43–52.

Cimera, R. E., & Cowan, R. J. (2009). The costs of services and employment outcomes achieved by adults with autism in the US. *Autism: The International Journal of Research and Practice*, *13*(3), 285–302.

Collacott, R. A., Cooper, S. A., & McGrother, C. (1992). Differential rates of psychiatric disorders in adults with Down's syndrome compared with other mentally handicapped adults. *The British Journal of Psychiatry: The Journal of Mental Science*, *161*, 671–674.

Cosgrave, M. P., Tyrrell, J., McCarron, M., Gill, M., & Lawlor, B. A. (1999). Determinants of aggression, and adaptive and maladaptive behaviour in older people with Down's syndrome with and without dementia. *Journal of Intellectual Disability Research*, *43*(Pt 5), 393–399.

Del Hoyo, L., Xicota, L., Langohr, K., Sánchez-Benavides, G., de Sola, S., Cuenca-Royo, A., ... & TESDAD Study Group. (2016). VNTR-DAT1 and COMTVal158Met genotypes modulate mental flexibility and adaptive behavior skills in Down syndrome. *Frontiers in Behavioral Neuroscience*, *10*, 193.

Doane, B. M., & Salekin, K. L. (2009). Susceptibility of current adaptive behavior measures to feigned deficits. *Law and Human Behavior*, *33*(4), 329–343.

Eaves, L. C., & Ho, H. H. (2008). Young adult outcome of autism spectrum disorders. *Journal of Autism and Developmental Disorders*, *38*(4), 739–747.

Emerson, E. (2011). Health status and health risks of the "hidden majority" of adults with intellectual disability. *Intellectual and Developmental Disabilities*, *49*(3), 155–165.

Farley, M. A., McMahon, W. M., Fombonne, E., Jenson, W. R., Miller, J., Gardner, M., ... & Coon, H. (2009). Twenty-year outcome for individuals with autism and average or near-average cognitive abilities. *Autism Research*, *2*(2), 109–118.

Fazel, S., Xenitidis, K., & Powell, J. (2008). The prevalence of intellectual disabilities among 12000 prisoners: A systematic review. *International Journal of Law and Psychiatry*, *31*(4), 369–373.

Feldstein, S., Durham, R. L., Keller, F. R., Kelebe, K., & Davis, H. P. (2000). Classification of malingerers on a nondeclarative memory task as a function of coaching and task difficulty.

American Journal of Forensic Psychology, 18, 57–78.

Fisher, M. H., Lense, M. D., & Dykens, E. M. (2016). Longitudinal trajectories of intellectual and adaptive functioning in adolescents and adults with Williams syndrome. *Journal of Intellectual Disability Research, 60*(10), 920–932.

Ganz, M. L. (2007). The lifetime distribution of the incremental societal costs of autism. *Archives of Pediatrics & Adolescent Medicine, 161*(4), 343–349.

Gunn, J., Maden, A., & Swinton, M. (1991). Treatment needs of prisoners with psychiatric disorders. *British Medical Journal , 303,* 338–341.

Hartley, S. L., Seltzer, M. M., Raspa, M., Olmstead, M., Bishop, E., & Bailey, D. B. (2011). Exploring the adult life of men and women with fragile X syndrome: Results from a national survey. *American Journal on Intellectual and Developmental Disabilities, 116* (1), 16–35.

Hellenbach, M., Karatzias, T., & Brown, M. (2017). Intellectual disabilities among prisoners: Prevalence and mental and physical health comorbidities. *Journal of Applied Research in Intellectual Disabilities, 30*(2), 230–241.

Heller, T., Miller, A. B., & Hsieh, K. (2002). Eight-year follow-up of the impact of environmental characteristics on well-being of adults with developmental disabilities. *Mental Retardation, 40*(5), 366–378.

Herrington, V. (2009). Assessing the prevalence of intellectual disability among young male prisoners. *Journal of Intellectual Disability Research, 53*(5), 397–410.

Hofvander, B., Delorme, R., Chaste, P., Nyden, A., Wentz, E., Stahlberg, O., ... & Leboyer, M. (2009). Psychiatric and psychosocial problems in adults with normal-intelligence autism spectrum disorders. *BMC Psychiatry, 9*(35).

Holland, A. J., Hon, J., Huppert, F. A., & Stevens, F. (2000). Incidence and course of dementia in people with Down's syndrome: Findings from a population-based study. *Journal of Intellectual Disability Research, 44*(Pt 2), 138–146.

Howlin, P., Goode, S., Hutton, J., & Rutter, M. (2004). Adult outcome for children with autism. *Journal of Child Psychology and Psychiatry, and Allied Disciplines, 45*(2), 212–229.

Howlin, P., Moss, P., Savage, S., & Rutter, M. (2013). Social outcomes in mid-to later adulthood among individuals diagnosed with autism and average nonverbal IQ as children. *Journal of the American Academy of Child and Adolescent Psychiatry, 52*(6), 572–581.e1.

Kraper, C. K., Kenworthy, L., Popal, H., Martin, A., & Wallace, G. L. (2017). The gap between adaptive behavior and intelligence in autism persists into young adulthood and is linked to psychiatric co-morbidities. *Journal of Autism and Developmental Disorders.*

Landmark, L. J., & Zhang, D. (2013). Compliance and practices in transition planning. *Remedial and Special Education, 34*(2), 113–125.

Larson, S. A., Salmi, P., Smith, D., Anderson, L., & Hewitt, A. S. (2013). *Residential services for persons with intellectual or developmental disabilities: Status and trends through 2011.* Minneapolis, MN: University of Minnesota, Research and Training Center on Commu-nity Living, Institute on Community Integration.

Lawer, L., Brusilovskiy, E., Salzer, M. S., & Mandell, D. S. (2009). Use of vocational rehabilitative services among adults with autism. *Journal of Autism and Developmental Disorders, 39*(3), 487–494.

Määttä, T., Tervo-Määttä, T., Taanila, A., Kaski, M., & Iivanainen, M. (2006). Mental health, behaviour and intellectual abilities of people with Down syndrome. *Down's Syndrome, Research and Practice: The Journal of the Sarah Duffen Centre, 11*(1), 37–43.

Macvaugh, G., & Cunningham, M. D. (2009). *Atkins v. Virginia:* Implications and recommendations for forensic practice. *Journal of Psychiatry and Law, 37* (2–3), 125–130.

Mandell, D. S. (2013). Adults with autism: A new minority. *Journal of General Internal Medicine, 28*(6), 751–752.

Matson, J. L., Rivet, T. T., Fodstad, J. C., Dempsey, T., & Boisjoli, J. A. (2009). Examination of adaptive behavior differences in adults with autism spectrum disorders and intellectual disability. *Research in Developmental Disabilities, 30*(6), 1317–1325.

Matson, J. L., Rush, K. S., Hamilton, M., Anderson, S. J., Bamburg, J. W., Baglio, C. S., ... & Kirkpatrick-Sanchez, S. (1999). Characteristics of depression as assessed by the Diagnostic Assessment for the Severely Handicapped-II (DASH-II). *Research in Developmental Disabilities, 20*(4), 305–313.

Matthews, N. L., Smith, C. J., Pollard, E., Ober-Reynolds, S., Kirwan, J., & Malligo, A. (2015). Adaptive functioning in autism spectrum disorder during the transition to adulthood. *Journal of Autism and Developmental Disorders, 45*(8), 2349–2360.

McBrien, J. A. (2003). Assessment and diagnosis of depression in people with intellectual disability. *Journal of Intellectual Disability Research, 47* (Pt 1), 1–13.

Mileviciute, I., & Hartley, S. L. (2015). Self-reported versus informant-reported depressive symptoms in adults with mild intellectual disability. *Journal of Intellectual Disability Research, 59*(2), 158–169.

Myers, B. A., & Pueschel, S. M. (1995). Major depression in a small group of adults with Down syndrome. *Research in Developmental Disabilities, 16* (4), 285–299.

Nelson, L. D., Orme, D., Osann, K., & Lott, I. T. (2001). Neurological changes and emotional functioning in adults with Down syndrome. *Journal of Intellectual Disability Research, 45*(Pt 5), 450–456.

Ng, M., Fleming, T., Robinson, M., Thomson, B., Graetz, N., Margono, C., ... & Gakidou, E. (2014). Global, regional, and national prevalence of overweight and obesity in children and adults during 1980–2013: A systematic analysis for the Global Burden of Disease Study 2013. *Lancet, 384*(9945), 766–781.

Olley, J. G., & Cox, A. W. (2008). Assessment of adaptive behavior in adult forensic cases: The use of the Adaptive Behavior Assessment System-II. In T. Oakland & P. Harrison (Eds.), *Adaptive behavior assessment system-II: Clinical use and interpretation* (pp. 381–398). New York, NY: Elsevier.

Ranjan, S., Nasser, J. A., & Fisher, K. (2017). Prevalence and potential factors associated with overweight and obesity status in adults with intellectual developmental disorders. *Journal of Applied Research in Intellectual Disabilities.*

Rumsey, J. M., Rapoport, J. L., & Sceery, W. R. (1985). Autistic children as adults: Psychiatric, social, and behavioral outcomes. *Journal of the American Academy of Child Psychiatry, 24*(4), 465–473.

Saulnier, C. A., & Klin, A. (2007). Brief report: Social and communication abilities and disabilities in higher functioning individuals with autism and Asperger syndrome. *Journal of Autism and Developmental Disorders, 37* (4), 788–793.

Shattuck, P. T., Wagner, M., Narendorf, S., Sterzing, P., & Hensley, M. (2011). Post-high school service use among young adults with an autism spectrum disorder. *Archives of Pediatrics & Adolescent Medicine, 165*(2), 141–146.

Smith, K. R. M., & Matson, J. L. (2010). Psychopathology: Differences among adults with intellectually disabled, comorbid autism spectrum disorders and epilepsy. *Research in Developmental Disabilities, 31*(3), 743–749.

Smith, L. E., Hong, J., Greenberg, J. S., & Mailick, M. R. (2016). Change in the behavioral phenotype of adolescents and adults with FXS: Role of the family environment. *Journal of Autism and Developmental Disorders, 46* (5), 1824–1833.

Soenen, S., Van Berckelaer-Onnes, I., & Scholte, E. (2009). Patterns of intellectual, adaptive and behavioral functioning in individuals with mild mental retardation. *Research in Developmental Disabilities, 30*(3), 433–444.

Sparrow, S. S., Cicchetti, D. V., & Balla, D. A. (2005). *Vineland adaptive behavior scales* (2nd ed.). Circle Pines, MN: American Guidance Service.〔辻井正次・村上隆監修（2014）. Vineland-Ⅱ 適応行動尺度日本版. 日本文化科学社〕

Sparrow, S. S., Cicchetti, D. V., & Saulnier, C. A. (2016). *Vineland adaptive behavior scales* (3rd ed.). Bloomington, MN: NCS Pearson.

Stevens, K. B., & Price, J. R. (2006). Adaptive behavior, mental retardation, and the death penalty. *Journal of Forensic Psychology Practice, 6* (3), 1–29.

Su, C. Y., Lin, Y. H., Wu, Y. Y., & Chen, C. C. (2008). The role of cognition and adaptive behavior in employment of people with mental retardation. *Research in Developmental Disabilities, 29*(1), 83–95.

van Schrojenstein Lantman-de Valk, H. M., van den Akker, M., Maaskant, M. A., Haveman, M. J., Urlings, H. F., Kessels, A. G., & Crebolder, H. F. (1997). Prevalence and incidence of health problems in people with intellectual disability. *Journal of Intellectual Disability Research, 41*(Pt 1), 42–51.

Voelker, S. L., Shore, D. L., Brown-More, C., Hill, L. C., Miller, L. T., & Perry, J. (1990). Validity of self-report of adaptive behavior skills by adults with mental retardation. *Mental Retardation, 28*(5), 305–309.

Whitehouse, A. J. O., Watt, H. J., Line, E. A., & Bishop, D. V. M. (2009). Adult psychosocial outcomes of children with specific language impairment, pragmatic language impairment and autism. *International Journal of Language & Communication Disorders, 44*(4), 511–528.

Widaman, K. F., & Siperstein, G. N. (2009). Assessing adaptive behavior of criminal defendants in capital cases: A reconsideration. *American Journal of Forensic Psychology, 27* (2), 15–32.

Woodman, A. C., Mailick, M. R., Anderson, K. A., & Esbensen, A. J. (2014). Residential transitions among adults with intellectual disability across 20 years. *American Journal on Intellectual and Developmental Disabilities, 119*(6), 496–515.

Woolf, S., Woolf, C. M., & Oakland, T. (2010). Adaptive behavior among adults with intellectual disabilities and its relationship to community independence. *Intellectual and Developmental Disabilities, 48*(3), 209–215.

8章

Baker, B. L., & Brightman, A. J. (1997). *Steps to independence: Teaching everyday skills to children with special needs* (3rd ed.). Baltimore, MD: Brookes.

Baker, B. L., & Brightman, A. J. (2004). *Steps to independence* (4th ed.). Baltimore, MD: Brookes.［井上雅彦監訳（2011）. 親と教師が今日からできる 家庭・社会生活のための ABA 指導プログラム. 明石書店］

Barron, A. M., & Foot, H. (1991). Peer tutoring and tutor training. *Educational Research*, *33*, 174–185.

Bellini, S., & Akulian, J. (2007). A meta-analysis of video-modeling and self-modeling for children with ASDs. *Exceptional Child* , *73*, 261–284.

Bruininks, R. H., Morreau, L. E., Gilman, C. J., & Anderson, J. L. (1991). *Adaptive living skills curriculum*. Boston, MA: Houghton Mifflin Harcourt.

Campbell, J. M., Ferguson, J. E., Herzinger, C. V., Jackson, J. N., & Marino, C. A. (2004). Combined descriptive and explanatory information improves peers' perceptions of autism. *Research in Developmental Disabilities*, *25*(4), 321–339.

Cicero, F. (2012). *Toilet training success: A guide for teaching individuals with developmental disabilities*. New York, NY: DRL Books.

Dawson, G., Rogers, S., Munson, J., Smith, M., Winter, J., Greenson, J., ... & Varley, J. (2010). Randomized, controlled trial of an intervention for toddlers with autism: The Early Start Denver model. *Pediatrics*, *125*(1), e17-e23.

Durand, M. (2014). *Sleep better! A guide to improving sleep for children with special needs* (rev. ed.). Baltimore, MD: Brookes.

Dykens, E. M., Hodapp, R. M., & Finucane, B. M. (2000). *Genetics and mental retardation syndromes: A new look at behavior and interventions*. Baltimore, MD: Brookes.

Estes, A., Munson, J., Rogers, S. J., Greenson, J., Winter, J., & Dawson, G. (2015). Long-term outcomes of early intervention in 6-year-old children with autism spectrum disorder. *Journal of the American Academy of Child and Adolescent Psychiatry*, *54*(7), 580–587.

Fein, D., Barton, M., Eigsti, I. M., Kelley, E., Naigles, L., Schultz, R. T., Stevens, M., Helt, M., Orinstein, A., Rosenthal, M., Troyb, E., & Tyson, K. (2013). Optimal outcome in individuals with a history of autism. *Journal of Child Psychology and Psychiatry*, *54*(2),195–205.

Garfinkle, A., & Schwartz, I. (2002). Peer imitation: Increasing social interactions in children with autism and other developmental disabilities in inclusive preschool classrooms. *Topics in Early Childhood Special Education*, *22*(1), 26–38.

Gruber, B., Reeser, R., & Reid, D. H. (1979). Providing a less restrictive environment for profoundly retarded persons by teaching independent walking skills. *Journal of Applied Behavior Analysis*, *12*(2), 285–297.

Haring, T. G., & Kennedy, C. H. (1988). Units of analysis in task-analytic research. *Journal of Applied Behavior Analysis*, *21*(2), 207–215.

Haring, T. G., Kennedy, C. H., Adams, M. J., & Pitts-Conway, V. (1987). Teaching generalization of purchasing skills across community settings to autistic youth using videotape modeling. *Journal of Applied Behavior Analysis*, *20*, 89–96.

Hodgdon, L. A. (1999). *Solving behavior problems in autism: Improving communication with visual strategies*. Troy, MI: Quirk Roberts Publishing.［門眞一郎・長倉いのり（2009）. 自閉症スペクトラムと問題行動——視覚的支援による解決. 星和書店］

Kamps, D., Royer, J., Dugan, E., Kravits, T., Gonzalez-Lopez, A., Garcia, J., ... & Kane, L. G. (2002). Peer training to facilitate social interactions for elementary students with autism and their peers.

Exceptional Children, 68(2), 173–187.

Kasari, C., Freeman, S., & Paparella, T. (2006). Joint attention and symbolic play in young children with autism: A randomized controlled intervention study. *Journal of Child Psychology and Psychiatry and Allied Disciplines, 47* (6), 611–620.

Koegel, L. (1995). Communication and language intervention. In R. Koegel & L. Koegel (Eds.), *Teaching children with autism*. Baltimore, MD: Brookes.

Koegel, L., Koegel, R., Yoshen, Y., & McNerney, E. (1999). Pivotal response intervention. II. Preliminary long-term outcome data. *Journal of the Association for Persons with Severe Handicaps, 24*, 186–198.

Lovaas, O. I. (1981). *The "me" book*. Baltimore, MD: University Park Press.

Lowe, M. L., & Cuvo, A. J. (1976). Teaching coin summation to the mentally retarded. *Journal of Applied Behavior Analysis, 9*(4), 483–489.

Magiati, I., Charman, T., & Howlin, P. (2007). A two-year prospective follow-up study of community-based early intensive behavioural intervention and specialist nursery provision for children with autism spectrum disorders. *Journal of Child Psychology and Psychiatry, and Allied Disciplines, 48*(8), 803–812.

Matson, J. L., Mahan, S., & LoVullo, S. V. (2009). Parent training: A review of methods for children with developmental disabilities. *Research in Developmental Disabilities, 30*(5), 961–968.

McCarney, S. B., McCain, B. R., & Bauer, A. M. (2006a). *Adaptive behavior intervention manual: 13–18 years* (S. N. House, Ed.). Columbia, MO: Hawthorne Educational Services.

McCarney, S. B., McCain, B. R., & Bauer, A. M. (2006b). *Adaptive behavior intervention manual: 4–12 years; Goals, objectives and intervention strategies for adaptive behavior*. Columbia, MO: Hawthorne Educational Services.

McEachin, J. J., Smith, T., & Lovaas, O. I. (1993). Long-term outcome for children with autism who received early intensive behavioral treatment. *American Journal on Mental Retardation, 97* , 359–372.

McGee, G. G., Morrier, M. J., & Daly, T. (1999). An incidental teaching approach to early intervention for toddlers with autism. *Journal of the Association for Persons with Severe Handicaps, 24*(3), 133–146.

Miller, M. A., Cuvo, A. J., & Borakove, L. S. (1977). Teaching naming of coin values—comprehension before production versus production alone. *Journal of Applied Behavior Analysis, 10*(4), 735–736.

Morgan, L., Hooker, J. L., Sparapani, N., Rinehardt, V., Schatschneider, C., & Wetherby, A. (in preparation). Cluster randomized trial of the classroom SCERTS intervention for students with autism spectrum disorder.

National Research Council. (2001). *Educating children with autism*. Washington, DC: National Academies Press.

O'Brien, F., Bugle, C., & Azrin, N. H. (1972). Training and maintaining a retarded child's proper eating. *Journal of Applied Behavior Analysis, 5*, 67–72.

Page, T. J., Iwata, B. A., & Neef, N. A. (1976). Teaching pedestrian skills to retarded persons: Generalization from the classroom to the natural environment. *Journal of Applied Behavior Analysis, 9*(4), 433–444.

Pierce, K., & Schreibman, L. (1997a). Multiple peer use of pivotal response training to increase social behaviors of classmates with autism: Results from trained and untrained peers. *Journal of Applied*

Behavior Analysis, 30(1), 157–160.

Pierce, K., & Schreiman, L. (1997b). Using peer trainers to promote social behavior in autism: Are they effective at enhancing multiple social modalities? *Focus on Autism and Other Developmental Disabilities, 12*(4), 207–218.

Prizant, B. M., Wetherby, A. M., Rubin, E., Laurent, A. C., & Rydell, J. P. (2006). *The SCERTS model* (Vols. I and II). Baltimore, MD: Brookes.

Scahill, L., Bearss, K., Lecavalier, L., Smith, T., Swiezy, N., Aman, M. G., ... & Johnson, C. (2016). Effect of parent training on adaptive behavior in children with autism spectrum disorder and disruptive behavior: Results of a randomized trial. *Journal of the American Academy of Child and Adolescent Psychiatry, 55*(7), 601–608.

Scahill, L., McDougle, C. J., Aman, M. G., Johnson, C., Handen, B., Bearss, K., ... & Research Units on Pediatric Psychopharmacology Autism Network. (2012). Effects of risperidone and parent training on adaptive functioning in children with pervasive developmental disorders and serious behavioral problems. *Journal of the American Academy of Child and Adolescent Psychiatry, 51*(2), 136–146.

Sparapani, N., Morgan, L., Reinhardt, V. P., Schatschneider, C., & Wetherby, A. M. (2016). Evaluation of classroom active engagement in elementary students with autism spectrum disorder. *Journal of Autism and Developmental Disorders, 46* (3), 782–796.

Stahmer, A. C., Akshoomoff, N., & Cunningham, A. B. (2011). Inclusion for toddlers with autism spectrum disorders: The first ten years of a community program. *Autism, 15*(5), 625–641.

Sutera, S., Pandey, J., Esser, E. L., Rosenthal, M. A., Wilson, L. B., Barton, M., Green, J., Hodgson, S., Robins, D. L., Dumont-Mathieu, T., & Fein, D. (2007). Predictors of optimal outcome in toddlers diagnosed with autism spectrum disorders. *Journal of Autism Developmental Disorders, 37* (1), 98–107.

Wetherby, A. M., Guthrie, W., Woods, J., Schatschneider, C., Holland, R. D., Morgan, L., & Lord, C. (2014). Parent-implemented social intervention for toddlers with autism: An RCT. *Pediatrics, 134*(6), 1084–1093.

Wilson, P. G., Reid, D. H., Phillips, J. F., & Burgio, L. D. (1984). Normalization of institutional mealtimes for profoundly retarded persons: Effects and noneffects of teaching family-style dining. *Journal of Applied Behavior Analysis, 17* , 189–201.

Woods, J. J., & Wetherby, A. M. (2003). Early identification of and intervention for infants and toddlers who are at risk for autism spectrum disorder. *Language, Speech, and Hearing Services in Schools, 34*(3), 180–193.

著者紹介

Saulnier, C. A., & Ventola, P. (2012). *Essentials of autism spectrum disorders evaluation and assessment.* Hoboken, NJ: Wiley. ［黒田美保・辻井正次監訳（2014）. 自閉症スペクトラム障害の診断・評価必携マニュアル. 東京書籍］

Sparrow, S. S., Cicchetti, D. V., & Saulnier, C. A. (2016). *Vineland Adaptive Behavior Scales* (3rd ed.). Bloomington, MN: NCS Pearson.

索　引

あ行

アーリー・スタート・デンバー・モデル
　（ESDM）　148
アスペルガー症候群　87
アセスメントツール　17
遊びと余暇　158
アメリカ精神医学会　6, 10
アメリカ精神遅滞学会　6, 38
アメリカ知的障害学会（AAMR）　39
『アメリカ知的障害学会（AAMR）マニュ
　アル第9版』　8
アメリカ知的発達障害学会（AAIDD）　10,
　14, 38
アルコール摂取　80
アルツハイマー型認知症　121
移行計画　133
一般総合能力（GCA）　165
遺伝子異常　80
遺伝子疾患　82, 118, 121
医療サービスへのアクセス　97
インシデンタル・ティーチング　148
ヴァインランド訓練学校　3
ヴァインランド社会成熟尺度　5, 22, 35
ヴァインランド適応行動尺度　7, 42, 85：
　――学校版　91
　――第2版（Vineland-II）　44, 155
　――第3版（Vineland-3）　46, 120
ヴァインランドにある精神薄弱少年少女訓
　練学校　2
ヴァインランド ABS　7, 42
ヴァインランド SMS　5, 22, 35
ウィリアムズ症候群　75, 123
ウェクスラー式知能検査第4版（WISC-IV）
　156
ウェザーマン（Weatherman, R.）　51
うつ　107
ウッドコック（Woodcock, R.）　51

ウッドコック・ジョンソン自立行動尺度
　7
うつ病　119
運動および言語性チック　109
運動障害　108, 109
運動スキル領域　157
応用行動分析（ABA）　145
オペラント条件づけ理論　145
音韻意識　114

か行

外的妥当性　28
概念的スキル　6, 14, 59, 169
乖離（ディスクレパンシー）　86
書きの能力　103
学業スキル　103
学習障害　103, 106
家事スキル　158
過読症　114
感覚　93
環境要因　139
機軸反応訓練（PRT）　148
機能的行動分析　153
機能的自立　5
機能的スキル　169
機能分類システム（GFMCS）　108
逆模倣　150
教育プログラム　163
境界域　118
強化子　145
教室での SCERTS 介入（CSI）　151
教師フォーム　46
共同注意　113
強迫観念　107
強迫行為　107
強迫性障害　106, 107
極度の早産　81
居住　132：――支援　117
クラスター無作為化試験　151
クリン（Klin, A.）　89
グロスマン（Grossman, H. J.）　7

継時的　118

痙性運動障害　109

軽度・中度・重度・最重度の水準　8

けいれん発作　110

限局性学習障害（SLD）　81

限局性の言語障害（SLI）　128

言語コミュニケーション障害　113

言語障害の成人　127

言語的推論能力　156

言語理解　156

語彙力　114

行為障害　105

"高機能"ASD　87

構成概念　21：

構成概念妥当性　28

構造化　129

構造化面接　21

行動的表現型　68

項目密度　27

コーピングスキル　158

心の理論　93, 107

ゴダード（Goddard, H. H.）　2

個別化　155

個別項目　140

個別障害者教育法（IDEA）　7, 61, 133

個別の家族支援計画（IFSP）　137

個別の教育支援計画（IEP）　53, 61, 137,
　140

コミュニケーションスキル　159

コミュニケーション領域　157

コミュニティケア　132

語用論の言語障害（PLI）　128

さ行

再検査信頼性　28, 39

最適な予後　118, 146

算数能力　103

サンプル　26

支援計画　138, 171

支援方略　155

視覚支援　159

視覚障害　112

視覚的空間処理　157

視覚的なスケジュール表　147

自己管理能力　111

自己記入式　22

自己充足　5

自己報告　130

自然な発達的行動介入（NDBI）　148

実行機能　151

質問紙　22

実用的スキル　6, 14, 60, 169

自閉症スペクトラム障害（ASD）　85, 124,
　145, 160：
　"高機能"――　87
　"低機能"――　88

社会経済的（状態・要因）（SES）　65, 97,
　98, 139

社会性スキル　159, 169

社会性領域　157

社会的インコンピテンス（無能さ）　4

社会的コンピテンス（能力）　3, 4, 14

社会的スキル　6, 14, 59–60

社会文化的なバイアス　30

社会保障保険（SSI）　61

収束的妥当性　29

縦断研究　87, 110, 118, 125

就労　128：――支援　117

受給資格　60

受刑者　128

受容言語　157：――能力　103

障害保険（DI）　61–62

情動調性　107

小児自閉症評価尺度（CARS）　92

障壁　98, 124

処理速度　157

自立行動尺度改訂版（SIB-R）　51, 91,
　130–131

自立性スキル　169

神経発達障害　14：――群　85

人工内耳　112

人種　97

診断　18
診断的適応行動尺度（DABS）　41
侵入的な思考　107
信頼性　21, 23, 27：
　　再検査──　28, 39
　　評定者間──　28, 39
スパロー（Sparrow, S.）　42
すべての児童生徒の成功に関する法令
　　（ESSA）　61
スミス・マギニス症候群　79
脆弱 X 症候群　72, 122
精神疾患　119：──の併発　132
『精神疾患の診断・統計マニュアル第 5 版』
　　59　☞ DSM-5
『精神障害の診断および統計マニュアル』
　　6
精神遅滞　4, 6, 10
精神薄弱　2
『精神薄弱の臨床研究』　3, 5
成長評価尺度（GSV）　141
生物医学的要因　80
全障害児教育法　7
先天性代謝異常　108
早期介入プログラム　137
早期集中行動介入（EIBI）　145
早期の社会的相互反応（ESI）　148
早産　81
相当年齢　96
ソーシャルスキル　150
粗大運動　108

た行

胎児性アルコールスペクトラム障害
　　（FASD）　80, 81
対人関係　158
対人コミュニケーション，感情制御，交流
　　型支援　151
ダウン（Down, L.）　69
ダウン症　69, 121
他者記入式　22
タスク分析　145

多動性　166
妥当性　21, 23, 28：
　　外的──　28
　　構成概念──　28
　　収束的──　29
　　内容的──　28
　　併存的──　29
　　弁別的──　29
　　予測的──　29
断続的・限定的・広範・全般的な　8
地域生活　103, 158
チェックリスト　22
知覚推理　156
チチェッテイ（Cicchetti, D.）　42
チック障害　107
知的能力障害　1, 10, 14, 156　☞ ID：
　　──の成人　118
知能検査　2
注意欠如・多動性障害（ADHD）　104
聴覚障害　111
超低出生体重　82
直接観察　22
強み（・／や／と）弱み　18, 140, 155,
　　170
" 低機能 "ASD　88
適応機能　4, 13, 14, 60
適応行動　1, 4, 14, 18
適応行動アセスメントシステム（ABAS）
　　7, 48, 85：
　　──第 2 版（ABAS-II）　8, 48, 85, 91,
　　130
　　──第 3 版（ABAS-3）　50, 85, 155, 167
適応行動支援　159：
　　──マニュアル　53
適応行動尺度　7, 38：
　　──公立学校版　39
適応行動総合点　157
適応行動評価　170
適応行動評価尺度第 3 版（ABES-3）　52
適応行動プロフィール　85
適応スキル　14, 59

適応領域　140：――全体　140
てんかん　110：難治性――　110
天井効果　26
統語構造　114
トゥレット症候群（TS）　106, 109
読書能力　115
特別支援教育　61
読解　114
ドル（Doll, E.）　3, 35

な・は行

内的整合性　28
内的動機づけ　145
内容的妥当性　28
難治性てんかん　110
日常生活スキル　159：――領域　157
認知機能障害　3
認知障害　4, 22
認知能力　1, 3, 5
脳性まひ（CP）　80, 82, 108
能力判別検査第 2 版（DAS-II）　165
破壊的行動障害　105
発達障害　22
発達性協調運動障害（DCD）　108
発達段階　36
バッテリー　15, 18
発話失行　113
バテル発達目録第 2 版（BDI-2）　53
バラ（Balla, D.）　42
ばらつき　170
半構造化面接　21, 37
反抗挑戦性障害（ODD）　105
ピア　150：――トレーニング　150
ヒーバーの定義　6
非言語的推論　157
非構造化面接　21
微細運動　108：――障害　138
ビデオモデリング　152
ビネー（Binet, A.）　2
ビネー式知能検査　2, 36
肥満　120

評価者間　171
評価尺度　1
表出言語　158：――能力　103
標準化　26, 32, 35：
　――された検査　17, 35
　――された評価ツール　5
標準サンプル　26
標準得点　96
評定者間信頼性　28, 39
評定者バイアス　23
ヒル（Hill, B.）　51
不安　107
不一致　171
服薬管理　111
不注意　166
不適応行動　25：
　――指標　105
　――領域　44
プラダー・ウィリー症候群　77
フリン効果　66
ブルーニンクス（Bruininks, R.）　51
不連続試行法（DTT）　145
文化的（要因）　139
ペアレントトレーニング　138
併存的妥当性　29
ベイリー乳幼児発達検査第 3 版　54
弁別的妥当性　29
歩行困難　109
保護者記入フォーム　44
保護者フォーム　46

ま・や・ら・わ行

マッカーニー（McCarney, S. B.）　52–53
マレン早期学習尺度　93
民族　97
面接　20：
　構造化――　21
　半構造化――　21, 37
　非構造化――　21
面接フォーム　46
メンタルヘルスケア　122

問題行動　153
優生学　2：――理論　4
優先順位　143
床効果　26
『用語・分類マニュアル』　6
予測的妥当性　29
読み書き　103, 125, 158
リバースインクルージョン　150
「領域のみ」のバージョン　47
良好な予後　99, 124
ローザ法　10
ワーキングメモリー　157

英数字

AAMR 適応行動尺度学校版 2　39
『AAMR マニュアル第 10 版』　9
ABS 学校版　39, 92
Adaptive Behavior Assessment System　7, 85
Adaptive Behavior Evaluation Scale, Third Edition（ABES-3）　52
Adaptive Behavior Scale　7, 38：
　　――, Public School Version（ABS-PSV）　39
　　――, School Edition　92
　　――-School:2（ABS-S:2）　39
ADHD　81, 104, 165
ADI-R　85
ADOS　85, 91：――の比較得点　96
American Association on Mental Deficiency（AAMD）　6, 38
American Association on Intellectual and Developmental Disabilities（AAIDD）　10, 14, 38
American Association on Mental Retardation（AAMR）　39
Applied Behavior Analysis（ABA）　145
Attention Deficit/Hyperactivity Disorder（ADHD）　104
Autism Spectrum Disorders（ASD）　85
Balla, D.　42
Battelle Developmental Inventory, Second Edition（BDI-2）　53
Bayley Scales of Infant and Toddler Development, Third Edition　54
Binet, A.　2
Bruininks, R.　51
Cerebral Palsy（CP）　80, 108
Childhood Autism Rating Scale（CARS）　92
Cicchetti, D.　42
Classroom SCERTS Intervention（CSI）　151
Clinical Studies in Feeble-Mindedness　3, 5
Conners 3　166
Conners Third Edition　166
Developmental Coordination Disorder（DCD）　108
Diagnostic Adaptive Behavior Scale（DABS）　41
Diagnostic and Statistical Manual of Mental Disorders　6
Diagnostic and Statistical Manual of Mental Disorders, Fifth Edition　59　☞ DSM-5
Differential Ability Scales, Second Edition（DAS-II）　165
Disability Income（DI）　61-62
Discrete Trial Therapy（DTT）　145
Doll, E.　3, 35
Down, L.　69
DSM-5　9, 14, 59
Early Intensive Behavioral Interventions（EIBI）　145
Early Social Interaction（ESI）　148
Early Start Denver Model（ESDM）　148
Every Student Succeeds Act（ESSA）　61
feeble-mindedness　2
Fetal Alcohol Spectrum Disorders（FASD）　81
FMR1 遺伝子　72
General Conceptual Ability（GCA）　165
Goddard, H. H.　2
Grossman, H. J.　7
Growth Scale Values（GSV）　141
Hill, B.　51
ID　10, 14, 106：――の診断　60　☞知

的能力障害

Individual with Disabilities Education Act
（IDEA）　7, 61

Individualized Education Program（IEP）　53,
61

Individualized Family Service Plan（IFSP）
137

IQ　2

JASPER（Joint Attention, Symbolic Play,
Engagement, and Regulation）　148

Klin, A.　89

Manual on Terminology and Classification　6

McCarney, S. B.　52–53

mental retardation　6

Mullen Scales of Early Learning　93

Naturalistic Developmental Behavioral
Interventions（NDBI）　148

Obsessive Compulsive Disorder（OCD）　107

Pivotal Response Training（PRT）　148

Scales of Independent Behavior, Revised（SIB-R）
51, 91

SCERTS（Social Communication, Emotional
Regulation, and Transactional Supports）モ
デル　151

Social Security Income（SSI）　61

Sparrow, S.　42

Specific Learning Disabilities（SLD）　81

Tourette's Syndrome（TS）　109

Training School for Feeble-Minded Girls and
Boys　2

Vineland Adaptive Behavior Scales（Vineland
ABS）　7, 42 ：
——Classroom Edition　92

Vineland Social Maturity Scale　5, 22, 35

Vineland-II 拡張面接フォーム　45

Vineland-II 教師評価フォーム　45

V 評価点　157

Weatherman, R.　51

Woodcock, R.　51

Woodcock-Johnson Scales of Independent
Behavior　7

3 要因構造　6

監訳によせて

　私が，セリーン・ソールニア先生に初めて会ったのは，イェール大学の研究室でした。いつもセリーンと呼んでいるので，ここでもセリーンと呼ばせていただきたいと思います。さて，私は2005年〜2006年のアメリカ留学中に知ったヴァインランド適応行動尺度第2版の日本版を作りたいと考え，帰国後，同じくこの検査の必要性を強く感じておられた辻井正次先生と，原著者であるサラ・スパロー先生に会いに2007年にイェール大学のチャイルドスタディーセンターを訪ねました。そのときに，スパロー先生から若くて優秀なセリーンを紹介されました。スパロー先生はアメリカの心理学会のビッグネームであり，ドキドキしながらメールを出したことを覚えています。ぜひお会いしたいというとても温かいお返事をいただき，その後，スパロー先生やチチェッテイ先生と取り組んでいたVineland-II適応行動尺度日本版の開発でしたが，2010年のスパロー先生の死去によりセリーンに受け継がれました。このヴァインランド適応行動尺度第2版や適応行動という観点で支援することの啓発のために，2016年にセリーンに来日してもらい東京大学で講演をしてもらったことも良い思い出です。現在は，Vineland-3適応行動尺度日本版の開発に，一緒に取り組んでいます。

　ところで，セリーンは実は大学卒業後，ボストンにある東スクール（日本の武蔵野東学園のアメリカ校）に勤めていて自閉症スペクトラム障害の支援の仕事をするようになったそうです。彼女が来日したとき，もちろん私たちは東京の武蔵野東学園を訪問し，彼女の元上司たちにもお会いしました。さらに，サラ・スパロー先生は第二次世界大戦後の高校生の頃，東京，しかも，皇居のすぐ近くで暮らしておられたそうです。日本と縁の深いお二人が，日本での適応行動支援を応援してくださることはとても心強いことです。障害の隔てなく，すべての人を適応的行動・機能的なスキルという視点で支援することが何よりも重要であるということが，日本でも広がっていくよう心より願っています。

　最後になりましたが，監訳を一緒に担当くださった辻井先生，翻訳を担当

してくださった稲田尚子先生，信吉真璃奈先生，萩原拓先生，村山恭朗先生，井澗知美先生，松本かおり先生，高岡佑壮先生，梶奈美子先生，中島卓裕先生，香取みずほ先生に感謝を送ります。読者の皆様が読みやすいように，監訳者を励まし，全体の訳の整合性と素晴らしい訳を一緒に考えてくださった編集者の天満綾様に深謝いたします。

監訳者を代表して
黒田美保

著者紹介

セリーン・A・ソールニア　Celine A. Saulnier, Ph.D.

エモリー大学医学部小児科学科自閉症関連障害部門准教授。デボラ・ファイン博士の指導のもと，コネチカット大学で臨床心理学の博士号を取得。イェール大学児童研究センターのポスドク研究員を経て，同大学教員に就任。自閉症プログラムの臨床責任者と研修責任者を務めた。自閉症の適応行動プロフィールや，乳幼児の自閉症の早期発見・診断に関する研究に携わる。主な著作に『自閉症スペクトラム障害の診断・評価必携マニュアル』（Saulnier & Ventola, 2012; 黒田美保・辻井正次 監訳, 2014），"*Vineland Adaptive Behavior Scales, Third Edition*"（ヴァインランド適応行動尺度第 3 版）（Sparrow, Cicchetti, & Saulnier, 2016）がある。

シェリル・クライマン　Cheryl Klaiman, Ph.D.

エモリー大学医学部小児科学科自閉症関連障害部門准教授。ジェイコブ・ブラック博士の指導のもと，マギル大学で学校心理学と応用児童心理学の博士号を取得。イェール大学児童研究センターでエイミー・クリン博士，サラ・スパロー博士，ロバート・シュルツ博士に師事し，プレドク・ポスドク研究員を経て，同大学教員に就任。イェール大学では，ロバート・シュルツ博士と共同で自閉症の新たな支援プログラムを研究するとともに，ウィリアムズ症候群，プラダー・ウィリー症候群，自閉症の臨床プロフィールの解明に尽力した。その後，カリフォルニアに移り，Children's Health Council の自閉症関連障害部長，スタンフォード大学の研究教員を務め，脆弱 X 症候群の適応行動プロフィールに関する縦断研究を行った。現在は，自閉症の特性および様々な発達障害にみられる発達の遅れの早期発見について研究を進めている。

監訳者紹介

黒田美保（くろだ みほ）

田園調布学園大学人間科学部教授，および北海道大学大学院，浜松医科大学，昭和大学客員教授。公認心理師・臨床発達心理士・臨床心理士。東京大学大学院医学系研究科心の発達医学分野博士課程修了。医学博士・学術博士。日本公認心理師協会常務理事，日本発達障害ネットワーク代議員，日本心理臨床学会代議員など。東京都大田区職員，よこはま発達クリニック勤務を経て，2005 年〜2006 年ロータリー財団奨学金によりノースカロライナ大学医学部 TEACCH 部門に留学。帰国後，国立精神・神経医療研究センター研究員，淑徳大学准教授，福島大学特任教授，名古屋学芸大学教授，帝京大学教授などを経て，現職。

主な著訳書として『これからの現場で役立つ臨床心理検査』【解説編】【事例編】（編著／金子書房），『公認心理師のための発達障害入門』（金子書房），『これからの発達障害のアセスメント』（編著／金子書房），『ソーシャルシンキング』（監訳／金子書房），『自閉症スペクトラム障害の診断・評価必携マニュアル』（監訳／東京書籍）ほか多数。『ADOS-2 日本語版』『ADI-R 日本語版』『SCQ 日本語版』『CARS2 日本語版』（金子書房），『Vineland-II 適応行動尺度 日本版』（日本文化科学社）の監修・監訳に携わる。

辻井正次（つじい まさつぐ）

中京大学現代社会学部教授，および浜松医科大学子どものこころの発達研究センター，NPO 法人アスペ・エルデの会 CEO・統括ディレクター。日本 DCD 学会代表理事，日本小児精神神経学会理事，日本発達障害ネットワーク理事，日本発達障害学会評議員。1992 年に発達障害児者のための生涯発達支援システム「アスペ・エルデの会」を設立。発達障害児者の発達支援システムや発達支援技法の開発，専門家養成などに取り組んでいる。

主な著訳書として『発達性協調運動障害［DCD］』『発達障害児者支援とアセスメントのガイドライン』（監修／金子書房），『自閉症スペクトラム障害の診断・評価必携マニュアル』（監訳／東京書籍）ほか多数。『PNPS 肯定的・否定的養育行動尺度』（金子書房），『Vineland-II 適応行動尺度 日本版』『SP 感覚プロファイル 日本版』（日本文化科学社）の監修に携わる。

訳者一覧

稲田尚子　　大正大学心理社会学部臨床心理学科　／1章

信吉真璃奈　キッズハートクリニック外苑前　／2章

萩原　拓　　北海道教育大学旭川校教育発達専攻特別支援教育分野　／3章

村山恭朗　　金沢大学人間社会研究域人文学系　／4章

井澗知美　　大正大学心理社会学部臨床心理学科　／5章

松本かおり　学校法人 稲置学園　／6章

高岡佑壮　　東京認知行動療法センター／東京発達・家族相談センター　／7章

梶　奈美子　東京大学相談支援研究開発センター実践開発部門精神保健支援室　／8章

中島卓裕　　名古屋学芸大学ヒューマンケア学部子どもケア学科　／9章

香取みずほ　NPO法人アスペ・エルデの会　／9章

（所属は2024年1月現在）

発達障害支援に生かす
適応行動アセスメント

2021 年 9 月 30 日　初版第 1 刷発行　　　　　　　〔検印省略〕
2024 年 1 月 31 日　初版第 3 刷発行

著　者　　セリーン・A・ソールニア
　　　　　シェリル・クライマン

監訳者　　黒田 美保
　　　　　辻井 正次

発行者　　金子 紀子
発行所　　株式会社 金子書房
　　　　　〒112-0012　東京都文京区大塚 3 - 3 - 7
　　　　　TEL 03 (3941) 0111 （代）
　　　　　FAX 03 (3941) 0163
　　　　　https://www.kanekoshobo.co.jp
　　　　　振替 00180-9-103376

組版　　有限会社閏月社
印刷　　藤原印刷株式会社　製本　有限会社井上製本所